基于语料库的中日同形词词性差异研究

许雪华◎著

江苏省社科基金后期资助项目
「基于语料库的中日同形词词性差异研究」（项目号：19HQ020）

南京大学出版社

图书在版编目(CIP)数据

基于语料库的中日同形词词性差异研究 / 许雪华著.
— 南京：南京大学出版社，2021.11
ISBN 978 - 7 - 305 - 25070 - 5

Ⅰ.①基… Ⅱ.①许… Ⅲ.①汉语－同形词－对比研
究－日语 Ⅳ.①H13②H363

中国版本图书馆 CIP 数据核字(2021)第 220110 号

出版发行　南京大学出版社
社　　址　南京市汉口路 22 号　　　　邮　编　210093
出 版 人　金鑫荣

书　　名　**基于语料库的中日同形词词性差异研究**
著　　者　许雪华
责任编辑　张淑文　　　　　　　　编辑热线　025(83592401)

照　排　南京开卷文化传媒有限公司
印　刷　江苏凤凰数码印务有限公司
开　本　718×960　1/16　印张 20　字数 288 千
版　次　2021 年 11 月第 1 版　2021 年 11 月第 1 次印刷
ISBN 978 - 7 - 305 - 25070 - 5

定　价　85.00 元
网　址:http://www.njupco.com
官方微博:http://weibo.com/njupco
微信服务号:njuyuexue
销售咨询热线:(025)83594756

序　言

　　这本专著是许雪华在博士论文的基础上提炼而成的,是她多年来努力钻研的结晶。许雪华2015年6月提交博论初稿,当时她用日语洋洋洒洒地写了260页约23万字,令我这个指导老师刮目相看。从那时算起已过去6年时光,直到对中日同形词的词性问题有了更深的领悟,她才动手修改旧作。这次将原稿改写成汉语出版,无疑可以获得更大的增补空间。细读她的书稿,我有许多新鲜的感受,打心里佩服她引而不发的耐心与追求完美的苦心。

　　序言的作用在于导读。作者已在卷首的"前言"里梳理了全书的思路,我能做的就是结合具体内容,谈几点自己的理解和感想:

　　其一,视野开阔,定位准确。近年来,关于中日同形词的论文时有所见,但像本书这样对中日两国的研究成果做全面回顾和评述的先例却屈指可数。作者先通过大视野扫描得出"词性差异、语体差异等方面的研究相对薄弱"的结论,进而针对这种现状制定了自己的五个研究目标(参见2.1.4)。在选择研究对象时,同样是从整体到局部进行分步定位:先以表2-1概括中日双方词性对应的全貌,再以表2-2聚焦到词性一致与否和词义一致与否之上,最后以表2-3归纳为"名动差异、名形差异、动形差异"三大类。

　　其二,纲目清晰,有序推进。以第四、五、六章为例,作者在第四章论述"名动差异"时分为三类情形,以表4-1、表4-8、表4-12显示细目;在第五章论述"名形差异"时分为两类情形,以表5-1、表5-4显示细目;在第六章论述"动形差异"时分为两类情形,以表6-1、表6-5显示细目。在以上大纲的统领之下,再按照各表中列出的细目,分别设立小节展开论述。而在小节内部,论述的角度又是统一的,从语料库用例、汉日用法对比、词结构分析、词性历时变化等方面,对不同类型的特点进行横向比较。

其三,主次分明,安排得当。"名动差异、名形差异、动形差异"是处于同一层面的论述主线,但其中"名动差异"的涉及面最广,所需篇幅自然会更多。为了避免三个方面彼此失衡,作者将"中日同形动词的及物性差异"放到第七章去讨论。这样做一举两得,既可减少论述主线的枝蔓,又拓展了探讨问题的空间。而第七章本身又成为一篇相对独立的完整论文:开篇综述了中日双方的研究现状,接着对比了判断动词及物性的标准,其后依据一手数据,分四种情形论述了出现差异的原因。

其四,要言不烦,结论明确。本书的内容十分充实,但由于行文简洁明快,全无庞杂冗长之感。无论是陈述具体的词语现象,还是剖析抽象的内在规律,作者都表达得平白浅近。而且在一段论述结束时,作者都会提出自己的观点,从不含含糊糊或故弄玄虚。尤其在最后一章中,作者利用有限的篇幅迎难而上,把研究中遇到的主要问题一一摆到桌面上,不仅说明了自己的想法和对策,同时也道出了中日同形词研究的复杂性,令人印象深刻。

本书为中日同形词的词性对比研究提供了一个相当完整的框架,是一项很有分量的成果。这个研究框架是作者耗费心血搭建成的,自然不应轻易地放弃。究竟还能从中开拓出哪些新的研究空间?这是作者今后要面对的课题。许雪华似乎已经在路上,相信她会迈开大步继续走下去的!

北京外国语大学教授　朱京伟
2021 年 8 月

前　言

　　中日同形词作为中日文化交流的结晶一直受到中日两国学者的密切关注。目前中日同形词的语义对比研究已臻成熟,成果颇丰,而词性对比研究尽管近年来也受到关注,但整体来看成果不多。目前已有的词性对比研究以归纳同形词在汉语和日语中的对应关系为主,而分类的主要依据是词典的词性标注和作者内省,所得结论与同形词实际用法有一定差距。本书在前人研究的基础上,综合利用词典和语料库,全面考察中日同形词的词性用法差异并分析差异产生的原因。

　　本书首先对照《现代汉语词典(第六版)》(以下简称《现汉》)和『新明解国語辞典(第七版)』(以下简称『新明解』)抽取了所有中日同形词,并归纳了其在词典中的词性对应关系。在此基础上,本书选定了2 726个同形词,利用语料库考察它们在两国语言中的实际用法差异,而后从词语结构异同、词性历时变化等角度考察了词性差异产生的原因。本书共有八章,各章内容概括如下:

　　第一章对近40年来中国和日本发表的中日同形词研究成果进行了梳理。中日同形词研究可以分为本体研究和词汇习得两大板块,前者以语义比较为主,后者以偏误分析为主,从成果数量来看两者旗鼓相当。目前,同形近义词的语义描写、同形词的再分类、同形词习得的理论建设等方面还有无数课题尚待研究,而如何提升同形词研究的理论高度是今后的主要攻坚方向。

第二章对现有的中日同形词词性对比相关研究进行了归纳总结，而后提出了本书的研究目的和方法，最后详述了词典抽取同形词和语料库调查同形词的具体过程。本书从词典中共抽取了 11 649 个中日同形词，并归纳了它们在词典中的词义、词性对应关系，最终选定了七类同形词作为语料库调查对象。中日两国词典的词性标注都存在一定问题，因此通过语料库调查判定词性显得尤为必要，本章最后详细介绍了本书使用的语料库以及具体的调查和统计方法。

第三章在梳理了中日两国词性分类相关理论的基础上，详述了利用语料库判定同形词词性的标准以及具体的判定过程。为了尽可能地统一词性判定标准，本书将同形词的句法功能作为首要标准，在具体操作时，汉语还可将同形词与其他词语的结合关系纳入参考，而日语则可将形态特征作为辅助标准。

本书第四章至第七章是对语料库调查结果的具体分析。第四章依据语料库调查数据考察了具有名词、动词性质的中日同形词在两国语言中的用法差异，具体考察了以下三类词语：(1)《现汉》标注为动词，『新明解』标注为名词、动词的同形词(1 870 词)；(2)《现汉》标注为名词，『新明解』标注为名词、动词的同形词(86 词)；(3)《现汉》标注为名词、动词，『新明解』标注为名词的同形词(103 词)。

第五章依据语料库调查数据考察了具有名词、形容词性质的中日同形词在两国语言中的用法差异，具体考察了以下两类词语：(1)《现汉》标注为形容词，『新明解』标注为名词、形容词的同形词(350 词)；(2)《现汉》标注为形容词，『新明解』标注为名词的同形词(177 词)。

第六章依据语料库调查数据考察了具有动词、形容词性质的中日同形词在两国语言中的用法差异，具体考察了以下两类词语：(1)《现汉》标注为形容词，『新明解』标注为名词、动词的同形词(103 词)；

（2）《现汉》标注为动词、形容词，『新明解』标注为名词、动词的同形词（37 词）。

第七章利用语料库调查了词义相近的中日同形动词在汉语和日语中的及物性差异，并按照结构关系分别考察了差异产生的原因。本章具体考察了以下四类同形动词：（1）汉语为不及物动词，日语为及物动词的同形词（29 词）；（2）汉语为不及物动词，日语为兼类动词的同形词（44 词）；（3）汉语为兼类动词，日语为不及物动词的同形词（24 词）；（4）汉语为及物动词，日语为不及物动词的同形词（50 词）。

第八章归纳了前七章的研究结果并明确了今后的研究方向。中日同形词在语料库中的词性用法与词典的标注存在较大差异，其主要原因在于日语词典与语料库判定词性的标准不同，前者重视形态，后者重视功能。同形词在汉日语中词性存在差异的主要原因如下：词语结构和构词语素性质存在差异；部分同形词的词性发生了变化；日语汉字词汇性质特殊。

本书详细描述了 2 726 个中日同形词在汉语和日语语料库中的词性用法差异，所有结论皆有数据支撑，所有同形词都在"附录"中列出，以便读者查证。在实证研究的基础上，本书还从词语结构、语素性质、词性用法的历时变化等角度系统考察了同形词词性产生差异的原因，理论上有一定创新，也为汉日词汇对比研究提供了一些新的思路。本书通俗易懂、结论客观，不仅对从事汉语和日语语言学研究的学者、对外汉语及日语教育工作者有参考价值，也适合中国的日语学习者和日本的汉语学习者阅读。

目　录

第一章　中日同形词研究综述

　　公元 4 世纪前后,汉字及汉语词汇随着大量经书典籍由中国传至日本,这种单向的词汇输出一直持续到 19 世纪。19 世纪下半叶以降,西学东渐,日本人开始大量翻译西文书籍,在此过程中创制了数以万计的汉字词汇(日文称为「漢語」),其中部分词汇作为新概念和新知识传入中国,中日两国进入双向词汇交流时代。跨越千年的词汇交流孕育了一类特殊词语——中日同形词,即汉语和日语中词形相同的词汇。

　　中日同形词作为中日文化交流的结晶一直受到两国学者的密切关注,因此它也是汉日对比研究的一个重要领域。依照研究内容和方法,中日同形词研究可以分为历时和共时两个层面。历时层面依托中日词汇交流史展开,以词源考察、概念史等为重心;共时层面则围绕词数统计、语义分析、语法功能比较等内容同步展开。本研究主要通过语料库考察中日同形词在词性用法上的共时差异,因此本章以共时研究为中心,梳理近 40 年的中日同形词对比研究成果,总结研究现状,把握研究热点,探讨可持续研究的课题,以期为关注该领域的学者提供一些参考。

1.1　研究概况

　　以 1978 年出版的『中国語と対応する漢語』作为中日同形词共时研究的开端,笔者统计了 1978—2020 年间中日两国公开发表的中日同形词研究成果,包括论文、专著和词典,共检索到相关研究近千件,以下分别概括国内和日本的基本情况。

1.1.1　国内方面

　　笔者以"同形词"为关键词在中国知网、万方数据库、维普期刊网上共检索到了 1 100 余篇论文,剔除重复收录以及实际内容与中日同形词无关的部分,共搜集到有效论文 642 篇。同时,在未被上述网站收录的《日语研究》《日本语言文化论集》《汉日语言研究文集》《日本学研究》《日语教育与日本学研究论丛》等辑刊中,查找到相关成果 17 篇。此外,笔者在中国国家图书馆、北京外国语大学图书馆等外语类图书较为齐全的图书馆网站上检索到中日同形词相关专著及词典 21 部。由于早期论文对关键词的设置较为模糊,因此还有可能存在遗漏,我们预估国内的中日同形词相关研究成果不少于 700 篇。

　　从年代分布来看,1980—1989 年间发表的成果有 11 篇,1990—1999 年间发表的成果有 30 篇,2000—2009 年间发表的成果有 139 篇,而 2010 年以后发表的成果超过 500 篇。国内的中日同形词研究始于 20 世纪 80 年代初,进入 21 世纪后逐渐成为热点,而在 2010 年后呈爆发式增长。究其原因,一方面是进入 21 世纪后,除了传统的外国语院校外,许多综合性大学也增设了日语硕士点,在重视科研的大背景下,多数学校除硕士毕业论文外还有发表期刊论文的要求,中日同形词作为入门课题受到青睐,相关论文数量自然急剧增加。另一方面,随着中国经济的发展、国力的提升,到中国学习汉语的留学生人数不断增加,而原本只有日语学界关注的中日同形词逐渐受到对外汉语学界的关注,日本留学生的同形词习得成为热门课题,这也为同形词研究注入了新鲜的血液。

　　从研究内容来看,中日同形词研究可以分为本体研究和词汇习得两大板块。本体研究依据研究角度可以分为语义对比、词性用法差异、翻译策略等多个方面,其中语义对比是成果最多的领域。词汇习得则可分为偏误分析和认知语言学分析两个方面,国内早期的研究主要将同形词与日语词汇习得相联系,如今随着汉语学习者人数的增加,与汉语习得相结合的同形词研究在国内也越来越受重视。

1.1.2　日本方面

　　日本方面,笔者以「同形語」为关键词,在 CINII(日本の学術情報ナビゲータ)和「日本国立国会図書館オンライン」两大论文搜索引擎中检索到了相关成果近 300 篇[①],去除重复收录的部分,共获得有效成果 170 余篇,其中博士论文 15 篇,专著 4 部,词典 5 部,其余为期刊或辑刊论文。由于上述两个网站都未收录日本各大学的硕士毕业论文,笔者还以「同形語＋修士論文」为关键词在相关日文网站中检索到了近 20 篇硕士毕业论文,整体来看,日本同形词相关研究成果不少于 200 篇。

　　从年代分布来看,1990 年之前发表的成果有 8 篇,1990—1999 年间发表的成果有 13 篇,2000—2009 年间发表的成果有 64 篇,而 2010 年之后发表的成果则超过 100 篇。日本的同形词研究整体呈缓慢增长的态势,与国内 2010 年后的爆发式增长形成对照。

　　从研究内容来看,与国内相似,日本的中日同形词研究亦由本体研究和词汇习得两大板块组成。本体研究的重心是语义差异分析,而词汇习得研究以认知语言学角度下的实证考察为主,偶见偏误分析。日本以所有同形词为对象的综合性研究集中在 2000 年之前,进入 21 世纪后,同形词语义、用法差异的微观描写,认知语言学视域下的同形词习得等成为主流课题。

1.1.3　中日两国研究比较

　　从成果数量来看,国内由于设立日语和对外汉语专业的大学急剧增加,关注中日同形词这一课题的学者越来越多,进入 21 世纪后该领域的论文数量呈爆发式增长,与日本平稳增长的态势形成对比。

　　从研究内容来看,中日两国的同形词本体研究都以语义比较为主要课题,兼论同形词的搭配、词性、语体和感情色彩差异。同形词综合性论述方面国内多于日本,而在同形词语义差别描写方面日本更为细

---

①　CINII 是日本学术论文搜索引擎,相当于国内的知网 CNKI。

致。词汇习得方面,国内早期以基于教学经验和作者内省的同形词偏误分析为主,日本则以二语习得、认知语言学视域下的实证研究为主,即国内偏向综合性、经验总结式研究,日本则偏向个案分析式、实证调查式研究。但在汉语学习者的同形词习得方面,日本成果寥寥,目前主要是中国对外汉语专业的一线教师关注该课题。

从研究方法来看,早期的研究国内多采用经验总结法、内省法,而日本则主要采用问卷调查法和测试法。进入 21 世纪,依托二语习得和认知语言学理论的中日同形词考察逐渐代替早期的描写式研究,问卷调查法、采访法、实验法等科学的研究方法在中日两国普及开来。同时,语料库研究法逐步在同形词领域得到应用,运用语料库进行中日同形词研究已经成为主流。

随着信息技术的发达,中日两国学者可以跨越地域和时间的限制随时进行交流,两国的同形词研究在内容和方法上的差异也越来越小,或可期待出现更多两国学者合作、共同探索后的研究成果。

1.2　中日同形词综合性考察

中日同形词本体研究除了语义差异、词性用法比较等对比语言学常见的研究领域外,还有从同形词的概念和范围、方法论等角度展开的综合性研究,本节主要归纳这部分研究的最新成果,把握未来研究动向。

1.2.1　中日同形词的概念及范围

中日同形词顾名思义是指汉语和日语中形态相同的词语,表面来看这是无须讨论的问题,然而由于中日两国都经历过汉字改革,部分汉字实际已经"不同形",此外"小钱(小錢)""大户(大戶)"等偶然形成的同形词如何处理也值得探讨,因此早期的同形词研究在开篇部分基本都涉及了该论题。

最早的『中国語と対応する漢語』(日本早稲田大学語学教育研究所,1978)将同形词的范围限定为「漢語音読語」,未将「手続き」「恋人」等训读词纳入同形词范围。荒川清秀(1979)认为判断同形词的首要因素是形态是否相同,因此没有必要将训读词排除在外。然而,大河内康憲(1992)提出了不同的观点,他认为同形词不仅需要书写相同,而且需要有历史渊源,即出处相同,从而更为严格地限定了同形词的范围。

国内对同形词概念和范围的探讨源于赵福堂(1983),该论文对中日同形词的成立条件做出了如下规定:"1) 日语中与汉语词形相同的汉字词。……只要词形相同,不论它们发音上的异同如何……一律看作是同形词。2) 看词干不看词尾,只要词干的汉字与汉语词形相当就看作是同形词。3) 汉语和日语中的现代简体字一律还原成原来的繁体字来比较",可以说该观点最大限度地囊括了同形词。何培忠、冯建新(1986)认为:"属于同形词范围内的应该是从中国传入日本的音读词和从日本传入中国的训读词以及日本人利用汉语词素创造出来而被中国人所接受的一部分音读词",即中日同形词必须是相互之间具有渊源且形态相同的词语,这与大河内康憲(1992)的观点不谋而合。潘钧(1995)将中日同形词的判定标准归纳如下:"1) 表记为相同的汉字(繁简字体差别及送假名、形容动词词尾等非汉字因素均忽略不计);2) 具有共同的出处和历史上的关联;3) 现在中日两国语言中都在使用的词",其中第3条为同形词共时研究的必备条件。

施建军、许雪华(2014)认为判断中日同形词的首要标准是形态要素,即在中日两国语言中具有相同的形态,但是考虑到同形词形成历史的复杂性,增加了3条补充原则:"1) 中日同形词的构成要素历史上曾经使用相同的汉字;2) 中日同形词中包括由日语进入汉语的训读词汇;3) 因语言接触而吸纳到对方语言中,虽词形发生变化,但中日之间仍存在严格对应关系的词汇。以上原则满足其中一条即可纳入中日同形词研究的范围"。这三条原则既最大限度地囊括了中日同形词又排除了"小钱(小錢)""大户(大戶)"等在两国语言中毫无关涉的"同形词"。在此基础上,该研究提出了标准同形词和广义同形词的概念,为各个角度的中日同形词研究提供了参考。

目前专门探讨中日同形词概念和范围的研究数量不多,但多数研究为了确定研究对象都会在正文展开前论及同形词的判定标准,因此实际上同形词的概念和范围存在较大偏差。然而,同形词所涉词数庞大,没有任何标准可以适用于所有研究,根据研究目的对同形词范围做精确划分仍是目前唯一可行的操作。

1.2.2　中日同形词研究方法论

广义来看,同形词概念及范围的相关讨论也算是方法论的一部分,但狭义的同形词研究方法论主要探讨考察同形词时所用的方法,比如语义、词性用法比较的具体程序,同形近义词的语义描写方法等。

佐藤芳之(2010)针对同形词的语义分析提出了共时与历时相结合的研究方法。该研究选取了具有代表性的同形异义词,详细描写了它们在语义上的共时差异,而后通过追溯其在汉语和日语中的来历,解释了差异从何而来。在此基础上,佐藤提出了"核心义位"的概念作为描述同形词语义变化的共同坐标,结合词汇概念结构和词汇生成理论,同时融合认知语言学、接触语言学等领域的知识,精确描写同形词语义的动态变化和联系。最后,佐藤运用该方法对"结束""节目"等同形异义词进行了分析。该论文应用性较强,对同形近义词研究亦有积极的指导意义。

施建军、洪洁(2013)认为中日同形词在意义、词性、句法功能、搭配关系上存在的差异呈阶梯型层级关系,其中意义处于顶层,其后依次是词性、句法功能、搭配关系。在对比分析同形词时,结合大型语料库调查,按照"意义→词性→句法功能→搭配关系"的顺序逐层考察,可以避免学者个体知识缺陷引起的分析偏误。该方法为同形词考察提供了相对统一的考察程序,只是词性和句法功能相互交叉,而搭配关系又与语义互有关联,因此具体实施时,第一层次和第二层次的考察较容易把握,而其后的考察顺序则需要依据研究目的综合考虑。

施建军、谯燕(2016)利用大规模中日平行语料库为知识库,统计了1 900对常用同形词的对译比,在其基础上提出了以 F-measure(F 值)为系数描写中日同形词意义用法距离大小的新方法。当 F 值接近 1

时为同形同义词,F 值接近 0 时为同形异义词,而介于两者之间时则为同形近义词。相较于传统的三分类法,F 值可以精确描述出每一对同形词在汉日语之间的微妙差异,而基于大型平行语料库的统计结果比内省法、词典法更为客观细致,因此该研究在中日同形词自动分类、计算机自然语言处理等方面都具有较大的现实意义。

除上述论文外,许多专著和硕博士论文也都论及了考察同形词的基本方法,但这些往往是针对某类同形词或某个要素的特定方法,如依据语义差别的同形词三分类,依据词性差别的同形词九分类等,这在后续语义、词性差异等其他本体研究中另行归纳,此处不再赘述。

1.2.3 中日同形词综合性论述

早期的中日同形词研究除了聚焦语义差异外,更多的是综合性考察,即从词形、词义、词性、语体等多个角度进行全面分析,『中国語と対応する漢語』和《中日同形词浅说》分别是日本和国内早期研究的代表。

同形词研究在日本开始得更早,首先『中国語と対応する漢語』除了同形词语义分类外,正文部分还探讨了中日同形词的概念范围、语法功能差异等内容。荒川清秀(1979)在批判『中国語と対応する漢語』的基础上,重新界定了中日同形词的范围,并就中日同形词对比研究中需要注意的问题提出了独到的见解。进入 21 世纪后,包含句法功能、词语搭配等角度的综合性论述更为常见。林玉惠(2005)以特定文学作品——『窓ぎわのトットちゃん』中的同形词为对象,分析了同形词的结构特点、在汉日语中的语义差异以及翻译时需要注意的事项。河村静江(2010)考察了具有名词、动词用法的中日同形词在汉日语中的语义差异和搭配差异,并利用词典和语料库对同形词带宾语的情况进行了调查。该研究涉及同形词的语义、词性、搭配等多项内容,在研究方法、考察角度等方面都有值得借鉴之处。

国内方面,综合性论述尤为常见。何培忠、冯建新(1986)明确了同形词的概念,分析了同形词产生的原因,并从翻译角度考察了同形词在结构、语义、语法上的差异。范淑玲(1995)从词义、感情色彩、词性三个方面比较了同形词在汉语和日语中的差异。该论文首先依据语义差异,将同形词分为"意思不完全相同""意思完全不同"两大类,而后又依据感情色彩差异将同形词分为"时代色彩不同""语体色彩不同""感情色彩不同"三大类,只是研究停留在了分类和举例上,未有深入分析。

进入 21 世纪,国内出现了多篇综合考察中日同形词的硕博士论文。万玲华(2004)抽取了 3 971 个中日同形词,采用统计和分类的方法对其形态、构词情况进行了比较。在此基础上论文考察了同形词的语义差异,指出词义相同的词占到了全体的 89%,而汉日语言双向互流中对原词义的直接搬用是同形同义词形成的根本原因。该研究视角多样,拓展了同形词研究的范围。此外,李冰(2009)对 658 个中日同形词在形意、词性等方面的差异进行了分析,指出同形近义词和同形异义词是以日语为母语的汉语学习者习得的难点和重点。该研究除了本体研究外,还涉及了词汇习得策略,是将同形词本体研究与习得研究相结合的代表性成果。

整体而言,包含词形、语义、用法等多个角度的中日同形词综合性论述多数以同形词整体为研究对象,样本丰富、角度多样,但同时也存在研究不够深入,所得结论大同小异的问题。不过,正是这些多样的视角为后续研究提供了大量的课题,让同形词研究得以蓬勃发展。

1.3　中日同形词的语义比较

中日同形词语义比较相关成果占到本体研究的近一半,早期的语义对比研究以内省法、经验总结法为主,但后期逐步过渡到了问卷调查法、语料库法,理论性也逐步加强,分析角度也越来越多元化。根据具体的考察内容,语义比较可以分为语义分类及计量研究、语义差异描写、语义差异原因分析三大板块,以下分别归纳总结。

1.3.1　语义分类及计量研究

梳理中日同形词相关研究可以发现几乎所有的语义分类研究都伴

随着计量统计,研究流程如下:首先划定同形词的范围,而后依据其在汉日语中的语义异同进行分类并统计各类的词数及所占比例,最后根据所得数据对同形词的特点进行归纳。

最早对中日同形词进行语义分类的研究是 1978 年日本文化厅组织编撰的『中国語と対応する漢語』。该研究从当时盛行的日语教科书中抽取了 1 885 个汉字词汇,依据汉语中是否存在相对应的词形以及同形词在两国语言中的语义对应关系,将同形词分为了「同表記・同義のもの(S 類)」「同表記だが、意味・用法・品詞がずれているもの(O類)」「同表記・異義のもの(D 類)」「日本語の漢語と同じ漢字語が中国語に存在しないもの(N 類)」四大类(日本早稲田大学語学教育研究所,1978)。由于「N 類」已不属于同形词范畴,因此一般我们将其称为语义三分类法。其后,曾根博隆(1988)从《现代汉语频率词典》中抽取了 3 395 个中日同形词,并依据语义对应关系将其分为了 S(Same)、D(Different)、SD(介于 Same 和 Different 之间)三大类,显然该分类与『中国語と対応する漢語』大同小异。此后几乎所有的同形词语义研究都遵循上述分类法,即使有更为细化的分类,都依然未能跳出这种分类模式。比如西川和男(1991)、林玉惠(2002)等也对同形词进行了分类考察,但考察方法和结论未有新意,此处不再赘述。

国内关于中日同形词的大型计量分类研究始于曲维(1995),该研究抽取了 2 063 个中日同形词,依据词义异同将其分为“基本相同”“局部相同”“完全不同”三大类,并指出“基本相同”的同形词最多,占到总数的 87.53%。王蜀豫(2001)以语文词典为对象进行了迄今为止规模最大的中日同形词调查。研究共抽取了 16 226 个中日同形词,并对其中 13 000 余个同形词的语义范畴进行了划分,进而对同形词在汉语和日语词汇体系中的语义分布进行了比较。施建军(2019)对照《光明日报》和『毎日新聞』,检索到了 12 700 余条中日两国现代语言生活中使用的中日同形词,并列出了词形、读音、词性、出现频率等信息,为该领域的研究者提供了较为完整的资料。

除了中日同形词的整体分类外,以其中某一类为考察对象的分类研究也较为盛行,其中“同形近义词(同形類義語)”最受关注。日本方面,遠藤紹德(1989)从词义、用法、感情色彩三个方面归纳了同形近义词在汉语和日语中的微妙差别,并从词汇结构、词义虚实、词义范围、语感强弱等角度进行了深入分析。国内方面,鲁晓琨(1990)根据各义项在汉日语中的对应关系将中日同形近义词分为"汉语义项多于日语""日语义项多于汉语""日语义项和汉语义项互不包括"三大类,并从"词义范围大小""词义程度深浅""词义的着重点""词义适用对象"这四个角度展开了讨论。这两篇早期的论文论述角度多样,分类较为细致,此后的同形近义词研究基本都在相似的框架下进行分类,鲜有创新。

1.3.2　语义差异描写研究

在同形词本体研究中,具体描写语义差异的研究从数量上来看占据了绝对优势,依据考察内容可分为同形词个案分析和分类考察两大板块。

1.3.2.1　个案分析

个案分析方面,从笔者搜索到的成果来看,国内相关研究要稍早于日本。李进守(1983)从语义范围、词性用法等角度考察了"门""上手""今日""得意"这四个典型的中日同形词在两国语言中的具体差异。其后《日语学习与研究》《日语知识》等期刊上陆续刊登了多篇同形词个案分析的论文,形成了国内同形词研究的首个热潮。进入 21 世纪后,考察单个同形词的论文依然陆续在各类期刊上发表,梁新娟(2005)、郭小艳(2007)等就是其中的代表性成果。2012 年出版的《汉日语同形副词研究》则是同形副词个案研究的大集合,该研究采用语料库法对多个同形副词的语义、用法做了翔实的调查,为同形词个案研究打开了新局面。

日本方面,早期的同形词个案研究多采用共时历时结合法,且共时考察主要为历时考察服务。如劉凡夫(1988)考察了「教師」「教員」的共时语义差异,但论述的重点是这两个词语的中日交流史。到 20 世纪末,描述单个同形词共时差异的研究在日本逐渐成为热点。葛金龍(1999)全面考察了同形副词「全然」在汉日语中的语义和用法差异。大西智之(2006)详细分析了「行李」「丈夫」「大家」这三个同形异义词在汉日语中的语义差别。其后,大西智之(2008)又继续对「湯」「鬼」「上品」「下品」等同形异义词进行了考察,并从历时角度简单分析了差异产生的原因。

尽管多数同形词个案研究的重点是语义差别,但实际考察都涉及词性、词语搭配、使用频度等多个角度,只是整体来看理论层次不高,多数只能作为学习和教学参考,较难实现理论创新和突破,学术价值稍显不足。

1.3.2.2 分类考察

相较于个案研究,结合微观描写和宏观分析的同形词分类考察是同形词语义对比研究的主流,中日两国都出了大量成果。

国内方面,赵福全(1980)是同形词语义差异研究的开山之作。论文指出日语学习者对同形词存在多种误解,包括"错译日语的词的含义""搞错使用的场合、范围"等,要纠正这些错误需要逐一确认同形词在汉日语中的具体词义和适用范围。其后,宋春菊(2003)重点考察了同形近义词,依据词义在汉日语中的涵盖关系将其分为日语义项多于汉语、汉语义项多于日语、汉日语语义相互交叉三大类,同时强调了同形词在褒贬色彩、语气强弱、词语搭配等方面的差异。进入21世纪,国内涌现了大量中日同形词语义分析相关的硕博士论文。商洪博(2006)以词义相近的中日同形形容词为对象,列举了其在语义、搭配、用法这三方面的差异,指出"日汉同形词二字形容词中……数量最多的是类义词"。该研究详细描述了各个同形形容词的具体差异,对日语习得有较大帮助。

日本方面,大河内康憲(1992)在考察了10组同形形容词的常用搭配和基本用法后,指出中日同形词在日语中的所指范围较窄、偏重抽象义,而汉语所指范围更广,多数兼有抽象义和具体义。林玉惠(2001a)调查了「愛情」「活発」「深刻」等同形近义词在汉日双语词典中的释义情况,发现词典释义存在误译、义项区分不明等问题,且例句、词性标注等方面也存在瑕疵。论文指出编写双语词典时需要对中日同形词进行大量调查,不可贸然沿用其他词典的释义,且需跳出编写语文词典时的思维定式,综合考虑使用者的实际需求调整编写策略。竹田治美(2005)

考察了「検討」「質問」「緊張」等词在汉日语中的语义差异,并分析了日本汉语学习者容易出错的原因。该论文是日本同形词本体研究与语言习得相结合的早期代表性成果,其后从词汇习得角度展开的同形词研究逐渐成为热点。

综合来看,早期的中日同形词语义分类考察一般采用内省法,由单个同形词的语义差异以点带面概括同形词整体在两国语言中的宏观差别,这些研究所得结论大同小异,后续鲜见创新性成果。如今多数同形近义词研究采用语料库法,研究重点也转向了词汇习得,不再拘泥于分类和语义描写,具体在后文探讨。

1.3.3　语义差异原因分析

在考察了同形词语义差异后自然会思考差异产生的原因,尽管多数语义对比研究都会提及相关内容,但专门探讨该课题的研究不多。日本方面,大河内康憲(1992)认为,由于汉语和日语是完全不同的语言,因此同形词在两种语言中词义和用法存在差异是必然的。同形词的产生源于两国词汇的相互借用,借用后的词汇在融入他国语言和文化的过程中,词义发生变化在所难免,这也是多数日本学者的观点。

相较于日本,国内学者对该课题更为关注。潘钧(1995)从共时、历时两个维度,结合社会学观点全面论述了中日同形词词义产生差异的原因。论文指出造成词义差异的主要原因可分为"词义本身发生变化"和"词义变化以外的因素"两大类。前者又可细分为"词义转用""借用导致词义的特定化""词义分化""社会生活的变迁"四个方面,后者又可细分为"构成不同""同音汉字的转写""词素意义不同""国情、制度、文化、社会诸背景不同"等七个方面。其后的同形词研究在言及语义差异原因时都是将该论文的内容加以细化,未能有太多新观点。

何宝年(2012)将同形词语义产生差异的原因归纳为「環境の影響」「翻訳や借用時の限定特化」「中日での意味用法の変化」「略語による違い」「日本語での同音漢字の書き換え」等九个方面,并着重强调了历时变化对词义的影响。只是该书所列的原因重合交叉,整体稍显繁杂。

上述三位学者的观点基本可以概括同形词语义产生差异的原因,

表面来看在于词语结构差异、语素义差异、中日语言文化差异等方面，但更深层次的原因在于借用过程中的历时变化，尤其是词汇在融入新语言过程中受到的影响。目前该课题还有许多内容有待挖掘，而共时历时结合法是研究该课题的最佳方法。

1.3.4　中日两国研究比较

中日两国在中日同形词语义比较方面都成果颇丰，但研究的侧重点有所不同。国内方面，研究视角更为多样化，对同形词整体以及同形近义词的分类和计量统计关注较多。同时，语义对比分析方面个案分析与综合考察并举，以点带面由具体差异归纳抽象区别。最后，国内学者对于同形词语义产生差异的原因也较为关注，从词语结构、语义变化、社会文化等多个角度进行了论述。

日本方面，早期研究以『中国語と対応する漢語』为代表，开辟了同形词语义分类研究的先河，但进入 21 世纪后日本对于同形异义词的微观描写更为关注，以某类同形词为研究对象的宏观研究逐步减少。同时，部分日本学者认为既然汉语和日语是不同的语言，其意义用法产生差异是必然结果，因此对于语义产生差异的原因关注不多。由于日本同形词研究的主要动机是探索日语习得策略，因此结合二语习得理论、认知语言学理论的同形词研究受到关注，具体在后文详细论述。

1.4　中日同形词与翻译

语言研究的主要目的是语言应用，而同形词研究应用最广的领域之一就是翻译。同形词翻译的早期研究以经验总结、误译分析为主，如今研究热点逐渐转向同形词翻译技巧、翻译方法等方面。

中日同形词的翻译是个难点，因此国内的早期研究以误译分析为主。赵福堂(1982)最早注意到同形词的翻译问题，论文在列举了大量误译实例后指出,在编纂汉外词典时,尽管同形词在很大程度上给编译工作提供了方便,但是多数同形词不能简单笼统地直译为原词,而是需要根据同形词在两国语言中的语义范围进行调整和限制。徐冰、洪杰(1994)指出许多日语翻译人员、新闻记者直接使用原词翻译"研究生""校长""主任"这样的同形词,造成了许多误译,影响了交流。究其原因,与从业者不了解日本真实情况、语言能力较差、翻译修养不佳等有较大关系,而要想提高同形词的翻译质量,就需要加强语言基础训练,准确理解同形词表达的概念,同时提高翻译敏感度。关宜平(2009)则认为词典使用原词解释同形词会导致日语学习者忽略其在两种语言中的语义、用法差异,因此在日语教学、词典编纂过程中对于同形词要谨慎选择译词。

除误译分析外,还有部分研究以某部作品、某类文体中的同形词翻译为例探讨同形词的翻译技巧。梁爽(2014)以『現代メディア史』及其译本为例,考察了出现频率较高的260个同形词的翻译方法,总结出了社科类文章中的同形词翻译技巧。论文指出,由于中日两国在政治制度、社会文化等方面都存在较大差异,因此遇到同形词时不可被"形"迷惑,需要深挖词语背后的情感、语气差别,再依据实际情况选择合适的翻译方法,以免造成误译。王峥峥(2016)利用日本权威报纸文章及其译文作为语料,探讨了新闻报道中同形词的翻译情况。论文详细探讨了哪些词可以直接译为原词,哪些词需要逆序处理,哪些需要保留源语言的表达方式等问题,最后强调了翻译时了解语言文化背景的重要性。修刚、米原千秋(2016)以《2015年政府工作报告》的日文翻译为例,考察了政论文中同形词的翻译情况,发现存在用词不当、用词生硬、理解错误等问题。依据功能主义目的论,同形词的翻译亦是一种跨文化交际,翻译时除了要忠实于原文的内容和信息外,译者还需充分考虑日本受众对中国文化、社会习俗的理解程度以及中日审美观念的差异。

日本方面,1983年出版的『中文日訳の諸問題:とくに日中同形語について』基本网罗了所有早期的同形词翻译研究,该书详细分析了汉译日过程中产生的各类同形词误译情况。其中石坚、王建康(1983)通过大量例句较为系统地考察了由语法功能差异造成的同形词误译情况。进入 21 世纪,日本的同形词翻译研究摆脱了举例说明的范式,微观和宏观相结合的研究逐渐增多。王晓(2005)通过对「病院」「愛情」「起床」等同形近义词对译情况的考察,分析了语义和用法差异对同形词翻译的影响。由于这些词在词义范围、感情色彩、语气强弱等方面都存在细微差别,因此翻译时不能轻易使用原词,而要根据实际使用场景选择合适的译词。吉田慶子(2017)详细比较了同形词「逮捕」作为法律词汇在中日两国语言中的具体概念和用法差异,进而探讨了汉日互译时如何选择译词的问题。论文指出法律领域内存在大量中日同形词,但是这些词语在词汇交流过程中各自衍生出了其他含义,因此翻译时需要对中日法律术语的概念和使用范围做认真细致的调查,以免落入"陷阱",造成误解。

综合来看,中日两国对于同形词翻译问题尤其是政论文中同形词的处理方式都较为关注,但从成果数量、研究角度来看,国内学者显然态度更为积极。国内早期研究以误译分析为主,目的是归纳同形词本身在词义、用法上的差异,或为词典、教材中的同形词处理方式提供参考。近年来,通过个案分析进而归纳某类题材中同形词翻译方法的论文增多,部分论文还依托功能主义理论进行探讨,拓宽了考察的视角,提升了研究的理论高度。日本方面,早期研究与国内相似,通过大量误译总结同形词本身的用法差异,其后考察单个同形词翻译情况的研究增多,但考察角度和理论深度略逊于国内。

1.5 其他中日同形词本体研究

中日同形词表面来看属于词汇学领域,实际上是跨越词汇、语法、语体等多个领域的综合性课题,除了语义、词性、翻译方面,其在感情色彩、语体、文化内涵等方面也存有不同程度的差异,本节总结相关成果并进行简单述评。

1.5.1 感情色彩差异

一般而言,词义指的是词的概念义,但词还有附属于概念义的色彩义。色彩义主要表达人或语境所赋予的特定感受,其中"感情色彩"表达的是说话人对有关事物的赞许或贬斥的态度。表达赞许、褒扬感情的词为褒义词,表达厌恶、贬斥感情的词为贬义词,既没有褒义色彩也没有贬义色彩的词为中性词(黄伯荣、廖序东,2017)。

中日同形词中有部分词语在两国语言中的色彩义存在较大差异,由此引发的交流障碍不在少数。比如"评价、天气"等词在汉语中是典型的中性词,但在日语中依据语境和上下文可以是褒义词。部分学者注意到了同形词的这种差异,翟东娜(2000)是其中最具代表性的成果。该论文分析了"执着、事业"等几组同形词在实际使用时感情色彩上存在的差异,指出中日两国人民对感情色彩的不同敏感度、社会环境和文化理念差异、汉字词语在两种语言中的不同地位是引起感情色彩差异的主要原因。汉字词汇在日语中主要用于表达理性、抽象的意义,因而语感凝重,但在汉语中用法不受限制,可呈现的色彩义相较于日语也更加多样。孙安然(2017)认为在教学过程中要把同形词当作新词来教,让学习者尽早意识到同形词在感情色彩方面存在的差异,同时引导学生主动查证同形词在特定情景中的色彩义,以提高其对同形词的敏感度。

由于色彩义与概念义不可分割,因此多数同形词语义分析研究会顺便提及色彩差异,但目前以此作为课题的研究数量寥寥。实际上该部分内容属于语用学范畴,基于语用学理论的同形词感情色彩差异研究或许是将来的攻坚方向。

1.5.2 语体色彩差异

语体一般可分为书面语和口语,某个词语经常出现在某种语体中就具备了该语体的色彩。同形词语体色彩方面,宫岛達夫(1993)是最具代表性的成果。该研究指出部分中日同形词尽管词义相近,但实际使用时在两国语言中并不能完全互换,原因就在于语体色彩存在差异。

比如「学習」，汉语常说"你在学习吗?"，日语却极少有「いま、なにを学習してるの?」这样的表达方式，而是用「勉強する」来代替。因此学习者在使用同形词时，不仅要注意语义、词性差异，还应注意语体差异，以免造成辞不达意的尴尬境地。

王磊(2008)考察了"起立、居住"等表达人类动作行为的 47 个中日同形词的语体差异，发现约有半数同形词语体色彩存在差异，因而论文强调在日常教学、辞典编纂过程中，需要将语体差异考虑在内，这样才能帮助学习者更全面地掌握同形词的用法。

如「何を勉強している」「何を学習しているの」所示，同形词的语体色彩差异并不影响对词义的理解，因此该课题未引起广泛关注。任何一门语言，理解含义只是第一步，如何正确使用语言，如何准确表达思想，如何无障碍交流才是更值得关注的课题，对同形词语体差异的研究有助于解决上述问题，我们或可期待更多有见地的成果出现。

1.5.3　文化差异

大多数同形词研究聚焦语义、词性差异，但在思考为何出现这些差异时，目光会不由自主转向隐藏在语言背后的文化差异。

国内方面，郭常义(1993)对"心中、近代、现代"等词的历史渊源和文化背景进行了梳理，指出多数同形词并非一开始就存在语义差异，而是几经变迁才有了如今的区别，促使语义发生变化的最大原因则是不同的文化背景和历史事件。樊慧颖、刘凡夫(2012)通过大量文献调查，探明了"银行"一词的语义变迁和传播路径。"银行"源于汉语，原指钱庄，传入日本后词义发生嬗变，而到 19 世纪末又通过文化互动回归汉语。文化互动是中日同形词形成的主要途径，而文化差异是同形词语义变化的主要原因。

日本方面，桥本美和子(2006)以饮食文化为背景考察了"料理"一词的语义变迁，重点描述了日语现代义的生成背景。二宫いづみ(2014)从跨文化交际角度，具体而言是价值观、风俗习惯、道德规范、生活方式、思维方式、审美观等方面考察了同形词所反映出的中日文化差异。这些差异容易造成理解偏差，成为跨文化交际的障碍，因此让日本汉语学习者不被"同形"所惑显得尤为重要。

　　了解中日同形词语义变化背后隐含的文化差异可以进一步探明文化互动如何影响语言传播,文化差异如何影响语言发展,不过这类研究脱离历时层面的考察难以实现,共时历时结合法是该领域的最佳研究方法。

1.6　中日同形词与词汇习得

　　词汇习得角度下的中日同形词考察占到了同形词研究的近三分之一,而同形词涉及的词汇习得较为复杂,包含中国学生的日语习得和日本学生的汉语习得两个方面。2010 年以前,两国学者都对前者更为关注,但随着对外汉语专业的普及,日本留学生人数的增加,近年来日本学生的汉语词汇习得研究在中国成为热点,在论文数量和质量上都逐渐占据优势。从研究内容来看,同形词习得研究可分为偏误分析与同形词习得、认知语言学与同形词习得两大板块,以下分别探讨。

1.6.1　偏误分析与同形词习得

　　同形词的偏误分析是指对学习者在日语习得或汉语习得过程中产生的偏误进行系统分析,从而了解习得的规律和难点并提出习得策略的研究,中日两国都积累了较多成果,但研究侧重点有所不同。

1.6.1.1　日语习得

　　中日同形词的早期研究多数都与日语习得有关,如最早的『中国語と対応する漢語』,其研究目的就是帮助日语教育从事者提升教学效果,帮助日语学习者提高学习效率,促进日语教育的进一步发展。

　　国内很早就将同形词研究与词汇习得相联系,赵福全(1980)由日语学习者的使用偏误引出了对同形词语义差异的探讨。其后,郭殿福(1996)在考察了同形异义词的偏误后提出分类教学法,比如对于汉语语义范围大于日语的同形词采用词义范围比较法,而对于词义截然不同的同形词采用词义对比法等。侯仁锋(1998)列举了日语学习者的大量常见偏误,按照错误类型分为词义、搭配、词性、语体、感情色彩、语感、照搬汉语等七大类,呼吁日语学习者在考虑上述差异的基础上谨慎使用同形词。

进入 21 世纪,同形词偏误分析成为研究热点,国内涌现了大批将偏误分析与习得教学策略融合的硕博士论文。王月婷(2008)对日语学习者作文中的同形近义词使用偏误进行了分析,将出现偏误的主要原因归纳为"对汉语母语的依赖心理"和"忽视词汇用法差异和日语特有的语言特点"两个方面,而减少偏误的方案就是在日语教学中加入同形近义词辨析相关内容。薛梦姣(2014)以日语专业大四学生的翻译作业为语料,考察了高水平日语学习者的同形动词偏误,并将其分为词形偏误、语义偏误、词性偏误、褒贬色彩偏误四大类,同时指出发生偏误的原因主要在于滥用原词,忽略了同形词在两国语言中的细微差异。

国内多数同形词偏误研究都与上述成果类似,首先列举大量病句,而后将其分类,最后归纳偏误产生的原因并对日语教学提出建议。这些研究本身对日语词汇习得有促进作用,但是多数研究未做调查和实验,所得结论缺少数据支撑,同时对二语习得理论的理解不够深刻,理论高度也有待提升。

日本方面,在进入 21 世纪后二语习得视域下的同形词研究逐步占据主流,但关注该课题的多为在日中国留学生。林玉惠(2002)调查了词形差异对同形词习得的影响,指出在教学过程中需要对"强(強)""骨(骨)"等不易察觉其差异的汉字加强指导。李爱华(2006)考察了 43 个常用中日同形词的习得难易度,发现「日=中(日本語と中国語の意味がほぼ同じもの)」「日<=>中(日本語と中国語ともに別の意味を持つもの)」「日≠中(日本語と中国語の意味が全く違う)」这三类词出现偏误的机率较小,而「日<中(中国語の意味範囲のほうが広いもの)」「日>中(日本語の意味範囲のほうが広いもの」这两类词的错误率远高于前三类。论文提议在教授同形词时不能简单地只提示译词,而应讲解同形词在常用搭配、表达习惯上的差异,提醒学习者不可轻易将汉语用法套用至日语。

　　王燦娟(2013)综合考虑词义和词性差异,将中日同形词分为「意同品同型」「意同品異型」等 9 大类,并指出其中「意重品重型」「意重品異型」「意異品重型」「意異品異型」四类最容易引起偏误,进而强调了建立偏误相关语料库的必要性。熊可欣、玉冈賀津雄、早川杏子(2017)指出,为了避免同形词使用偏误,应该根据不同的习得难度采取不同的教学方法,同时加强对母语知识的正确引导。

　　与国内研究相比,日本方面一般不直接分析学习者的实际偏误,而是立足于同形词本身,首先确定考察角度,而后依照使用频度等标准筛选出同形词,再以问卷调查的方式考察同形词的错误率,进而归纳同形词的偏误类型和习得难度,为日语教学、词汇习得提供参考。总体而言,日本更注重调查和实验,所得结论较为客观,若能结合学习者的实际偏误进行探讨,则成果的应用性会更强。

1.6.1.2　汉语习得

　　国内从 20 世纪 80 年代起就有从汉语习得角度对中日同形词进行论述的文章。李菊光(1988)针对日本留学生常犯的几类同形词偏误,首次从汉语习得角度对同形词的教学提出了建议。他认为,首先需要结合精讲多练的原则,将比较法用于词义教学;其次要有计划地扩大词汇量,将同形词以"主题词群"的形式集中教给学生;最后还需适当传授词汇学知识,帮助学生深入理解词义,减少用词错误率。这篇论文是汉语习得与同形词结合的开山之作,但偏向于教学经验总结,这是早期研究的共同特点。

　　进入 21 世纪,随着中国国力的提升,汉语在世界上的影响力日益增强,到中国学习汉语的日本留学生也越来越多,同形词习得研究的重心逐渐从中国学生的日语习得转向了日本留学生的汉语习得。李冰(2009)利用二语习得的"中介语"理论,对日本留学生的同形词偏误进行了分析,指出"形音干扰""词义关系复杂""词性复杂""搭配习惯不同""过度泛化"等是造成偏误的主要原因。论文还通过双因素混合实验考察了词形、形义关系对同形词习得的影响,发现对于日本留学生而言,汉语词义范围大于日语的同形近义词最难习得,因此教学过程中需要重点讲解这类同形词。吴骁婷(2010)将日本留学生的同形词偏误分为词义偏误(使用范围、感情色彩、语体、词义搭配方面的偏误)和词法偏误(词性用法偏误)两大类,分别探讨了针对这些偏误能够采用的教学方法,最后指出必须注重构词法教学,同时把对比分析和偏误分析结合起来才能帮助留学生突破汉语习得的瓶颈。

目前国内与汉语习得相结合的同形词偏误研究已经由早期的教学经验总结转向基于语言实验的实证考察,所得结论也较为科学可靠,只是重复性的课题太多,尽管语料和实验方法存在一定区别,但所得结论大同小异,如何更新研究方法、提升理论高度将是今后的主要攻坚方向。

日本从汉语习得角度展开的论述相对较少,目前仅找到4篇成果。首先,王承雲(1998)对照『現代国語辞典』和25本汉语教材制作了中日同形异义词表,指出"同形"不一定"同义",而"同义"也不一定"同用法",因此在教授日本人汉语时需提醒学生注意同形词在核心内涵上存在的微妙差异,谨慎使用同形词。林玉惠(2001b)对日本人所写汉语文章中的中日同形词偏误进行了分析,发现语义偏误最多,其次是搭配偏误,最后是词性用法偏误。这些偏误都由母语的负迁移引起,即汉语学习者将同形词在日语中的用法直接套用至汉语引起了偏误。

目前来看,日本留学生的同形词习得研究已臻成熟,国内学者通过分析留学生的使用偏误,提出了相应的教学策略。日本学者对汉语学习者的同形词习得关注较少,但在日本学习汉语与在中国学习汉语所处语言环境不同,产生偏误的方式和机制自然不同,因此依然需要更多的日本学者关注汉语学习者的同形词习得,进而提出适合日本人的汉语习得策略。

1.6.2　认知语言学与同形词习得

除偏误分析外,还有部分同形词习得研究依托认知语言学理论展开,日本方面以日语习得为主,而国内进入21世纪后汉语习得和日语习得并举。

1.6.2.1　日语习得

认知语言学视域下的同形词研究整体来看起步较晚。国内方面,完全依托认知语言学理论的研究较少,多数仍与二语习得理论相结合。

汪丽影(2011)以语言迁移理论、认知语言学理论为基础,对中国日语学习者的同形词习得情况进行调查并发现以下事实:在初级阶段,中国学习者完全可以利用母语正迁移,正确推测出日语汉字词汇的意思;初级阶段的学习者容易忽略字形的差异,需要教师进行提醒与指导;有语境的文本更有利于学习者把握汉字词汇的词义。庄倩(2014)依托显性知识与隐性知识理论,对影响中国日语学习者中日同形近义词产出难易度的主要因素进行了调查,发现母语与目标语的差异大小、同形词本身的难易度、学习者的日语水平是影响产出的主要因素,其中学习者的日语水平与中日同形近义词的产出正确率呈正相关,即随着学习者日语水平的提高,同形近义词的产出正确率也会有所提高。费晓东(2019)采用词汇判断任务法,探讨了中日同形词听觉加工过程中母语的迁移作用。实验结果显示,即便是日语水平较高的学习者在同形词的听觉加工过程中也难以消除母语的负迁移作用,而相似的语音更加剧了负面效应。以视觉呈现为主的日语学习过程中,学习者对汉字字形过于依赖,容易忽视听力训练,从而导致"听力难"现象,因此在日语词汇教学中,应该加强汉字词汇的听力练习,缩小视觉和听觉之间的反应时差距。

　　日本方面,依托认知语言学的同形词研究是热门课题,且多为实证研究。小森和子、玉冈贺津雄、近藤安月子(2008)通过正误判断法考察了中国留学生对同形近义词、同形异义词的认知过程,发现无论日语水平高低,学习者对同形异义词的语义辨别都快于近义词。论文进一步指出学习者对同形近义词有认知困难,且随着日语水平的提高,学习者辨析同形近义词的能力并未有明显提高。早川杏子、玉冈贺津雄(2012)以同形同义词和异形同义词(「分野」「料金」等日语特有的汉字词汇)为对象,从视觉、听觉两方面考察了日语学习者的同形词认知机制。实验结果显示,比起异形同义词,学习者处理同形同义词所需时间更长且错误率更高,尤其在听觉方面,同形同义词对日语习得有抑制作用。

　　中日两国的学者从听觉、视觉等多个方面对日语学习者的同形词认知过程进行了调查,以更科学的方法明确了同形词对日语习得的影响,而对不同日语水平学习者的认知考察使得结论更为客观,为改善教学效果、提高教学效率提供了有益的参考。

1.6.2.2 汉语习得

认知语言学视域下的汉语习得研究主要集中在国内。黎静(2003)以双音节中日同形词为对象,以反应时和错误率两个指标作为测量变量,采用语音判断任务和语义判断任务实验法考察了日本留学生的心理词典表征结构。实验结果表明:词形和汉语水平都对学习者的心理词典表征结构以及词汇通达模式有影响,而且不同汉语水平的学习者其词汇加工策略和心理词典结构也有所不同。

李梓嫣(2017)考察了不同汉语水平的日本留学生习得同形词和非同形词的过程,发现不同类型的词汇与学习者汉语水平之间的相关性由大到小分别为:同形异义词>非同形词>同形近义词>语素相同词,即同形异义词的习得受汉语水平的影响最大。张艺臻(2019)利用词典和语料库为中日同形近义词搭建了"对应关系→意义→词性→句法功能→搭配关系→词义关系"的描写框架,从而为中日同形近义词的逐层分类、不同维度的对比分析、语义差异大小的评估提供了有效标准。

目前认知语言学视域下的同形词习得研究依然是对外汉语学界的研究热点,其研究结果对日语习得亦有参考价值,显然跨学科、多理论的同形词习得研究将是未来的发展方向。

1.6.3 中日两国研究比较

中日两国的同形词习得研究都开始得较早,但是结合二语习得和认知语言学相关理论进行的系统性研究都在 2000 年之后。从研究侧重点来看,2010 年之前国内以同形词偏误分析为主,一般采用内省法和演绎法。日本方面则立足于同形词本身,通过问卷调查法或实验法考察同形词的偏误类型和习得难度。2010 年之后,随着两国学术交流的增加,中国与日本同形词领域的关注焦点与研究方法愈发接近,目前认知语言学视域下的同形词研究是两国共同的热点课题。

同形词习得研究涉及汉语和日语两门语言,进入 21 世纪之前,中日两国都以中国日语学习者的同形词习得为主要考察对象,但随着我国对外汉语专业的普及以及日本留学生人数的增加,国内学者开始关注日本留学生的汉语习得,目前已有赶超日语习得研究之势。

整体来看,国内的同形词得研究需要加深对二语习得和认知语言学相关理论的理解,提升研究的理论高度,同时也需要通过更多的实证研究来提升结论的科学性。日本方面需要拓展考察角度,扩大考察范围,将日语习得相关研究方法和实验结果应用到汉语词汇习得中去,从而进一步拓宽同形词研究的思路。

1.7　简评及展望

中日同形词是一个集词汇、语法、二语习得等多个领域的综合性研究课题,同时还与文化交流、历史传承等非语言领域有关,因此一直受到两国学者的密切关注。依据研究内容,同形词研究可分为本体研究和词汇习得研究两大板块,前者主要包含语义分析、词性用法差异、翻译技巧、语体差异等方面,后者可分为偏误分析和认知语言学考察两个方面,从成果数量来看两者旗鼓相当。

本体研究中语义分析最受关注,从单个同形词的辨析到以所有同形词为对象的综合性考察,不一而足,都取得了突破性进展。目前,研究热点已经从同形异义词转向了同形近义词,研究角度已经由语义本身延展到了词语搭配等方面,研究方法也由内省法转向了语料库法。由于同形同义、同形异义、同形近义的三分类法已经不能满足研究需要,寻求与其他领域结合的新分类法是今后的研究方向。翻译方面,中日两国对于政论文中同形词的处理方式都较为关注。国内的早期研究以误译分析为主,兼论同形词在词义、用法上的差异。近年来,通过个案分析进而归纳某类题材中同形词翻译方法的论文增多,部分研究还依托功能主义理论展开,拓宽了考察的角度,提升了研究的理论高度。日本方面,早期研究与国内相似,主要通过误译探讨同形词的用法差异,其后考察单个同形词对译情况的研究增多,但整体来看理论性不强。除语义、翻译角度外,也有从方法论、褒贬色彩、语体差异等角度考察同形词的研究,目前成果寥寥,还有深入挖掘的空间。

词汇习得角度下的中日同形词研究成果颇丰,占据了同形词研究的小半壁江山,具体又可分为偏误分析和认知语言学视域下的同形词习得两个方面。偏误分析方面,国内偏向于列举大量例句考察偏误类型,而日本偏向于从同形词本身的习得难度出发,考察哪类同形词更容易发生偏误。认知语言学本身就是以实验为基础的一门学科,因此中日两国都以实验法为主,考察日语学习者或汉语学习者习得同形词的认知过程,为提高词汇习得效率提供数据支撑。

中日同形词作为汉语和日语的最大交集,承载着中日两国语言文化交流的历史,也体现着不同语言环境下词汇的生存状态。目前来看,同形近义词的语义描写、同形词的再分类、同形词习得的理论建设等方面还有无数课题尚待研究。同时,从方法论来看,传统的教学经验总结法和内省法已经逐渐退出舞台,语料库及其配套的分析软件将是今后的主流研究工具,如何利用最新的技术和方法进行同形词研究,如何提升同形词研究的理论高度将是今后的主要攻坚方向。

最后,同形词的词性用法差异作为本体研究的一个重要组成部分,已累积了丰富的成果,对于这些成果的归纳和述评,将在第二章中详细展开。

第二章 本研究的对象及方法

如第一章所述,中日同形词作为汉日对比研究的热点课题,已累积了上千篇成果,但主要集中在语义比较、翻译策略、偏误分析这三个方面,词性差异、语体差异等方面的研究相对薄弱。事实上,许多同形词尽管在两国语言中词义相近,但语法功能却大相径庭,比如汉语和日语学习者的作文中常常出现以下偏误:

1) 敦煌は雨が少なくて空気が乾燥です(乾燥している)。①
2) 労働力も、品物も過剰する(過剰になる)のは不可避のことである。②
3) 我的大学生活一直高兴,同时我也经验(经历)了痛苦事。③

"干燥"在汉语中是形容词,而在日语中是名动兼类词,"过剩"在汉语中是动词,在日语中却是形容词,"经验"在汉语中是名词,而在日语中是可以带宾语的名动兼类词。显然,这些偏误都是由词性差异引起的。

目前,学界已经注意到了中日同形词的词性差异,也有相关成果发表,然而多数研究的词性来源是词典,但词典所标词性并非完全准确。例如"绝好"一词在《现代汉语词典(第六版)》(下称《现汉》)中标注的是

---

① 例句出处:王忻.2006.中国日语学习者偏误分析[M].北京:外语教学与研究出版社:97.
② 例句出处:佐治圭三,唐磊,张琳.1992.日语病句详解[M].北京:北京出版社:12.
③ 例句出处:翟艳.2003.日本学生汉语动词使用偏误分析[D].北京:北京语言大学:19.

形容词,而在『新明解国語辞典(第七版)』(下称『新明解』)中标注的是名词,词性完全不同。然而,实际调查发现其在汉语和日语中都以定语功能为主,用法完全相同,可见一味依赖词典会使研究结果缺乏客观性。要解决该问题,我们唯有引入语料库研究法,确定相对统一的词性判定标准,根据实际用法对比分析中日同形词的词性差异。

正式考察同形词词性差异之前,我们首先需要了解研究现状,确定调查对象及研究方法。本章首先归纳中日同形词词性对比研究的现状,指出存在的问题及解决方案,阐明本研究的意义。其次,介绍中日同形词的抽取过程,归纳其在词典中的词性对应关系,选择词性存在差异的同形词作为语料库调查对象。最后,探讨词典的词性标注存在的问题,阐明语料库调查的必要性并重点介绍本研究所用的语料库及其检索方法。

2.1　中日同形词词性对比研究综述

在第一章中,笔者详细梳理了近 40 年来的中日同形词研究概况,包含本体研究和同形词习得两大板块,本节从词性用法差异和词性分类考察两个方面重点探讨同形词本体研究中的词性对比研究。

2.1.1　词性用法差异考察

『中国語と対応する漢語』(1978)将同形词中的「O 類」定义为「同表記だが、意味・用法・品詞がずれているもの(词形一致,但词义、用法、词性存在差异的词语)」,可见学者们从一开始就注意到了中日同形词的词性差异。

首篇专门探讨中日同形词词性差异的论文是在日本发表的石堅、王建康(1983),该研究从中文小说及其日文翻译中抽取了词性存在差异的 107 个同形词,将其分为「形容詞(中国語)—自動詞(日本語)」「副詞(中国語)—動詞(日本語)」「形容詞(中国語)—形容動詞(日本語)」

「他動詞或いは自他両用(中国語)—自動詞(日本語)」「他動詞(中国語)—に格をとる自動詞(日本語)」「動詞(中国語)—名詞(日本語)」六大类,并通过大量例句对同形词的词性差异进行详细的描述,从而拓宽了同形词的研究视野。然而,由于该研究考察的同形词数量有限,对词性差异的归纳并不全面,且对于词性产生差异的原因未做分析,因此还有进一步探讨的必要。

此后,日本的同形词词性比较研究进入了相对停滞的阶段,而国内则有多篇论文发表。侯仁锋(1997)将同形词的词性差异分为「中国語では動詞、日本語では名詞」「日本語では名詞のほかに動詞の用法もあるが、中国語では普通は名詞としての用法しかないもの」「両方の言語には共に名詞の用法があるが、日本語には動詞の用法があるのに反して、中国語は形容詞の用法であるもの」「中国語では形容詞或いは副詞、日本語では名詞のもの」「中国語では形容詞或いは副詞、日本語では動詞」「中国語では他動詞、日本語では自動詞」「中国語では自・他動詞両用、日本語では他動詞用法のみ」等八大类,同时列举日语学习者常见的使用偏误进行了分析。该论文并未依赖词典的词性标注,而是根据词语在例句中的实际句法功能判定词性,因此考察结果较为客观,研究方法值得参考。只是文中所列同形词的词性处理存在一定问题,比如将“谨慎点好”中“谨慎”看作名词显然不符合汉语的一般规律。

潘钧(2000)对照《汉语水平词汇与汉字等级大纲》和『日本語教育のための基本語彙調査』抽取了 524 个中日同形词,发现其中有 165 个词词性用法存在差异。论文将这 165 个同形词分为“日语—名词,汉语—名词、形容词”“日语—名词、动词,汉语—形容词”“日语—自动词,汉语—他动词”等 13 类,并指出即使词性不同,有部分同形词在实际使用时也并不容易出错。在描述现象的基础上,潘钧(2000)还指出词义差别、词性的历时变化是同形词词性产生差异的主要原因。该研究是首篇对同形词词性产生差异的原因进行探讨的论文,但由于篇幅限制,未能对其提出的观点进行详细论证,部分观点缺乏充足的论据。王忻(2006)考察了由同形词的词性差异引起的使用偏误,指出产生偏误的最主要原因是母语的负迁移,因此他呼吁日语教师在教学过程中加强这方面的指导,这与第一章所述的同形词偏误分析研究所得结论基本一致。

何宝年(2012)从日语教学角度将词性存在差异的中日同形词分为「品詞問題が起こる可能性が低い同形語(不容易引起偏误的同形词)」「品詞問題が起こる可能性が高い同形語(容易引起偏误的同形词)」两大类,并从词义、语素性质、中国人和日本人的认知差异等角度将词性产生差异的原因归纳为「品詞の変化」「日中同形語を構成する漢字の品詞性に対する意識の違い」「日本語では漢字に新しい意味を与えた」「日本人は物事を動態的に捉え、中国人は物事を静態的に捉える傾向がある」等11类。该研究对同形词的词性差异及其原因进行了全面分析,但依然存在一些不足。首先,同形词的词性来源是『日本国語大辞典』『広辞苑』这两本国语辞典,由于两本词典的词性标注并不完全一致,因此比较的结果需要重新确认;其次,具体分析时所举同形词多为同形异义词,词性差异原因分析也以语义差别为中心展开,因此考察内容与语义分析重合,未能有创新性观点;最后,词性的历时变化相关内容一笔带过,未有详细论证,相关细节有待补充。

进入21世纪后,同形词词性差异与日语词汇习得相结合的研究在日本受到关注。熊可欣、玉岡賀津雄(2014)对照『日本語能力試験出題基準(改訂版4刷)』与《现代汉语规范词典(第一版)》抽取了1 383个中日同形词,并依据词典标注的词性将词性对应关系归纳为「日=中」「日⊃中」「日⊂中」「日∪中」「日≠中」五大类。在此基础上,他们预估了这五类同形词的习得难度,以期对中国留学生的日语习得有所助益。此后,熊可欣、玉岡賀津雄、早川杏子(2017)又对165名中国日语学习者进行了问卷调查,发现「日=中」「日⊂中」这两类偏误较少,而「日⊃中」「日∪中」「日≠中」回答正确率则依次越来越低,习得难度越来越大,从而证实了熊可欣和玉岡賀津雄(2014)的推论。

目前,中日同形词词性用法差异以归纳词性对应关系的综合性研究为主,主要研究方法是查阅词典和作者内省。然而,由于两国词典使用的是不同的标注体系,且词性判定标准也不一致,因此词典标注只能作为参考,不能作为最终的对比结果。其次,多数研究将语义差异与词性差异混同,使得词性差异研究未有突破性进展。如今大数据在语言学研究中越来越受重视,依托语料库调查的中日同形词词性用法比较将是今后的主要研究方向。

2.1.2　词性用法分类考察

除了综合性论述外,也有以某类词性存在差异的同形词为对象进行的分类考察,其中汉语为形容词或动词、日语为名动兼类的同形词是研究热点,多数研究都以这两类同形词为对象展开讨论。

国内方面,翟艳(2003)调查了日本留学生的动词使用偏误,发现其作文中容易出现"我想观光各种各样的地方"这样动宾结构动词带宾语的偏误,而同形动词的及物性差异引起的母语负迁移是造成这类偏误的主要原因。许雪华(2009)以"栽培、教育"等汉语为动词、日语为名动兼类的同形词为研究对象,对比分析了它们在词语搭配、词性用法等方面的差异。该论文进一步将同形动词分为及物动词、不及物动词和两用动词,对比分析了它们在汉日语中带宾语情况的差异。但是该研究主要依据词典的词性标注和作者的内省判断词性,因此部分同形词的用法还需要进一步确认。

此外,火兴彩(2014)抽取了1 028个双音节同形动词,对比分析了它们在词性、搭配、语体方面的异同。论文以北京大学"HSK 动态作文语料库"为语料,分析了日本留学生作文中出现的同形动词偏误,指出教材和工具书编排不当是导致偏误的主要外部因素,而母语的负迁移、学习者的汉语水平、学习者对工具书的过度依赖则是主要内部因素。许雪华(2020)利用语料库调查了《现汉》标注为形容词,『新明解』标注为名动兼类词的153个中日同形词的用法差异并分析了差异产生的原因。作者认为词性差异首先与构词语素的性质有关,汉语有部分同形词的中心成分是形容词性语素,而日语的中心成分多为动词性语素,因而产生差异。其次与词性的历时变化有关,部分同形词由古代汉语的不及物动词演变成了现代汉语的形容词,而日语词性未发生变化,由此产生差异。最后,"常任、潜在"等词在汉日语中用法相同,都是做定语修饰名词,其在词典中呈现的词性差异是由汉日语不同的词性判定标准引起的。

日本方面,中川正之(2002)考察了"紧张、低下"等汉语为形容词、日语为名动兼类的中日同形词的用法差异,指出词语结构差异是词性产生差异的主要原因。此外,从认知语言学的角度来看,汉语主要是对当时情境进行描述的「一点凝视」,而日语则是表达变化结果的「二点参照」,即汉语的并列结构具有比较作用,而日语则更多被解读为动作意图。该研究提出的词语结构和认知语言学两个考察角度为后续词性差异原因分析提供了新的研究思路。

五味正信、今村和宏、石黑圭(2006)分析了中国日语学习者的常见使用偏误,发现中国学生容易将日语为动词的同形词误用为形容词,如将「低下する」误用为「低下になる」。这些同形词在日语中隐含变化义,但中国学习者受母语影响,往往通过「〜になる」这样的形容词形式来表达变化,而不是通过「してくる・していく」等动词形式来表达。河村静江(2010)利用《HSK 词语用法详解》和『明鏡国語辞典』两本词典,抽取了所有中日同形动词,对比分析了同形动词在两国语言中带宾语的情况,并依据及物性是否一致将动词分成九大类,对每类进行了穷尽式列举。在此基础上,该研究选取了 100 个重点动词,对其在汉日语中的搭配差异进行了详细描述,但论文最终停留在分类和举例上,未进行更深层次的理论探讨。

相较于综合性论述,对词性存在差异的某类同形词的考察更为细致,研究方法也更为科学。与语义差异一样,词性差异的相关研究也多与偏误分析、日语习得、汉语习得相结合,目前中日两国已建立多个中国日语学习者和日本汉语学习者的作文数据库,为此类研究提供了有效的数据支撑,因此可以推测与词汇习得结合的同形词词性差异研究将是今后的热点课题。

2.1.3　研究现状概述及简评

无论是中国还是日本,中日同形词词性差异相关研究都是以归纳词性对应关系的综合性论述为主,其中仅有潘钧(2000)、中川正之

(2002)、何宝年(2012)等少数研究提及词性差异产生的原因。研究方法方面,国内外相关研究的词性判定以词典标注和作者内省为主,语料库调查法还未普及。整体来看,同形词词性差异研究主要存在以下几个问题:

首先,中日同形词词性差异的整体情况不甚明了。目前已有的成果中,仅有潘钧(2000)、熊可欣、玉冈贺津雄(2014)对各类同形词进行了统计,但由于抽取的同形词数量有限,部分同形词未被收录,因此并不能反映同形词词性差异的全貌。目前学界仍然缺少以所有中日同形词为调查对象的词性对比实证研究,多数研究只谈现象,不列数据,结论不具说服力。

其次,部分研究将语义差异研究与词性差异研究混同。在考察同形词词性差异时,多数研究以同形异义词为主要分析对象,最终词性比较变为语义差别考察。为了突出研究重点,笔者认为应该以词义差别较小的同形词作为词性对比研究的考察对象。

最后,多数研究过于依赖词典的词性标注,未能反映词语的实际用法。由于汉语和日语词性判定标准不一致,两国词典使用的是不同的标注体系,因此即使同形词在汉日语中用法一致也有可能被标注为不同词性。目前仅有侯仁锋(1997)参照词语的句法功能判定词性,但该研究受篇幅限制,未能明示词性判定标准。本研究将以句法功能作为统一的标准,结合语料库调查判定中日同形词在汉日语中的词性,以保障研究结果的客观性。

2.1.4　本研究的目的与意义

目前中日同形词词性差异相关研究已有多篇成果发表,但从研究对象到调查方法仍有许多值得探讨的课题,本研究从同形词在词典中的词性对应关系出发,利用语料库调查同形词的实际用法,并从词语结构、词性的历时变化等角度分析词性产生差异的原因。本研究的目的主要体现在以下五个方面:

(1) 依据词典标注的词性归纳所有中日同形词在词典中的词性对应关系。具体而言,对照《现代汉语词典(第六版)》和『新明解国語辞典

(第七版)』抽取所有中日同形词,并依据词典标注的词性整理它们的词性对应关系,为同形词词性对比研究提供基础资料。

（2）尽量缩小同形词在语义上的差别,专攻词性差异。具体而言,根据词典释义筛选出在两国语言中词义接近的同形同义词、同形近义词作为研究对象,在语义因素外考察同形词的词性用法差异及其产生的原因。

（3）统一中日同形词在汉日语中的词性判定标准,使对比结果更为客观准确。汉语和日语分属于不同的语系,词性判定标准亦不相同,这导致部分同形词在汉日语中用法相同词性却不同,统一判定标准有助于减少这类误差。

（4）利用语料库考察中日同形词的词性差异,为同形词词性对比研究打开新局面。目前语料库仅用于研究对象较少的同形词考察,未见以所有同形词为对象的实证研究,本研究利用大型语料库调查同形词的实际用法,以便更为全面地把握同形词词性差异的基本情况。

（5）多角度全面考察同形词词性差异产生的原因。在语义因素外,本研究采用共时历时相结合的方法,共时考察同形词词语结构、构词语素性质的差异,历时考察词性用法变迁对同形词词性的影响,从而为汉日词汇交流研究引入新视角。

2.2 本研究的考察对象

如第一章所述,中日同形词的语义分类研究多数伴随着计量统计,曾根博隆(1988)、曲维(1995)、王蜀豫(2001)等都进行了大规模的调查,然而这些研究主要是为了考察语义差异,并未提供词性相关信息,因此本研究首先选取中日两国具有代表性的语文词典,调查同形词在词典中的基本信息,而后再选取其中词义相近、词性存异的同形词作为语料库调查对象。本节详细说明抽取同形词的过程,归纳它们在词典中的语义和词性对应关系,最后明确选取调查对象的基本原则。

2.2.1 中日同形词的抽取

为了掌握常见中日同形词在词性差异方面的整体状况,同时避开已经不再经常使用的同形词,本研究选择使用范围较广的中小型语文词典来抽取中日同形词。具体而言,汉语使用《现代汉语词典(第六版)》(以下简称《现汉》),日语使用『新明解国語辞典(第七版)』(以下简称『新明解』)。《现汉》从第五版开始标注词性,2012 年再版的第六版中,修改了第五版中部分词语的词性,词性标注更为准确,可以作为抽取同形词的有效资料。『新明解』于 2011 年 9 月出版了第七版,该版本不仅标注了词性,还详细列出了词语之间的组合搭配关系,可以满足本研究的调查需求,因而也是抽取同形词的有效资料。

中日同形词的抽取步骤如下:从『新明解』中抽取所有的汉字词汇,按照汉语的发音在《现汉》中一一确认,若《现汉》亦有收录,则认定其为中日同形词。抽取同形词时,同时提取词典中词义、词性相关信息,为后续对比研究提供资料。

2.2.1.1 『新明解』的词性标注及汉字词汇的抽取原则

日本多数国语辞典都标注词性,但所用标注体系各不相同。本节简介『新明解』的词性标注体系以及抽取汉字词汇所遵循的原则。

2.2.1.1.1 『新明解』的词性标注

『新明解』对于汉字词汇没有直接标注名词、动词这样的词类信息,而是采用「－な－に」「する」等形态进行标记,即按照词语的活用形态标注词性,具体标注原则引用如下:

> 23【 】の直下に(かな表記のものは見出し、またはアクセントの直下に)、名詞以外の品詞名を( )に包んで示した。
> 24 品詞以外で( )を用いたものは次のごとくである
> (造語) 造語成分
> (接頭) 接頭語 (接尾) 接尾語
> (略) 略語
> 〔参考〕 本辞書では品詞表示に相当する術語として「連語」

という語は一切用いなかった。また、形式が固定的なものを除いては「連語」に相当する見出しにはアクセント表示を行なわなかった。

　　25 名詞・副詞のうち、サ変動詞またはいわゆる形容動詞としての用法を併せ有するものは次のごとく扱った。

　　　—する　名詞のほかにサ変動詞の用法

　　　—な—に　名詞のほかに連体形に「な」、連用形に「に」の用法

　　　—な　右のうち、一般には連体形の用法だけのもの

　　　—たる—と　名詞のほかに連体形に「たる」、連用形に「と」の用法

　　　—と　右のうち、一般には連用形の用法だけのもの

　　　—な—する　名詞のほかにダ活用形容動詞とサ変動詞の用法

　　　—と—する　名詞のほかにタルト活用形容動詞とサ変動詞の用法

　　26 動詞は活用の種類と自他の区別を示した。サ変動詞のうち25に関するものについても同様である。(『新明解』p.10)①

　　『新明解』默认副词以外的所有汉字词汇都具有名词性,因此下文中「哀愁」这样没有任何词性标注的汉字词汇为名词,而「哀傷」这样标注「—する」的汉字词汇为名动兼类词,「安泰」这样标注「—な—に」的汉字词汇则为名形兼类词,其他依此类推。

　　【哀愁】せつない別れなどによっていだく、悲しみの感情。(『新明解』p.4)

　　【哀傷】—する(他サ)人の死を悲しむこと。(『新明解』p.4)

　　【安泰】—な—に〔国家や主君の身の上が〕危機を乗り越え

---

①　引用『新明解』和《现汉》的释义条目时,本书直接在引文之后标注页码。

て、無事であること。「お家―」(『新明解』p.53)

2.2.1.1.2 汉字词汇的抽取原则

抽取所有中日同形词的前期准备工作是从『新明解』中抽取所有汉字词汇。由于日语词汇体系复杂,部分词语有「音読み(音读)」「訓読み(训读)」两种读音,究竟抽取哪些词语需仔细斟酌。本研究抽取汉字词汇时主要遵循以下三条原则:

(1) 只抽取双音节汉字词汇(二字漢語),即只抽取二字音读词。「初恋(はつこい)」「手下(てした)」等训读词、「地主(じぬし)」「中型(ちゅうがた)」「片面(かためん)」「手勢(てぜい)」等音训混合词都不认定其为汉字词汇。理由如下:1)「外表(そとおもて)」「手本(てほん)」等训读词、音训混合词与汉语同形多数纯属偶然,其在中日两国语言中意义用法都存在较大差异,不需考察其词性差异;2)「父親(ちちおや)」「恋人(こいびと)」等同形训读词在汉日语中多为名词,词性不存在差异。

(2)「憧憬(どうけい・しょうけい)」等在『新明解』中具有两种音读的同形词只抽取一次,而「梅雨(つゆ・ばいう)」「春風(はるかぜ・しゅんぷう)」等同时具有音读和训读的词,也仅抽取音读词,以免重复计数。

(3)「弁論」「弁別」等在日语中为同一个字而汉语对应不同汉字的词语,抽取时需确认其原字形。如「弁」对应汉语"辨""辩""瓣""办""瓣"等五个汉字,如果不还原为原汉字,那么「弁護(辩护)」「弁識(辨识)」等同形词将会被忽略,从而影响统计结果。

依照上述原则笔者共抽取到了 19 650 个汉字词汇,下文详述对照《现汉》抽取中日同形词的过程。

2.2.1.2 《现汉》的词性标注及中日同形词的抽取原则

《现汉》直接用"名词""动词"等词类名称标注词性,因此词类信息较容易提取。本节简介《现汉》的词性标注体系以及抽取中日同形词所遵循的原则。

2.2.1.2.1 《现汉》的词性标注

《现汉》将词语分为"名词、动词、形容词、数词、量词、代词、副词、介词、连词、助词、叹词、拟声词"等十二类,在词典正文中分别以其缩略形式"名""动""形""数""量""代""副""介""连""助""叹""拟"来标注词性,比如"爱称""爱国""哀伤"在《现汉》中分别被标为名词、动词和形容词。

　　【爱称】名 表示喜爱、亲昵的称呼。(《现汉》p.5)

　　【爱国】动 热爱自己的国家:～心|～人士。(《现汉》p.5)

　　【哀伤】形 悲伤:哭声凄切～。(《现汉》p.3)

　　《现汉》还在名词下设立了"时间词""方位词"等附类,动词下设立了"助动词""趋向动词"等附类,形容词下设立了"属性词""状态词"等附类,如"老龄""雪白"分别为"属性词"和"状态词"。

　　【老龄】形 属性词。老年的:～化|～大学。(《现汉》p.779)

　　【雪白】形 状态词。像雪那样的洁白:～的墙壁|梨花盛开,一片～。(《现汉》p.1480)

　　进行同形词的词性对比研究首先需要统一词类的名称,结合『新明解』与《现汉》的词性标注说明,现将词类名称统一如下:『新明解』没有任何标注的词为名词,『新明解』标注「－する」的词为名动兼类词,『新明解』标注「－な－に」的词为名形兼类词,而『新明解』标注「－たる－と」的词为日语特有词类,沿用原标注。

2.2.1.2.2　中日同形词的抽取原则

　　如前文所述,抽取中日同形词的最后一步是将从『新明解』中抽出的所有双音节汉字词汇按照汉语的读音在《现汉》中一一确认是否有对应词语,实际操作时主要遵循以下三条原则:

　　(1) 中日两国都进行过汉字改革,使得部分汉字在汉日语中产生了差异,因此判定某词是否为同形词时需要确认文字改革前其所对应的汉字在两国语言中是否一致,这首先需要忽略汉字简繁体的区别。

根据本原则,「認識」与"认识","弁論"与"辩论"都是中日同形词。

(2) 日语可单独成词,汉语却只是四字成语一部分的词语不作为同形词抽出。如「喪心」在日语中可单独成词,但在汉语中仅为成语"丧心病狂"的一部分,没有单独被词典收录,因此"丧心"不作为同形词抽出。

(3) 同一个词在《现汉》中有多个词与之对应时,抽取意义上有关联的词作为同形词。如"风骚(風騷)"一词,《现汉》有两种释义,但『新明解』的释义与"风骚¹"对应,因此本书抽取"【风骚】¹"作为同形词。

【风骚】¹〈书〉名① 风指《诗经》中的《国风》,骚指屈原的《离骚》,后用来泛指文学。② 在文坛居于领袖地位或在某方面领先叫领风骚。

【风骚】² 形 指妇女举止轻佻:卖弄~|~的女人。(《现汉》p.389)

【風騷】〔古〕〔「風」は詩経の民謡「国風」、「騷」は楚辞の冒頭の詩「離騷」に基づく〕風雅の道を好んで詩歌を作ったり、味わったりすること。(『新明解』p.1307)

依据上述三条原则,笔者对照《现汉》和『新明解』共抽取到了11 649个中日同形词,并提取了词典标注的释义、词性等相关信息,下文就相关内容进行归纳总结。

2.2.1.3 中日同形词的语义分类

汉语和日语都曾有过按照词义进行词性分类的历史阶段,可见词义与词性有着千丝万缕的联系。一般而言,表示人、事物、地点或抽象概念的词为名词,表达动作行为的词为动词,表达状态或属性的词为形容词。然而凡事皆有例外,比如"战争"表达动作,汉语却为名词,而"痛苦"既可表达动作又可表达状态,日语却仅有名词用法,可见词性无法完全由词义决定。本研究聚焦同形词的词性差异,尽量排除语义的干扰,因而需要将词义差别较大的同形词排除在研究对象之外,这就需要先考察所有同形词在汉日语中的语义对应关系。

参照『中国語と対応する漢語』(1978)对中日同形词进行的三分类法，根据《现汉》与『新明解』的释义，笔者将抽取出的 11 649 个中日同形词分为同形同义词、同形近义词以及同形异义词三类，具体的判定规则如下：

(1) 同形同义词

同形同义词是指《现汉》与『新明解』的释义几乎完全相同的同形词，如"液体、混乱"等。如引文所示，两本词典对"液体"的说明完全一致，显然是同形同义词。"混乱"在《现汉》中的释义为"没秩序"，『新明解』中的「秩序が無く」与之对应，释义的核心部分完全一致，本研究亦将其认定为同形同义词。

【液体】名 有一定的体积、没有一定的形状、可以流动的物质。在常温下，油、水、酒、水银等都是液体。(《现汉》p.1521)

【液体】物質の三態の一つ。〔水・油などのように〕一定の体積は有るが一定の形は無く、容器の形に従って流動変形する状態(の物質)。熱すると気体になり、冷やすと固体になる。(『新明解』p.148)

【混乱】形 没条理；没秩序：思想～｜秩序～。(《现汉》p.586)

【混乱】―する(自サ)秩序が無く、何がなんだか分からなくなること。(『新明解』p.554)

(2) 同形近义词

同形近义词是指《现汉》的释义与『新明解』有部分重合，亦有部分不同的同形词，有三个附类：1) 汉日语具有相同义项，又各自具有不同义项，如"主人、将来"等；2) 日语义项多于汉语，如"电气、家族"等；3) 汉语义项多于日语，如"帽子、教训"等。

【主人】名① 接待客人的人(跟"客人"相对)。② 旧时聘用家庭教师、账房等的人；雇用仆人的人。③ 财物或权力的所有人：

磨坊～。(《现汉》p.1700)

【主人】(一) Ａ 一家の長として家族を扶養する立場にあるとされる人。〔一般に男性を指す〕Ｂ 妻が他人に対して、自分の夫を指す称。

(二) 個人経営の商店などの長。

(三) 和式の宴会で、客を招いて接待する側の人。(『新明解』pp.693‐694)

【电气】名 电(《现汉》p.294)

【電気】(一) 毛皮でこすったエボナイトの棒が物を吸い寄せようとする作用のもととなるもの。物を動かすエネルギーの一つの形。

(二)「電気(一)」の力で作用すること。

(三) 電灯。(『新明解』p.1044)

【帽子】名 ① 戴在头上保暖、遮日光等或做装饰的用品:一顶～。② 比喻罪名或坏名义:批评应该切合实际,有内容,不要光扣大～。(《现汉》p.879)

【帽子】頭にかぶり、寒暑・ほこりを防ぎ、身なりを整える物。〔広義では、一般に長い物の先の部分にかぶせるものを指す〕(『新明解』p.1383)

(3) 同形异义词

同形异义词是指《现汉》的释义与『新明解』完全不同的同形词,如汉语的"汽车"在日语中是"火车"的意思,表达完全不同的概念,是典型的同形异义词。

【汽车】名一种交通工具,用内燃机做发动机,主要在公路上或马路上行驶,通常有四个或四个以上的轮子。(《现汉》p.1028)

【汽車】機関車がついて、線路の上を走る車両(の列)。(『新明解』p.339)

依据上述判定方法,笔者对抽取出的 11 649 个中日同形词进行了分类统计,具体结果如下:同形同义词有 7 898 个,占同形词总数的67.80%;同形近义词有 2 913 个,占同形词总数的 25.01%;同形异义词最少,仅有 838 个,占同形词总数的 7.19%。

2.2.2　语料库调查对象的选取

根据《现汉》与『新明解』提供的信息,同形同义词中名词最多,用法基本没有差异,无须对其词性进行对比分析。为了排除这类词,本研究还将依据词典标注的词性归纳同形词的词性对应关系,筛选出词性存异的同形词作为语料库调查的对象。

根据《现汉》与『新明解』的词性标注是否一致,中日同形词可以分为"词性一致""词性部分一致""词性不一致"三大类。"词性一致"是指"学生、书籍"等在两本词典中词性标注一致的同形词;"词性部分一致"是指"安定、尊敬"等词性标注有部分重合,又有部分不同的同形词;"词性不一致"是指"参考、丈夫"等词性标注完全不同的同形词。结合 2.2.1.3 的语义分类,中日同形词在词典中的语义及词性对应关系可归纳为表 2-1。

表 2-1　中日同形词在词典中的语义及词性对应关系

对应关系	词性		语义			词数(百分比)
	汉语	日语	同形同义	同形近义	同形异义	
词性一致 (6 269) (53.82%)	名词	名词	4 276	1 259	367	5 902(50.67%)
	名词、动词	名词、动词	175	116	14	305(2.62%)
	名词、形容词	名词、形容词	23	10	1	34(0.29%)
	副词	副词	12	7	3	22(0.19%)
	其他①	其他	1	4	1	6(0.05%)

---

①　汉日语中皆为名词、副词的同形词有 5 个,汉日语中皆为接续词的同形词 1 个,共计 6 个。

续　表

对应关系	词性		语义			词数（百分比）
	汉语	日语	同形同义	同形近义	同形异义	
词性部分一致 (3 914) (33.60%)	动词	名词、动词	1 870	630	152	2 652(22.77%)
	形容词	名词、形容词	350	139	20	509(4.37%)
	名词、动词	名词	103	95	14	212(1.82%)
	名词	名词、动词	86	64	30	180(1.54%)
	名词、形容词	名词	65	79	8	152(1.30%)
	动词、形容词	名词、动词	37	50	5	92(0.80%)
	动词、形容词	名词、形容词	17	17	4	38(0.33%)
	名词	名词、形容词	10	14	6	30(0.26%)
	名词、副词	名词	4	16	3	23(0.20%)
	名词、形容词	名词、动词	6	8	2	16(0.14%)
	名词	名词、副词	1	6	3	10(0.08%)
词性不一致 (1 466) (12.58%)	动词	名词	346	107	74	527(4.52%)
	形容词	名词	177	53	34	264(2.27%)
	形容词	名词、动词	103	39	11	153(1.31%)
	形容词	名词、たる|と	85	41	8	134(1.15%)
	副词	名词	18	5	17	40(0.34%)
	动词	名词、形容词	25	3	9	37(0.32%)
	动词・形容词	名词	8	18	6	32(0.27%)
	其他①	名词	21	38	10	69(0.59%)
	其他	名词、动词	10	21	8	39(0.33%)
	其他	名词、形容词	11	15	9	35(0.30%)

---

① "其他"主要指日语为名词,汉语为名词、动词、形容词、副词以外词性的同形词。

续　表

对应关系	词性		语义			词数 （百分比）
	汉语	日语	同形 同义	同形 近义	同形 异义	
词性不一致 （1 466） （12.58%）	其他	名词、たる｜と	21	10	4	35（0.30%）
	其他	副词	13	9	5	27（0.23%）
	兼类词①	兼类词	24	40	10	74（0.64%）
合计			7 898 （67.80%）	2 913 （25.01%）	838 （7.19%）	11 649 （100%）

　　由表 2-1 可知,在《现汉》和『新明解』中"词性一致"的同形词有
6 269 个,占总数的 53.82%,其中汉语和日语都为名词的同形词最多,
共有 5 902 词,占到该类别的 94.15%。"词性部分一致"的同形词有
3 914 个,占总数的 33.60%,其中汉语为动词、日语为名动兼类的同形
词最多,其次是汉语为形容词、日语为名形兼类的同形词,这两类词共
有 3 161 个,占到该类别的 80.76%。"词性不一致"的同形词有 1 466
个,占总数的 12.58%,其中汉语为动词、日语为名词的同形词最多,其
次是汉语为形容词、日语为名词的同形词,这两类词共有 791 个,占到
该类别的 53.96%。由上述数据可知,中日同形词的词性差异主要出现
在名词、动词以及形容词之间。表 2-1 的数据简化后得到表 2-2。

表 2-2　中日同形词在词典中的语义及词性对应关系简表

词性对应关系	同形同义词		同形近义词		同形异义词		总计
	词数	百分比	词数	百分比	词数	百分比	
词性一致	4 487	71.57%	1 396	22.27%	386	6.16%	6 269（53.82%）
词性部分一致	2 549	65.13%	1 118	28.56%	247	6.31%	3 914（33.60%）
词性不一致	862	58.80%	399	27.22%	205	13.98%	1 466（12.58%）
总计	7 898	67.80%	2 913	25.01%	838	7.19%	11 649（100%）

---

① "兼类词"主要指"比较""适当"等在汉语或日语中有三种以上词性的特殊兼类词。

由表2-2可知,"词性一致"的同形词中同形同义词最多,共有4 487词,比如"铅笔、音乐"等在汉日语中皆为名词,"建筑、收获"等在汉日语中皆为名动兼类词,"幸福、困难"等在汉日语中皆为名形兼类词。这类词在汉日语中词义、词性一致,不容易引起使用偏误。"词性一致"的同形词中同形近义词有1 396个,如"讲师"在汉日语中皆是名词,日语除了表示大学教师的职称外,还有"进行演讲的人"之义,与汉语词义有所出入。"词性一致"的同形词中同形异义词最少,仅有386词,"家事、火车"等在汉日语中皆为名词却指代不同的事物,是典型的同形异义词。词性相同的同形近义词和同形异义词,其词义差别未引起词性差异,对其考察的重点仍需放在语义差别而非词性上,因此不作为本研究的考察对象。

"词性部分一致"的同形词中也是同形同义词最多,共有2 549词,如"后悔、参加"等在《现汉》与『新明解』中的释义基本一致,然而在《现汉》中是动词,在『新明解』中是名动兼类词,词性存在差异。对这类词的调查有助于辨明同形词词性产生差异的原因,因此是本研究的重点调查对象。"词性部分一致"的同形词中同形近义词有1 118个,如"将来"在表达"今后"之义时,在汉日语中都是名词,然而日语中还有「持ってくること・ある状態を引き起こすこと(危機を将来する)」之义,因而词义与用法与汉语都有所不同。"词性部分一致"的同形词中同形异义词最少,仅有247词,如"勉强"在《现汉》中兼有动词和副词两种词性,而在『新明解』中是名动兼类词。这两类词的词性差异主要由词义差异引起,本研究亦不将其纳入考察范围。

"词性不一致"的同形词中依然是同形同义词最多,共有862词。如"决胜、参考、免疫"等词在汉日语中表达相同的含义,但《现汉》将其标注为动词,而『新明解』标注为名词,这样的词性差异值得重点关注。"词性不一致"的同形词中同形近义词有399个,如"刑事、余裕"等同形词《现汉》标注为形容词,『新明解』却标注为名词。同形异义词有205个,如"记事、整容"等,《现汉》标注为动词,『新明解』却标注为名词。后两类同形词的词性差异主要由词义差异引起,如"记事"在汉语中是"记录"之义,在日语中是"报纸、杂志中的报道及文章"之义,显然前者表达动作,后者表达事物,自然词性也不同。

由表2-2可知,同形同义词、同形近义词、同形异义词在"词性一致"类别中所占比例分别为71.57％、65.13％、58.80％,呈逐渐下降趋势,而在"词性不一致"类别中所占比例分别为 6.16％、6.31％、13.98％,呈逐渐上升趋势,可见意义差别对词性差别有一定影响。首先来看同形异义词,其词性差异多数由词义差异引起。如"无论"在汉语中的含义是"在任何条件下结果都不会改变",因而《现汉》将其标为连词,而在日语中的含义是"当然、自然(結果は無論正しい)",因而『新明解』将其标为副词,此类词性差异显然由语义差异引起,其他如"丈夫、用事"等同形词亦是如此。

同形近义词中"词性部分一致"的词语较多,如"反对"在汉语中仅有"不赞成;不同意"之义,因而《现汉》仅标注了动词,日语除了上述含义外还有"相反(反対の方向)"之义,因此『新明解』除动词外还标注了形容词,日语多出的词性显然与多出的义项有关,其他如"文明""开放"等同形词亦是如此。

总结来说,词性存在差异的同形近义词和同形异义词,其词性差异多数由语义差异引起,对其词性的考察最终会回归到语义分析上,为避免重复劳动,本书暂不考察这两类词。此外,由表2-1可知"词性一致"的同形词多数为名词,无须进行语料库调查就可知其词性用法一致,因此本书亦不将此类同形词(共6 269词)纳入调查对象①。

综合考虑上述各项因素,本研究选择"词性部分一致""词性不一致"类别中的"同形同义词"作为语料库调查对象。中日同形词的词性对应关系极其复杂,但整体来看词性差异主要集中在具有名词、动词或形容词用法的同形词中,因此本研究将调查对象锁定为具有上述词性用法的同形词,具体而言是表2-3所示的七类同形词,共计2 726词。

---

① 词典标注一致的同形词未必词性相同,但由于多数是名词,即使用法存在差异也主要与词义有关,本书暂不考察。

表 2 - 3　语料库调查对象

调查对象	词典的词性标注		词数(百分比)
	《现汉》	『新明解』	
名动差异	动词	名词、动词	1 870(68.60%)
	名词、动词	名词	103(3.78%)
	名词	名词、动词	86(3.15%)
名形差异	形容词	名词、形容词	350(12.84%)
	形容词	名词	177(6.49%)
动形差异	形容词	名词、动词	103(3.78%)
	动词、形容词	名词、动词	37(1.36%)
总计			2 726(100%)

2.3　词典的词性标注问题考察

既然词典已经标注了词性,为何不能直接将其作为最终的对比结果呢? 因为包含《现汉》、『新明解』在内的所有语文词典,词典编纂的目的和方针都不同,采用的词性标注体系和判定规则也有所不同。汉日语中都出现了同一个词在不同词典中词性不一致的情况,以此作为参照分析同形词的词性差异,会使对比结果出现较大偏差。同时,由于早期的词典编纂没有大数据支撑,部分词语的词性源自编写者的内省,因而容易出现与实际用法不一致的结果。本节具体探讨《现汉》和『新明解』在词性标注方面存在的问题,进一步阐述语料库调查的必要性。

2.3.1　汉语词典

在《现汉》第五版之前,《现代汉语规范词典》(以下简称《规范》)就已经开始标注词性。本节通过比较《现汉》与《规范》的词性标注差异探讨国内的语文词典在词性标注方面存在的问题。

2.3.1.1 《现汉》与《规范》的词性标注比较

《现汉》从第五版(2005 年)开始标注词性,依据徐枢、谭景春(2006)的论述,《现汉》的词性分类参照"词的语法意义和词的语法功能"进行,而"具体操作时主要参考语法功能"。"语法意义"是指"词的类别意义,主要包括食物、动作、性质、数目、单位等类型",而"语法功能"包括两个方面,"(一) 做句法成分的能力以及这种能力的大小,如能否做主语、谓语、定语、补语等;(二) 词和词的组合能力,如能否受'很'修饰、能否受数量词修饰、能否带'了、着、过'等"。《现汉》判定名词、动词、形容词的具体标准可归纳为表 2-4。

表 2-4 《现汉》的词性分类标准

特征\词性	主要句法功能	词与词的组合能力	词 例
名词	能够做主语或宾语	1) 能够受数量词修饰 2) 不能受副词修饰	学校 家庭 新闻 性格
动词	能够做谓语	1) 多数动词可带宾语 2) 能带"了、着、过" 3) 能受"不"或者"没"修饰 4) 一般不能受程度副词"很、太"等修饰	结婚 建设 参加 旅行 利用 了解
形容词	能够做定语 能够做谓语	1) 能够受程度副词"很、太"等修饰 2) 一般能带补语而不能带宾语	必要 残忍 复杂 奇妙

此外,《现汉》在名词下设了"时间词"和"方位词"两个附类,在动词下设了"助动词"和"趋向动词"两个附类,在形容词下设了"属性词"和"状态词"两个附类,其中"属性词"与本研究联系较大。"属性词"是指"间接、人造、唯一"等主要句法功能是定语的形容词,部分词语还可通过"是……的(这个是新式的)"句式做谓语。

正如徐枢、谭景春(2006)所言,《现汉》并非完全根据语法功能进行词性分类,对于那些仅靠语法功能无法判断词性的词语,《现汉》根据"它们所表示的语法意义"标注词性。如"林立、扑鼻、斑斓、苍翠"这 4 个词主要用法是在"高楼林立、香气扑鼻、五色斑斓、林木苍翠"等词中做谓语，从语法功能来看偏向动词，然而它们也可后接"的"做定语修饰名词，因此较难判断是动词还是形容词。由于"林立、扑鼻"具有动作义，《现汉》将它们标为动词，而"斑斓、苍翠"表达状态义，《现汉》将它们标为形容词。总结来说，《现汉》主要依据词语的句法功能以及它们与其他词语的组合能力来判断词性，但仍有少部分词语依据语义来判定词性。

《规范》将词性分为"名词（包括时间词、方位词）、动词（包括助动词、趋向动词）、形容词、区别词、数词、量词、代词、副词、介词、连词、助词（包括语气词）、叹词、拟声词"等 13 个大类。依据《规范》对"词类"的释义："根据词的语法意义和语法功能划分出来的词的类别"（《规范》p.215），可知其词性分类标准与《现汉》基本相同，唯一的区别是《规范》多了"区别词"。根据《规范》的释义，"区别词"是"表示事物特征和分类、一般只用来修饰名词及名词性短语的词"（《规范》p.1082），它不能做谓语，也不能做主语、宾语和补语，除了"非"以外，不接受别的副词修饰，如"雌、雄、大型、小型"等都是区别词。《现汉》对"属性词"的定义是"形容词的附类，只表示人、事物的属性或特征，具有区别或分类的作用。属性词一般只能做定语，如'男学生、大型歌剧、野生动物、首要的任务'中的'男、大型、野生、首要'，少数还能够做状语，如'自动控制、定期检查'中的'自动、定期'"（《现汉》p.1208），显然这与《规范》的区别词的特征一致，那么将"区别词"与"属性词"对应起来，《现汉》与《规范》所用词类体系就完全一致了。

雷莉、鲜丽霞（2014）对照《现汉》与《规范》的词性标注后发现有789 个词的词性不一致。本研究拟要调查的 2 726 个同形词中有 101个词在《现汉》和《规范》中的词性标注不一致，具体如表 2-5 所示。

表 2-5 《现汉》与《规范》词性标注对比

《现汉》	《规范》	词数	词例
动词	动词、名词	22	伴奏 改革 回答 迷信 援助……
形容词	动词	12	不满 激愤 惊愕 偶发 一新……

《现汉》	《规范》	词数	词例
动词、名词	名词	9	独身　福利　烙印　立春　妄语……
名词、形容词	名词	9	附近　静态　贤哲　虚荣　中性……
动词、形容词	动词	6	沉默　感动　失败　吻合　自足……
形容词	名词	6	苦痛　老龄　木本　藤本　全般……
动词、名词	动词	5	初犯　负债　护法　亡国　无告
形容词	动词、区别词	4	公营　国营　民营　私营
形容词	名词、形容词	4	必要　高速　客观　险阻
动词	动词、区别词	3	公有　国有　私有
动词	名词	3	腐臭　环流　阴雨
收录	未收录	7	笔削　草昧　放恣　权舆　顽健……
其他①		11	白热　别样　苦痛　雷同　逊色……
总计		101	

　　由表 2 - 5 可知,《现汉》与《规范》的词性标注差异主要体现在是否为兼类词上。例如"伴奏、改革"等在《现汉》中为动词,但在《规范》中成了名动兼类词。相反,"独身、烙印"等在《现汉》中为名动兼类词,但《规范》仅标注了动词。此外,"不满、激愤"等词在《现汉》中为形容词,但在《规范》中成了动词,可见两本词典对动词和形容词的处理亦存在一定分歧。

　　《现汉》与《规范》基本采用了相同的词性判定标准和词类标注体系,然而在兼类词、动词和形容词的处理上存在分歧,此外部分词语即使在两本词典中词性一致,其实际用法是否如词典所标仍无法确定,因此有必要进行语料库调查。

2.3.1.2　《现汉》词性标注问题分析

　　《现汉》自第五版出版以来,其词性标注就受到了汉语学界的关注,

---

① 　"其他"是指《现汉》为名词、《规范》为形容词以及《现汉》为动词、《规范》为名词的词语。

以"现代汉语词典""词性标注"为关键词在中国知网上检索到了近 30 篇论文,多数研究指出《现汉》在属性词和兼类词的处理上存在问题。

首先来看《现汉》对属性词的处理。属性词是形容词的一个附类,主要功能是做定语。郑献芹(2010)认为《现汉》将属性词列为形容词附类的处理方式不妥,既然属性词的句法功能与名词、形容词都不同,就应该如《规范》一样设立"区别词"专门标注这类词,赋予其与名词、动词等同等的地位。王专(2012)指出《现汉》对属性词的处理存在三个问题。其一,"廉价"等词除定语外还可做状语和谓语,其功能与普通形容词并无区别,不应该被标注为属性词。其二,"特约、离心"等词符合《现汉》判定属性词的标准,但却未被标注为属性词。其三,"函授、临床"等词兼具名词和属性词的特点,但《现汉》仅标注了"属性词"而忽略了名词用法。

再来看《现汉》对兼类词的处理。杜朝科(2009)指出《现汉》将"发明""实验"等词标注为名动兼类词,但是"研究、发现"等同样具有名词用法,却仅标注了动词。《现汉》应该统一兼类词的判定标准,减少类似误差。王晖(2006)、潘彦彩(2011)等也通过大量例子指出《现汉》对兼类词处理的不妥之处。

《现汉》不同版本的词性标注亦存在差异,这正好佐证了上述问题。本书拟要调查的 2 726 个同形词中有 21 个词在《现汉》第五版和第六版中的词性标注不一致。其中"白热、敌对、歌舞、疑似"在两个版本中词性完全不同,"地震"等词则由第五版的名动兼类词变为第六版的名词,而"挑战、预报"等 14 个词则由第五版的单个词性变成第六版的兼类词,可见《现汉》词性标注的最大问题在于兼类词的处理。

表 2-6　《现汉》第五版与第六版词性标注对比

修订类型	词数	词例					
词性完全改变	4	白热	敌对	歌舞	疑似		
兼类词变为单个词性	3	地震	固定	兼任			
单个词性变为兼类词	14	讹传 铁血 正误	附带 通常 自信	行商 危险	平衡 意图	失败 应用	挑战 预报

由《现汉》与《规范》的词性标注差异、《现汉》两个版本之间的词性标注差异可以看出词典的词性标注并不完全准确,无法完全反映出词语的实际用法,部分词语尤其是兼类词需要查证大量例句才能保证词性判定的客观性,而语料库调查则是解决这些问题最科学的方法。

2.3.2 日语词典

与汉语不同,日本的国语辞典很早就开始标注词性,然而由于编纂方针和目的有所不同,因此所标注的词性也有较大出入。本节首先介绍日本国语辞典主要使用的词性分类体系,而后对比分析几本具有代表性的国语辞典在词性标注上存在的差异,最后归纳以『新明解』为代表的国语辞典在词性标注上存在的主要问题。

2.3.2.1 『学校文法』的词性分类

尽管『新明解』『大辞林』等具有代表性的日本国语辞典标注词性的方式有所不同,但多数沿用了图 2 - 1 所示的「学校文法」的词性分类法①。

图 2 - 1 「学校文法」的词性分类②

「学校文法」根据词语能否单独使用,先将其分为「自立語」「付属語」两大类,而后依据有无活用将「自立語」分为「用言」和「非用言」,再

---

① 「学校文法」是指日本中小学国语课上通常使用的日语语法体系。
② 本图参照日本文部省 1947 年出版的『中等文法 口語』对「学校文法」的论述部分绘制而成。

依据活用类型,将「用言」分为「動詞」「形容詞」「形容動詞」三类。「非用言」则依据句法功能差异分为「名詞」「副詞」「連体詞」等五类。「付属语」根据有无活用再分为「助動詞」「助詞」两大类。

整体来看,「学校文法」主要依据词语的形态特征进行词性分类,沿用此标准的日本国语辞典标注词性时,首先参照形态特征,其次才考虑语法功能。尽管都以形态特征为主要标准,但各大国语辞典的词性标注并不完全一致,以下详细分析。

2.3.2.2 日本国语辞典词性标注问题分析

以「参考・新式・絶好・附属・優秀・良性」6词为例,笔者调查了它们在『新明解』『新選国語辞典(第七版)』『大辞林(第三版)』『現代国語例解辞典(第二版)』『明鏡国語辞典(第二版)』这5本国语辞典中的词性标注情况,具体如表2-7所示。

表2-7　日本国语辞典的词性标注比较①

词例	『新明解』	『新選』	『大辞林』	『例解』	『明鏡』
参考	名詞	名詞	*名詞・動詞*	名詞	名詞
新式	名詞	*名詞・形動(の)*	名詞	名詞	*名詞・形動*
絶好	名詞	名詞	*名詞・形動*	名詞	名詞
附属	名詞・自サ	名詞・自サ	*名詞・動詞*	*名詞・動詞*	名詞・自サ
優秀	名詞・形動	*形動*	名詞・形動	名詞・形動	*形動*
良性	名詞	名詞	名詞	名詞	名詞

这6个同形词在5本国语辞典中词性标注完全一致的仅有「附属」和「良性」2词,剩余4词都存在不同程度的差异,显然进行汉日对比时使用的词典不同就会呈现不同的结果。

笔者进一步调查了作为研究对象的2 726个中日同形词在『新明解』『大辞林(第三版)』『新選国語辞典(第七版)』这3本国语辞典中的词性标注情况,得到了表2-8的结果。

---

① 斜体字部分是该词典与『新明解』标注不一致的部分。

表 2-8 『新明解』与其他两本国语辞典的词性标注比较

比较对象	存在差异	未收录	总计
『新明解』与『大辞林』	196	6	202
『新明解』与『新選国語辞典』	277	94	371

首先来看『新明解』与『大辞林』的差异。2 726 个同形词中有 196 个词的词性标注不一致,比如「少量」在『新明解』中是名词,但在『大辞林』中则是名形兼类词,相反「畸形」在『新明解』中被标注为「-な」,说明其有形容词用法,而『大辞林』仅标注了名词。此外,「引航・過量・勧降・急電・奪権・綿紡」等 6 词,未被『大辞林』收录。

再来看『新明解』与『新選国語辞典』的差异。2 726 个同形词中词性标注不一致的有 277 个。其中「奇妙・新選・独特」等在『新明解』中是名形兼类词,而『新選国語辞典』仅标注了形容词。2 726 个词中有 94 个词未被『新選国語辞典』收录,可见两本词典的编纂方针存在较大差异。

2 726 个同形词中有 7 个词在三本国语辞典中的词性标注皆不相同,如「消極」在『新明解』中是名词,在『大辞林』中是名形兼类词,而在『新選国語辞典』中则是「造語」,从词语变为了语素。

综合表 2-7 和表 2-8 来看,日本国语辞典中汉字词汇的词性标注存在较大差异,即使使用同样的分类标准,其所呈现出的词性标注也未必相同。同时,日语过度强调形态在词性分类中的作用使得部分词语的词性与句法功能产生了龃龉。如「絶好」和「良性」,五本国语辞典一致将其标注为名词,然而如「絶好のチャンス」「良性腫瘍」所示,其在句中主要做定语修饰名词,且不能做主语和宾语,显然从句法功能来看是形容词,而非名词。

综上所述,在进行中日同形词的词性对比研究时,我们不可一味依赖词典标注,只有通过语料库调查才能获得较为客观的词性用法信息。

2.4 本研究的方法

本节在前文的基础上阐述本书主要使用的研究方法,重点介绍汉语和日语两大平衡语料库并详述调查方法。

2.4.1 主要研究方法

本书主要采用以下五种研究方法:

(1) 文献分析法。笔者全面检索了中日同形词词性比较相关文献,包括代表性专著、国内外权威期刊论文,按照考察角度进行梳理和分析,为课题研究奠定理论基础。

(2) 语料库调查法。汉语利用"国家语言文字工作委员会"开发的"国家语委现代汉语通用平衡语料库"的子集——"标注语料库(5 000万字符)",从语料库中检索出例句,再人工分析同形词在例句中所承担的句法功能并归纳广义的形态特征。日语利用「现代日本語書き言葉均衡コーパス」及其配套的检索工具——NINJAL 进行调查,该工具可以自动统计各类用法的数量。根据检索结果,人工统计同形词在语料库中所能实现的所有句法功能并进行词性判定,为后文的对比分析提供数据。

(3) 对比分析法。首先,对照《现汉》和『新明解』抽取中日同形词,依据词典标注的词性归纳对应关系。其次,对比分析汉语和日语词性分类的标准,为统一词性判定标准找到平衡点。最后,根据语料库调查结果,对比分析同形词在词性上存在的差异,宏观探讨汉语和日语在词类划分、语言类型等方面的差异。

(4) 定性定量结合法。根据语料库实际调研数据,定量分析同形词词性用法存在的客观差异;再基于定量研究的结果,对汉语和日语在词类划分标准等方面存在的差异进行理论上的定性分析。

(5) 共时历时结合法。一般而言,语言共时差异的背后隐藏的是历时变化,本研究在描述中日同形词共时差异的基础上,导入历时语言学内容,再结合大数据分析考察同形词词性产生差异的原因。

2.4.2 语料库及其检索方法

如前文所述,汉语和日语词典在词性标注上都存在一定问题,而语料库调查是解决困境的唯一途径,本节详细介绍汉语和日语语料库的相关信息,通过实例演示具体的检索、统计方法。

汉语利用"国家语言文字工作委员会"开发的"国家语委现代汉语通用平衡语料库"的子库——"标注语料库"(CDROM)。"国家语委现代汉语通用平衡语料库"全库约有 1 亿字符,其中 1997 年以前的语料约为 7 000 万字符,1997 之后的语料约为 3 000 万字符,而"标注语料库"是"国家语委现代汉语通用平衡语料库"全库的子集,约有 5 000 万字符,包含所有 1997 年后的语料。如下文所示,该子集语料皆经过分词处理并标注了词性。

1) 本/r 报/n 驻/v 英国/ns 特约/v 记者/n 任天/nh。(《环球时报》2001.6.2)

2) 在/p 困难/n 和/c 危险/a 面前/nd,/w 刘弥群/nh 没有/v 却步/v。(《解放军报》1985.5.7)

3) 在/p 这样/r 的/u 天气/n 里/nd 出海/v 实在/d 太/d 危险/a!(《解放军报》1983.10.20)

如例 1)所示,"特约"在语料库中被标注为动词,与《现汉》的标注一致,但是"特约"只有做定语的用法,从功能来看比起动词更接近形容词的附类——属性词。例 2)和例 3)中的"危险"都被标注为形容词,然而例 2)中的"危险"显然是名词用法,与例 3)的用法有所不同。可见"标注语料库"尽管进行了词性标注,但由于标注有一定的机械性,尤其是对兼类词的处理不够准确,因此与《现汉》一样仅能作为参考。本研究不直接使用这些标注,而是根据同形词在例句中的实际用法重新判定词性。

汉语是典型的孤立语,缺乏明显的形态标记,因此依据语法功能判定词性成为目前唯一切实可行的操作。《现汉》主要依据语法功能标注词性,因此对于词性单一的词语,《现汉》的标注基本没有问题,但是《现汉》有限制兼类词数量的倾向,许多兼有名词用法的动词、形容词在词典中都未标注名词,而语料库调查的重点就在于查证这些同形词是否为兼类词。

为了统计同形词在汉语中的句法功能以及与其他词语的搭配关系,对于语料库中检索出的例句,还需进行人工解析。由于人工解析句子的能力有限,因此若语料库中检索到的例句超过 200 例,笔者会下载所有例句,并随机抽取 200 个句子进行解析,归纳其用法特征。若"标注语料库"中检索到的例句不足 200 例,则将所有例句纳入考察范围。以"良性"为例,在"标注语料库"中共检索到了 308 个例句,随机抽取200 例解析后的搭配关系如下:

良性＋名词(170 例):<u>良性</u>循环、<u>良性</u>肿瘤、<u>良性</u>关系……
良性＋动词(17 例):<u>良性</u>运行;
良性＋的＋名词(10 例):<u>良性的</u>精神生态环境;<u>良性的</u>调整作用……
是＋良性(2 例):是<u>良性</u>或是恶性;肿瘤是否<u>良性</u>;
其他(1 例):肿瘤分<u>良性</u>、恶性两大类。

"良性"在句中主要做定语,200 个例句中直接修饰名词或动词的例句多达 187 例,因此是较为典型的属性词。

日语使用『現代日本語書き言葉均衡コーパス』(BCCWJ)及其检索工具——NINJAL - LWP for BCCWJ(NLB)。BCCWJ 是日本国立国语研究所开发的现代日语书面语语料库,内容涵盖已出版的书籍、杂志、报纸、网络博客、教材、法律条文等,共有 1 亿 430 万词[①]。为了便于读者检索,国立国语研究所还与「Lago 言語研究所」合作开发了在线

---

① 该语料库是在线语料库,具体网址如下:http://www.kotonoha.gr.jp/shonagon/。

检索系统 NINJAL‐LWP for BCCWJ(NLB)。NLB 根据与格助词的结合关系、词语本身的活用规则等特征罗列出了每个实词与其他各类词语的搭配关系,并统计了例句数量。以「良性」为例,其在 BCCWJ 中共出现了 149 次,其中 72 个例句是「良性腫瘍」这样的复合用法,其在剩余 77 个例句中的搭配关系如下:

良性＋助詞(53 例):良性の＋名詞(31 例):<u>良性</u>の腫瘍、<u>良性</u>のもの……

良性か(9 例):<u>良性</u>か悪性か……

良性から(1 例):<u>良性</u>から悪性まで……

良性＋助動詞(24 例):良性だ(14 例):腫瘍が<u>良性</u>であった……

良性です(9 例):黒アザは<u>良性</u>です……

良性らしい(1 例):ほとんどは<u>良性</u>らしい

　　根据「良性」在日语语料库中的搭配关系可知其在句中主要做定语和谓语,不做主语和宾语,依据句法功能和形态特征可以判断其为形容词。笔者将按照上述流程调查 2 726 个中日同形词在日语中的搭配关系,统计其句法功能,并以此为依据判断词性,具体的词性判断标准将在第三章详细论述。

　　本章详细阐述了利用《现汉》和『新明解』提取中日同形词的过程,归纳了 11 649 个中日同形词在词典中的词性、语义对应关系,进而选定了 2 726 个词义基本相同的同形词作为语料库调查对象。此外,本章还通过对比多本词典的词性标注,指出了汉语和日语词典在词性标注上的瑕疵,进而论证了利用语料库调查词性用法的必要性。最后本章介绍了本研究使用的两个大型语料库,并描述了检索过程。语料库主要提供语料数据,并不能直接提供词性,而依据语料判定词性需要客观统一的标准,这正是本书第三章要论述的问题。

第三章　中日同形词的词性判定标准

　　如第二章所述,《现汉》与『新明解』的词性标注都存在一定问题,因此不可将词典的标注作为同形词词性比较的最终结果,而是需要通过语料库进一步确认。此外,尽管"标注语料库"也对语料进行了词性划分,但笔者经过实际考察发现其词性标注与《现汉》一样,在属性词和兼类词的处理上存在问题。因此,本研究抽取语料库的例句,归纳其用法特征,再依据相对统一的标准重新判定同形词在汉日语中的词性。本章首先介绍汉语和日语词性分类的各种理论,再结合语料库调查数据,探索判定同形词词性的最适宜标准。

3.1　汉语的词性判定标准

　　汉语的词性分类可以追溯至马建忠的《马氏文通》(1898),但至今词性的分类标准仍未统一。由于汉语缺少显性形态标记,因此提倡按照形态特征进行词性分类的理论极少,而早期多数学者主张依据词义判定词性,但 20 世纪 40 年代以后,依据语法功能进行词性分类的观点逐渐成为主流。本节首先回顾汉语词性分类相关的各类理论,进而探讨依据语料库调查数据判定词性的标准。

3.1.1   汉语词性分类理论概观

3.1.1.1   意义标准

《马氏文通》是中国人撰写的首部汉语语法书,该书依据词汇意义将"汉字"分为了九大类,这就是汉语最早的词性分类。马建忠认为:"字无定义,故无定类。而欲知其类,当先知上下之文义何如耳……凡字之有数义,未能拘于一类,必须相其句中所处之位,乃可类焉。"(马建忠,1898)①,即词性分类与词语在句中所处位置息息相关。《马氏文通》主要依据词汇意义进行分类,对于多义字,则按照"字"在文中的具体位置(类似于如今的句法功能)进行判断。

黎锦熙撰写的《新著国语文法》将"词类"定义为"就语词在言语的组织上所表示的<u>各种观念</u>,分为若干种类,叫做词类",并强调具有实际意义的实词应该按照意义进行分类。其后该书又指出"国语的词类,在汉字上没有形态的区别,还须看它在语句中的位次、职务,才易于确认这一个词是属于何种词类",即在意义的基础上增加了文中所处位置、语法功能等内容作为参考的依据(黎锦熙,1924)②。

王力(1954)的《中国语法理论》中强调"实词的分类,当以概念的种类为根据;虚词的分类,当以其在句中的职务为根据",即有实际意义的"实词"应该按照意义分类,而没有实际意义的"虚词"则应该按照功能分类。该书还指出"我们以为词类是可以在字典中标明的,是就词的本身可以辨认,不必等它进了句子里才能决定的。根据词在句中的职务而分的,我们叫作词品,不叫词类",即王力先生认为只有依据意义分类的结果才能称作"词类"③。

石定栩(2011)继承了王力先生的观点,认为"既然实词的主要功能是表达实在的意义,对实词进行再分类时,也就应该以语义为根据",理

---

① 本书参照的是 1983 年商务印书馆再版的《马氏文通》,原版于 1898 年出版。

② 本书参照的是 2007 年湖南教育出版社重印的《新著国语文法》,原版于 1924 年由商务印书馆出版。

③ 本书参照的是 1984 年山东教育出版社出版的《王力文集第 1 卷中国语法理论》,原版《中国语法理论》于 1954 年由中华书局出版。

由是"实词在句子里的意义不受其结构位置的影响,严格意义上的同一个实词在不同的句子里也不会有相异的意义。既然如此,同一个词的基本类别在所有的句子里就都应该是一样的,不会出现'词无定类'的现象",但是他也承认有"战争""战斗"这样单凭意义难以区分其词性的"灰色地带"。

自《马氏文通》开始,依据意义进行词性分类的观点就盘亘在汉语学界,黎锦熙先生、王力先生等语言学大家都曾有此主张,但是他们在其后的著作中都修正了自己的理论,可见将意义作为词性分类的标准确实存在问题。首先,意义容易含糊不清,特别在表达抽象内容时,动作与事物之间没有明确的界限,即存在石定栩(2011)提出的"灰色地带",此时若依据意义判定词性,容易出现词性与语法功能不一致的情况。其次,由于词性反映的是词语的语法特征,如果词性与语法功能不一致,分类本身就变得毫无意义,因此依据意义进行词性分类在汉语中较难执行。

3.1.1.2　形态标准

由于印欧语系的语言多数具有发达的形态特征,因此它们的词性分类与词语的形态特征不可分割。高名凯(1953)参考印欧语的分类标准,提出"划分词类必须根据词的变化规则来进行,不能根据词在句子里的功能来规定",而汉语缺少明确的形态特征,因此他认为汉语的实词无法进行词性分类。

文炼、胡附(1954)反驳了高名凯的观点,并提议依据"广义的形态"对汉语进行分类。"广义的形态"特指"词和词的相互关系,词和词的结合,语词的先后次序"等,这显然与印欧语言的形态大相径庭,实际更接近语法功能。

综上所述,汉语由于缺乏显性的形态特征,无法依据该标准划分词类,提倡该学说的学者也寥寥无几。

3.1.1.3　语法功能标准

将语法功能作为词性分类标准的观点在 20 世纪 30 年代就已出现,之后逐步被学界认同,如今已成为应用最广泛的标准。

朱德熙、卢甲文、马真(1961)认为词类是根据词的语法性质划分出来的类别,因此根据意义划分词类行不通,而语法性质包含词语的句法功能以及与其他词语组合的能力,具体是指词语能否做谓语、能否受名副词修饰、能否后接"了""着""过"等助动词。其后,朱德熙(1982:37)再次强调"汉语不像印欧语那样有丰富的形态,因此给汉语的词分类不能根据形态,只能根据词的语法功能",具体而言"一个词的语法功能指的是这个词在句法结构里所能占据的语法位置"。

吕叔湘(1979)同样认为"汉语没有严格意义的形态变化,就不能不主要依靠句法功能(广义的,包括与特定的词的接触)"。吕叔湘先生还指出,仅凭句法功能无法将汉语词类划分清楚,比如做谓语是动词的语法特征,但是无法将其与形容词区分开来,此时就需要借助"能否用不来否定,能否带了、过、着,能否重迭"等与其他词语的结合关系来判断。

朱德熙先生与吕叔湘先生的观点代表了汉语学界词性分类的主流思想,其后的词性分类理论基本都在其基础上展开,《现汉》的词性分类也继承了两位先生的观点,语法功能是其参考的主要标准。

3.1.2　汉语语料库判定词性的标准

纵观汉语词性分类的各种学说,语法功能是目前最为通行也最为有效的分类标准,因此《现汉》依据上述标准进行词性分类无可指摘。但如第二章所述,《现汉》的词性标注在属性词和兼类词的处理上存在问题,本节结合这些问题探讨根据语料库数据判定词性的基本原则。

如"学生在学习""学生运动"所示,词语有独立做句子成分的"独立用法",也有与其他词语结合形成复合词的"复合用法"。多数汉语词汇兼有独立用法和复合用法,但是由于缺少形态特点,两者之间的界限较为模糊,本节主要探讨独立用法时的词性判定标准。此外,由于拟调查的2 726个中日同形词多为名词、动词或形容词,因此本节主要围绕这三种词类的具体判定标准展开讨论。

3.1.2.1　名词

名词的主要句法功能是做主语和宾语,可以受数量词修饰是其有别于其他词类的形态特征。比如"学生"在例1)、例2)中分别做主语和宾语,且能够受数量词"几名"的修饰,因此是典型的名词。

1) <u>学生</u>朝什么方向发展,总是和教学要求有关的。(《北京晚报》1990.7.12)

2) 杭州大学去年开除了几名<u>学生</u>。(《人民日报》1989.3.19)

汉语名词中也有无法做主语和宾语的非典型名词,比如"图说(《中国通史<u>图说</u>》)""要略(《中国文法要略》)"等词语基本只在书名中出现,较难判断其词性。但在例3)中"图说"受"每个朝代"修饰,且与其后出现的"年表""地图"相呼应,显然判为名词较为妥当。

3) 在每个朝代的"<u>图说</u>"之外,该书还在最后一卷附录了详尽的中国历史纪年表、大事年表、度量衡变迁表、历代职官表和历代地图。(《人民日报》1999.10.13)

此外,汉语中有部分动词也兼有名词用法,比如"回答、解释"等在《现汉》中仅标注了动词,然而从"标注语料库"中检索到了以下例句。

4) 我们只有一个<u>回答</u>:靠中国的土地能够养活、养好中国人!(《人民日报》1997.6.20)

5) 这里的"罔"字有两种<u>解释</u>。(《人民日报》2000.7.27)

"回答"在例4)中做宾语且受名量词"一个"修饰,而"解释"在例5)中做宾语,同时也受名量词"两种"修饰,显然这与名词的句法功能和形态特征相匹配。与《现汉》不同,本研究承认它们的名词性,将它们归为名动兼类词。

3.1.2.2 动词

动词的主要句法功能是做谓语,能带"了、着、过"等助词是其区别于其他词类的广义形态特征。动词中"了解、利用"等可以带宾语的及物动词最容易识别。

6) 我很想<u>了解</u>今日的中国。(《人民日报》1992.9.29)

7) 总结经验,开创<u>利用</u>外资工作的新局面。(《人民日报》
1995.5.21)

由于形容词也可做谓语,"结婚、失败"等不及物动词与形容词的区
分较为困难,此时需要观察它们是否能够带"了、着、过"等助词,是否可以
前接"不、没"等否定副词之类的广义形态特征来辅助判断。比如,例8)中
的"结婚"受时体标记"还没"修饰,就可将其判为动词而非形容词。

8) 吴人江今年三十四了,还没<u>结婚</u>。(《花城》1997 年 7 月)
9) 基因疗法<u>失败</u>了。(《科技月报》2000.2)

3.1.2.3　形容词

形容词的句法功能是做定语、谓语和状语,受程度副词"很""太"等
修饰是其广义的形态特征。比如"残酷"在例 10)中做定语修饰"现
实",在例 11)中做状语修饰动词"杀掉",而在例 12)中做谓语同时受副
词"如此"修饰,显然"残酷"是典型的形容词。

10) <u>残酷</u>的现实,进一步提高了杜重远的斗志。(《人民日报》
1997.11.25)
11) 他们把捉到的俘虏<u>残酷</u>地杀掉。(《中国丧葬礼俗》1991)
12) 战争是如此<u>残酷</u>。(《橄榄树》1999.10)

然而并非所有的形容词都可以实现定语、谓语和状语三种句法功
能,比如"肥沃、寒冷"等无法做状语,而"国营、良性"等只能做定语。在
"标注语料库"中检索"特约"(共 57 例)和"现存"(共 332 例,随机抽取
200 例进行分析)可以发现两词在语料库中都只有修饰名词的定语用
法,尽管《现汉》将其标注为动词,但其主要句法功能不是做谓语而是做
定语,因此本研究将其判为形容词的附类——属性词[1]。

---

[1] 《现汉》中部分词语的词性是根据词义来判定的,"特约""现存"被判为动词就是明证。

13）本报驻英国<u>特约</u>记者任天。(《环球时报》2001.6.2)

14）<u>现存</u>的不公正的国际经济秩序加剧了发展中国家的贫穷。(《人民日报》1996.8.22)

3.1.2.4　复合用法中的词性判定标准

汉语缺少显性形态标记,复合词与短语之间的界限比较模糊,因此即使是复合词,多数仍然依据词序、词语之间的组合关系,即两者之间的句法结构关系(定中、状中、主谓、动宾等)来判定词性。一般而言,复合用法中的词性与独立用法一致,因此可以直接沿用独立用法时的词性。本研究涉及复合用法中的词性时,主要依照以下三条原则来进行判断:

(1) 对于单一词性的词语,沿用独立用法中的词性作为复合用法的词性。例如"美食家、公正性"等复合词中的"美食、公正",参照其独立用法中的词性,"美食"依然为名词,"公正"依然为形容词。

(2) 对于拥有多个词性的兼类词,则依据词语在短语中的句法功能判定词性。比如"健康"在"健康体魄"中修饰名词"体魄"做定语,而在"心理健康"中受名词"心理"修饰,为定语中心语,因此前者是形容词,后者是名词。

(3) 对于"防弹、医疗"等只有复合用法的词语,为了统一词性分类标准,本书将依照其在复合词中的句法功能来判定其词性。

3.2　日语的词性判定标准

日语中「漢語("汉字词汇")」的词性分类多与固有词汇「和語("和语词汇")」放在一起探讨,然而汉字词汇作为广义的外来词,与和语词汇有着本质区别。如第二章所述,「消極」「絶好」等汉字词汇在不同的日本国语辞典中,其词性标注都不一致,因此在进行同形词的词性对比研究时,有必要将汉字词汇与和语词汇分开论述。

日语汉字词汇主要有以下两种用法:

(1) 后接助词或活用词尾,在句中充当各类句法成分,如:

 15)全国から<u>学生が</u>集まって来ていた。(『桃の木のトリック』2001)

 16) 僕は<u>複雑な</u>気持ちで、藤田くんを見ている。(『輪舞』2005)

(2) 与其他词语或词缀结合,形成复合词或派生词,如:

 <u>学生</u>数、<u>学生</u>服、<u>学生</u>証、<u>学生</u>時代、<u>学生</u>生活、<u>学生</u>募集……
 <u>複雑</u>さ、<u>複雑</u>性、<u>複雑</u>化、<u>複雑</u>多様、<u>複雑</u>怪奇、<u>複雑</u>形状……

本研究把(1)这种能够单独充当句子成分的用法称为"独立用法",日语名称为「自立用法」;将(2)这种不能直接充当句子成分的用法称为"复合用法",日语名称为「結合用法」。日语多数汉字词汇兼有独立用法和复合用法,本节主要探讨独立用法时的词性判定标准。

3.2.1 日本早期汉字词汇词性分类概观

日语汉字词汇的词性分类研究始于山田孝雄(1940)的『國語の中に於ける漢語の研究』,其后池上禎造(1954)、宫地裕(1973)、森冈健二(1987)等也提出了各自的观点,以下按照年代顺序分别论述。

山田孝雄(1940)是首本详细论述汉字词汇词性归属的著作,该书依据融入日语的高低程度将日语中的外来词分为「純なる外國語」「狭義の外来語」「借用語」「帰化語」四大类,并指出汉字词汇一般属于「借用語」或「帰化語」。

 元来外國語が國語にとり入れらるる最初の状態を考ふ

るに、それはただ或る概念をあらはすものとして、取扱はる
るに止まるものなるが、それが資格は概念語として單に體言
の取扱に準ぜらるるものとす。これは如何なる語にても（そ
れが國語たると外國語たるとを問はず）或る概念として取扱
はるるときはいつも體言に準じて取扱ふものたるが故なり。
而してこれは第一の純外國語としての場合も、第二の狹義の
外来語としての場合も同様なり。第三の借用語の場合も略
同じ。即ちそれが國語のうちに同化したりといふとも、それ
が體言として取扱はるるのみにしてそれ以外に一歩も進出
せざるときはなほ借用物たることを免ざるなり。然るに、そ
れが、<u>今一歩進みて國語に歸化するに至るときは單純なる體</u>
<u>言の取扱を受くるに止まらずして、或いは國語にての用言、</u>
<u>副詞としても用ゐらるるに至り、或いは國語の造語法の活動</u>
<u>に支配せらるるに至るべきなり</u>。かくの如き域に入るとき
に、はじめて歸化語と稱せらるべきなり。（山田孝雄，1940：
15）

　　由画线部分引文可知,山田孝雄认为包含汉字词汇在内的所有「借
用语」都是体言,它们只有完全融入日语,成为「帰化語」后才能获得与
和语词汇一样的语言地位。由于该书未详细论述「借用語」与「帰化語」
的具体差异和区分方法,因此在实际判定汉字词汇的词性时没有太多
参考价值。
　　池上禎造(1954)将研究对象限定为双音节汉字词汇,并依据汉字
词汇能否后接格助词、能否派生为动词等形态特征,将汉字词汇分为以
下四类：

　　A　名詞と同じ用法のもの　例、書籍　中心　米価
　　B　「する」をとって動詞化するもの　例、研究　補償　妥協
　　C　「な」「に」をとって修飾語となるもの　例、便利　明朗
重要

D　副詞としてしか用法なきもの　例、断然　悠々　結局

（池上禎造,1954）

池上将各类汉字词汇的特征归纳如下:「B類は;A類の性質をも兼ね備えている;C類は最も出入が多く複雑で、形容動詞が問題になる所以はここにある;D類は前三者と比べて用法の局限されているのが目立つ」(池上禎造,1954)。论文进一步指出汉字词汇皆具有体言性质,且由于兼类词较多,其词性用法比和语词汇更为复杂。池上在行文中并未使用名词、动词、形容词等名称,而是用了「A類」「B類」「C類」这样的字母标记,可见他已认识到汉字词汇词性的特殊性和复杂性。

宫地裕(1973)为了厘清汉字词汇的构词特征,对其进行了分类。他从『現代雑誌九十種の用語用字』中选取了使用频度较高的300个汉字词汇,将其分为「A体言系、B相言系、C用言系、D副言系」四大类。在此基础上他又依据能否独立充当句子成分将这300词分为「自立形态」和「结合形态」,具体分类如表3-1所示。

表3-1　宫地裕(1973)的汉字词汇分类表[①]

	A体言系	B相言系		C用言系		D副言系				
		B	AB	AC	ABC	D	AD	BD	BCD	ABD
自立形态	日本 自分 時間 問題	非常 本当 簡単 立派	必要 最後 自由 危険	生活 関係 意味 結婚	一緒 無理 反対 心配	今度 今日 以来 全然	昨年 最初 現在 当時	随分 勿論 沢山 十分	相当	自然 大変
結合形态	国際 以外		騒々 仰々 美々			嬉々				

由表3-1可知,汉字词汇多数兼有A类的体言性质,因此兼类词极

① 此处只引用了与本书相关的部分,并适当删减了部分词例,原表请参照宫地裕(1973)。

多。该论文仅展示了分类结果,并未公布具体的分类标准,因此无法判断所得结论是否客观。值得一提的是,宫地裕(1973)与早期多数学者一样,坚持把汉字词汇称为「漢語語基」,不承认汉字词汇的独立性,而该研究的目的是把汉字词汇放入体言类中考察其构词特点而非词性用法。

　　森岡健二(1987)亦不承认汉字词汇的独立性,他依据形态特征将「漢語語基」分为「体言」「用言」「情態言」「副用語」等五大类,并指出无法单独做「用言」是其主要特征。

(1)$_0$体言:学校　哲学　法律　会社……

(1)$_1$体言・用言:賛成　旅行　信用　研究……

(1)$_2$体言・状態言:自然　健康　幸運　不幸……

(1)$_3$体言・用言・状態言:感心　安心　心配　迷惑……

(2)用言:活用がないので単独では用言にならない

(3)情態言:穏健　穏当　温和　簡単……

(4)副用語:一応　一旦　一切　一向……

(5)感動語[①]:喝　南無二　嗚呼……(森岡健二,1987)

　　由引文可知森岡健二(1987)的分类中有半数以上是兼类词,结合宫地裕(1973)的观点,可以推测兼有多个词性是汉字词汇的典型特征。

　　归纳山田孝雄(1940)、池上禎造(1954)、宫地裕(1973)、森岡健二(1987)等的观点,可以发现汉字词汇的词性用法主要具有以下三个共同特征:(1) 几乎所有汉字词汇都具有体言(名词)性质;(2) 汉字词汇中几乎没有纯粹的用言(动词、形容词);(3) 汉字词汇中有大量兼类词。

3.2.2　野村雅昭的观点

　　野村雅昭在参考前人观点的基础上,对汉字词汇的词性分类提出

---

① "副用語"相当于汉语的副词,"感動語"相当于汉语的感叹词。

了独到的见解。野村雅昭(1998a)继承了宫地裕(1973)和森冈健二(1987)的观点,认为汉字词汇皆是构词语素(「字音複合語基」),并从构词和造词的角度对其词性用法进行了论述①。该论文首先认定所有汉字词汇全部具有体言性质,其理由如下:(1)「和語にみとめられる『用言』が漢語にはない」;(2)「『形容言』について,……字音語基でそれに相当するのは『仰々-』『鬱陶-』など少数のものにかぎられる」;(3)「『情態言』は,いわゆる形容動詞の語幹に相当するものである。……形態論的には名詞を構成する体言語基と区別する必要はない」;(4)「『副用言』は和語系語基にもさまざまのものがふくまれ、字音系語基とあえて区別をする必要はない」。其后,野村参照词语的抽象意义将汉字词汇分为「事物類(N)」「動態類(V)」「様態類(A)」「副用類(M)」四大类。

事物類(N)……叙述の対象となる物や事をあらわす。
　(例:宇宙・人間・交通・工業・<u>科学</u>/鉄・国・土・道)
動態類(V)……事物の動作・作用をあらわす。
　(例:研究・運動・変化・検討・観察/見・増・過・感)
様態類(A)……事物や精神の性質・状態をあらわす。
　(例:簡単・愉快・重要・意外・永久/新・軽・大・高)
副用類(M)……動作や状態の程度・内容を限定・修飾
する。
　(例:突然・直接・一斉・結局・実際/特・再・絶・予)
(野村雅昭,1998a)

在上述分类的基础上,野村雅昭(1998a)还依据「語構成上の形態的な特徴(构词时的形态特征)」,将这四类汉字词汇细分为表3-2所示的21个小类。

---

① 既然汉字词汇是语素,那就无法进行词性分类,因此野村雅昭(1998)的立论本身存在问题,村木新次郎(2004)就尖锐地指出了这个问题,这在后文详述。

表 3-2　野村雅昭(1998a)的汉字词汇分类

類	型	例	ガ・ヲ	スル	ダ・ナ	ノ	シイ	タル	□	ニ	ト	□	□
事物類	N_1	世界　人間　外交　鉛筆	○										
	N_2	国際　具体　羊頭(狗肉)	×									○	
	N_3	本位　自体(努力)　次第	×										
	NA	自由　健康　幸福　危険	○		○								○
動態類	V_1	研究　進歩　協議　信用	○	○									
	V_2	墓参　勝利　参考　拝啓	△	△									
	V_3	当事(者)　植民(地)　東奔		×								○	
	VA	共通　相当　重宝　一定	○		○	○							
	VAN	満足　心配　無理　貧乏	○	○									
様態類	A_1	豊富　重要　複雑　明朗			○								
	A_2	以外　正式　最適　緊急			○	○							
	A^3	本当　一介　悪性　細心			△	○							
	A_4	鬱陶　仰々　毒々　騒々					○						
	A_5	可燃　耐熱　以遠(権)										○	
副用類	M_1	全然　結局　漸次　鋭意									○		
	M_2	普通　絶対　通常　当分				○				○			
	M_3	一気　同時　一斉　故意								○			
	M_4	毅然　堂々　平然　綿々						○			○		
	M_5	公然　淡々　懇々　嬉々									○	○	
	MN	事実　将来　是非　始終	○							○			
	MA	案外　大変　結構　十分			○					○			

(野村雅昭,1998a)

　　由表 3-2 可知,野村雅昭(1998a)的分类将「一介」「悪性」等在日本国语辞典中被标为名词的汉字词汇纳入了「様態類」,承认其具有形容词性的用法,从而实现了词性与句法功能的统一。此外,野村提出了「結合専用語基」的概念,将没有独立用法的汉字词汇与既有独立用法又有复合用法的汉字词汇区分开来。同时,由于「事物類(N)」「動態類(V)」「様態類(A)」「副用類(M)」的下位分类依据形态特征进行,因此分类标准及分类结果都较为清晰。

然而,野村的分类方法在实际判定词性时容易出现以下问题:首先,有部分汉字词汇较难依据抽象意义分类,实际上表3-2的分类已经出现了自相矛盾的地方。比如「科学」在野村雅昭(1998a)中属于「事物類」,然而在野村雅昭(2013)中被归入了「動態類」[①]。野村这样修改主要是因为「科学」可以后接「する」作动词使用。笔者推测野村在进行词性分类时,最终并未严格按照抽象意义标准执行,而是主要参考了汉字词汇的形态特征。

其次,依据抽象意义进行词性分类,在遇到兼类词时较难处理。如野村将「自由」「健康」等词归入了「事物類」,然而从词典释义来看更应该归入「樣態類」。同理,「事实」「将来」等词在表3-2中被归入了「副用類」,然而笔者认为归入「事物類」更为合适。表3-2中所列词语皆为典型的汉字词汇,但分类结果依然无法统一或者难以让人完全信服,那么其他非典型词语的词性将更加难以判定。

总结来说,野村雅昭(1998a)的分类适用于只有单个义项的汉字词汇,不适用于多义词和兼类词。同时,野村雅昭(1998a)对「事物類(N)」「動態類(V)」等进行分类时参照的形态标准过于复杂,不适用于大规模的词性判定。

3.2.3 村木新次郎的观点

村木新次郎(2004)不认同野村雅昭(1998a)的观点,认为其提出的词性分类存在以下四个问题:

（1）品詞性を問うのに、単語ではなく、「語基」を対象にしている。

（2）語構成と語形の混同がみられる。語彙素と文法的な語形とは区別しなければならない。品詞は、文法的な語形を統一する語彙素を対象にしなければならない。

[①] 野村雅昭(1998a)于2013年被收录到论文集『現代日本漢語の探究』中,作者对其进行了小幅度修改。

（3）品詞をどのようにとらえるかが明示されていない。どのような基準によって品詞の分類がなされるのかが不鮮明である。

（4）最終的にしめされた分類には、意味と機能との異なる基準が交錯している。(村木新次郎,2004)

由(1)和(2)可知村木与野村的研究对象并不一致,两人对「語基(语素)」以及「語構成(词语结构)」的理解存在偏差。村木认为「山を歩く」「山が多い」中的「山」与「山-歩き」「山-越え」中的「山-」有本质区别,前者是单词,而后者是语素,因此在词性分类时需要分别探讨。野村则继承了森冈健二(1987)的观点,认为「山を」中的「山」与「山歩き」中的「山」都是语素,性质并无不同。(3)和(4)是对野村雅昭(1998a)分类的直接批判,村木认为野村的分类将意义标准与功能标准掺杂在一起,分类标准不清晰,分类结果缺乏说服力。

村木对野村的批判主要源于两位学者进行词性分类的目的不同,野村雅昭(1998a)的分类目的是更好地观察汉字词汇的构词能力,而村木新次郎(2004)则是纯语法层面的汉字词汇词性分类研究。村木认为词性分类的对象只能是可以单独充当句子成分的单词。他观察到了汉字词汇在词性用法上的独有特点,试图制定一套适用于汉字词汇且有别于和语词汇的分类标准。由于研究目的不同,两者意见有冲突也在情理之中。

村木新次郎(2004)在批判野村雅昭(1998a)的基础上提出了对汉字词汇进行词性分类的重要前提:

（1）品詞は、単語の文法的な特徴にもとづく単語の分類である。

（2）単語というものを、典型的には固有の語彙的意味をもち、それがある文法的な形式(語形)をとって、文の部分となる性質をそなえた言語形式であるとみる。

（3）単語の文法的な特徴は、統語論的な特徴と形態論的な特徴からなるが、前者は後者より優位にある。

　　(4) 現代日本語の漢語語彙は、名詞に所属する単語が多い
ことは事実であるが、名詞だけではなく、名詞以外の多くの品詞
に所属している。

(村木新次郎，2004:11)

　　村木新次郎(2004)认为词性反映的是词语的语法特征,因此在进
行词性判定时,比起意义、形态标准,更应该注重其语法功能特点。日
语汉字词汇中确实有许多名词,但它们除名词用法外还有许多其他用
法,且部分词汇实际已经失去名词用法,因此不应将所有汉字词汇都归
入名词。村木根据汉字词汇在句中的主要句法功能,同时参考形态特
征,将汉字词汇分为九大类:「名詞、動詞、形容詞、副詞、陳述副詞、後置
詞、接続詞、従属接続詞、感動詞」,其中名词、动词、形容词的主要特征
如表3-3所示①。

表 3 - 3　村木新次郎(2004)的词性分类标准

特徵＼品詞	統語的特徵	形態的特徵	語例
名詞	主語や目的語になりうる	① 格の体系をもつ； ② 「－ガ」「－ヲ」の格助辞を従えることで代表させる。	学校　家庭 新聞　性格
動詞	述語になる	① テンス、アスペクト、ムード、接続などのカテゴリーにもとづく活用の体系をもつ； ② 動詞の活用のカテゴリーを代表させる。	結婚する 建設する 参加する
形容詞	規定用法・述語用法・修飾用法を備える②	① テンス、ムード、接続などのカテゴリーにもとづく活用の体系をもつ； ② 「－ナ(/ニ)/ダ」のパラダイムをもつことで代表させる。	安心　奇妙 残忍　正常 必要　複雑 公営　国有

---

① 表3-3与表3-4并非直接引用原文,而是笔者根据村木新次郎(2004)的论述归纳整理
　而成。
② 「規定用法」是指做定语的用法,「修飾用法」是指做状语的用法。

村木在上述分类的基础上,依据形态特征将形容词进一步分为表3-4所示的三大类。

表3-4 村木新次郎(2004)的形容词分类

	下位分類	形態的特徴	語例
形容詞	第一形容詞	「-イ/ク」のパラダイムをもつ	四角、毒々し
	第二形容詞	「-ナ(/ニ)/ダ」のパラダイムをもつ	曖昧、豊富、優秀
	第三形容詞	① -ノ/ニ/ダ」のパラダイムをもつ ②「-ガ」「-ヲ」を従えないこと ③ 連体修飾をうけないこと	国営、初等、唯一

村木对汉字词汇的词性分类自成体系,由于汉字词汇与和语词汇不同,其形态特征不够整齐划一,因此以语法功能作为分类标准更符合汉字词汇的特点。根据村木的分类,「国营」「初等」等日本国语辞典标为名词的汉字词汇被归入「第三形容词」,从而解决了词性与句法功能不一致的问题。同时,村木还将「名前を記入」等没有动词形态却可以带宾语的汉字词汇划归为「無活用動詞」,从而保证了词性划分标准的前后一致性。然而,村木的词性分类依然存在以下问题:

首先,村木对形容词的论述着墨较多,将其细分为三大类,但是对名词、动词着墨较少,未详细说明如何处理游离在名动之间的词语,因此名词、动词的判定标准还需补充。

其次,村木认为判定词性时必须区分"词与非词(语素)",但其所举的部分例子只有复合用法,没有独立用法,实际应该归为语素,不应再判定其词性,即村木未严格执行自己所提的分类标准。

最后,村木虽然提及了形容词临时转化为名词的语法现象,但是对临时转化的汉字词汇是否为兼类词并未表明态度。总体而言,村木的分类标准适用于汉字词汇,但是依据语料库例句判定中日同形词词性时还需对非典型的名词、动词以及兼类词的处理进行补充说明。

3.2.4   日语语料库判定词性的标准

纵观所有日语汉字词汇的词性分类理论,村木新次郎(2004)依据句法功能判定词性的观点显然最符合汉字词汇的特点,且由于汉语也主要依据句法功能进行词性分类,因此本研究利用语料库判定同形词在日语中的词性时采用村木新次郎(2004)的分类标准。然而正如3.2.3所述,村木对名词、动词的论述不够完整,且未交代如何处理非典型汉字词汇,本节就相关内容进行补充,进一步完善词性判定的标准。与汉语相同,本研究拟调查的 2 726 个中日同形词在日语中也主要是名词、动词或形容词,因此本节主要探讨这三种词类的具体判定标准。

3.2.4.1   名词

名词区别于其他词类的特点是可以做主语和宾语,因此汉字词汇只要具有这两种句法功能就可判定为名词。比如「学生」在例 17)中做主语,在例 18)中做宾语,就是典型的名词。

17) 学生がお客さんでいられるのも残りわずか。(『裏切り』1999)

18) 三人の人が駆けよって、その学生を助け起こしていました。(『紺碧要塞の国際論』1994)

除了主语和宾语,日语的名词还可后接格助词充当定语、状语、补语等句子成分。「学生」在例 19)中后接格助词「－ノ」做定语,在例 20)中后接格助词「－ニ」做补语,在例 21)中后接格助词「－デ」做状语,这些都是日语名词的常见句法功能。

19) 女子学生の就職は特に悲惨な有り様だった。(『猫は聖夜に推理する』2002)

20) アメリカの学生にはそんな考え方が浸透している。(『アメリカ語学留学』2001)

21) 教室は激昂する学生で満席だった。(『大仏次郎』1995)

例20)中的「学生に」在形态上与村木新次郎(2004)所言的「第二形容词」相同,但是从句法功能来看,前者是动词的补语,而后者是做状语,语义关系也存在较大差异,因此较容易判断何时是名词、何时是形容词,此处不再赘述两者的辨别方法。名词后接「一ノ」做定语的用法极其复杂,如「悲哀」在句中可以做主语和宾语,是典型的名词,然而后接「一ノ」修饰名词时,其与后续名词之间形成的语义关系更接近于形容词修饰名词的用法。此时,「悲哀」是名词还是村木所言的「第三形容词」较难判断。对于这类词,本研究采用"词语置换法"来判定词性。如例22)中的「悲哀」与后文的「対象喪失」可以互换,由于后者为名词,「悲哀」自然也是名词。

22) いわば悲哀の歌(対象喪失の歌)の一つを紹介します。(『現代人の心理構造』1987)

23) わたしを悲哀の感情に誘った。(『集英社ギャラリー「世界の文学」』1990)

「学生」在日语中是典型的名词,具备名词的所有句法功能,因此其词性较容易判断。但是并非所有名词都是如此,比如「栄華」和「辛酸」从 BCCWJ 中检索到了「栄華を極める/誇る/取り戻す」「辛酸をなめる/知る/味わう」等做宾语的例句,但未能检索到做主语的例句。这些同形词尽管缺失了名词的部分功能,但本研究仍认定其为名词。

此外,有部分名词在句中主要做动词的补语,如「感傷」在语料库中主要与动词搭配,形成「感傷に浸る/耽る/陥る/満ちる」等动补结构,但从语义关系来看,两者形成的是动宾关系,因此这类补语可以纳入广义的宾语范畴,而「感傷」等词自然是名词。

最后,「衷心」在语料库中未能检索到做主语、宾语的例句,仅有「衷心より/衷心から」的用法,由于格助词「より/から」一般只可与名词结合,因此本研究将「衷心」也归入名词。

总结来说,能否做主语和宾语是判断名词最关键的标准,但是对于缺失部分句法功能的非典型名词,除了句法功能外,本研究还会根据与它搭配的词语的性质以及与格助词结合的情况等来判断其是否为名词。

3.2.4.2　动词

日语中的汉字词汇必须与「－する」结合才能发挥动词功能,因此所谓的「漢語動詞」是指包含「－する」及其变形在内的复合词。众所周知,动词的主要句法功能是做谓语,汉字词汇中的动词亦不例外。从形态来看,这类动词包含「する・した・しろ・せよ・しよう」等多种形式,比如「解決する」有以下 5 种形态。

　　24) 子どもの問題をすべて親が<u>解決する</u>。(『子どもの心のコーチング』2003)

　　25) 事件が<u>解決した</u>と思って気がゆるんだ。(『アナザヘヴン』1997)

　　26) なんとか<u>解決しよう</u>と考えたんだろう。(『狩りの風よ吹け』2002)

　　27) 目標に達すれば<u>解決できる</u>と期待される。(『発達と学習の心理』2002)

　　28) だから一つの問題は<u>解決された</u>。(『あめりか記者修業』1999)

例 24)至例 28)中,「解決」与「－する」的各类活用形式结合,实现了谓语功能,无论是句法功能还是形态特征,「漢語動詞」都与其他词类有明显区别,因此词性比较容易判断。然而,汉字词汇中亦有许多非典型的动词,它们具有动词的句法功能却没有动词的形态特征。

第一类是「(ご)＋二字漢語＋のうえ」句型。例 29)、例 30)中的「確認」「記入」虽然从形态上来看是名词,但都带了宾语。另一类是「体言止め」现象,例 31)、例 32)末尾的「確認」「合格」没有任何形态特征,但是例 31)的「確認」通过「を」带宾语,例 32)的「合格」通过「に」带补语,这些显然都是动词特有的句法功能。本研究判定词性时以句法功能为首要标准,因此将这些汉字词汇都归入动词。

29) 診療日などをご確認の上、ご来院ください。(『広報かめ
やま』2008)

30) 年齢をご記入の上、下記の宛先へお送りください。(『天
王寺区広報紙』2008)

31) 両国間の交流拡大、経済関係の強化を確認。(『農耕と園
藝』2004 年 4 月号)

32) 子どもも努力し、志望の大学に合格。(『婦人之友』2001
年 12 月号)

3.2.4.3 形容词

村木新次郎(2004)将汉字词汇中的形容词按照形态特征分为第一
形容词、第二形容词和第三形容词三大类。本研究涉及的主要为后两
类，因此着重探讨第二形容词和第三形容词的判定标准。第二形容词
相当于日语学校文法中的「形容動詞」，一般可以后接「-ナ」「－ニ」「－
ダ」在句中做定语、状语和谓语。比如「簡単」在例 33)至例 35)中分别
做定语、状语和谓语，因此是典型的第二形容词。

33) 星子は簡単な英語を使った。(『イッセー尾形の人生カタ
ログ』1994)

34) テレビなら誰でも簡単に操作できる。(『デジタル流通
革命』1997)

35) その見分け方はとても簡単です。(『やさしい楽譜の読
み方』1997)

与第二形容词不同，第三形容词后接「－ノ」修饰名词，其主要句法
功能是做定语。由于做定语时形态与名词相同，因此在日本国语辞典
中多被标注为名词。然而，这类形容词一般无法做主语和宾语，除定语
外，部分词汇还可以做谓语和状语，从句法功能来看更适合归入形容
词。比如「絶好」一词，从语料库中检索到了 524 个例句，其用法分布
如下：

絶好＋の＋名詞(509 例)：絶好の機会、絶好の場所……

絶好＋な＋名詞(4 例)：絶好な被写体、絶好な位置……

絶好＋助動詞(11 例)：陞爵を願うタイミングとしては絶好
である……

「絶好」在日语语料库中未能检索到做主语、宾语的例句,而它后接「－ノ」修饰名词的例句占到了例句总数的 97％,从句法功能来看是形容词,结合其修饰名词时的形态特征,本研究将「絶好」判定为第三形容词。

如「絶好の機会」和「私の機会」所示,第三形容词做定语时形态特征与名词相同,因此要注意两者的区分。村木新次郎(2002)曾指出两者的主要区别是「名詞も形容詞も規定語になるが、名詞の場合は『なにの/だれの』に対応する関係規定的であるのに対して、形容詞のそれは『どんな』に対応する属性規定的である」,即名词主要表达事物的所属关系,而形容词更多表达事物的属性,以下根据该观点详细阐述第三形容词与名词的区分方法。

寺村秀夫(1991)将名词修饰名词(「N₁ノN₂」)的搭配关系归纳为以下四种:「(ⅰ) 連用補語の連体化(地球の破滅)」「(ⅱ) 述語名詞の連体修飾語化(首都の東京)」「(ⅲ) 不完全名詞に対する連体補語(官邸の前)」「(ⅳ) 所有、所属、全体・一部の関係(私の本)」,其中仅有「(ⅱ)述語名詞の連体修飾語化(首都の東京)」可以转述为「N₂がN₁だ」这样的主谓结构。与此相对,形容词修饰名词时全部可以转述为「NがA(だ)」,比如「静かな町」可以转述为「町が静かだ」,「貧しい人々」可以转述为「(ここの)人々は貧しい」。换言之,将后接「－ノ」修饰名词的汉字词汇设为「X」,如果「XのN」可以转述为「NがX(だ)」这样的主谓结构,就可认定 X 为形容词。举例来说,「絶好の機会」可以转述为「機会は絶好だ」,因此「絶好」是第三形容词。

需要注意的是,有部分汉字词汇修饰名词时,有「－ナ」和「－ノ」两种形态,「特殊」与「独特」就是其中较为典型的代表。

表 3 - 5　兼有「ーナ」和「ーノ」两种形态的形容词

同形词	ーナ	ーノ
特殊	もの・事情・場合・ケース・状況・環境・例・方法・条件・関係(1 532 例)	関係・事情・場合・不法行為・地位・姿・汚物・債権・精神状態・登記(77 例)
独特	もの・雰囲気・世界・匂い・香り・文化・味・色・風味・色合い(339 例)	匂い・雰囲気・香り・風味・形・世界・味わい・食・風合い・味(1 258 例)

　　如表 3 - 5 所示,「特殊」与「独特」尽管修饰名词时有两种形态,但是不同形态下,其与所修饰名词之间的语义关系并无差异。「特殊な事情」与「特殊の事情」都表达「事情」的属性,且都可转述为主谓结构「事情は特殊だ」。本研究认为只要句法功能相同,即使形态有所不同,其词性不变,因而「特殊な事情」与「特殊の事情」都是形容词修饰名词的用法。

3.2.4.4　复合用法中的词性判定标准

　　日语汉字词汇的最强功能是与其他词语或词缀构成新词,而如「学生時代」「複雑多様」等所示,汉字词汇有多种复合用法。由于复合用法缺少形态特征,词性判定较难进行。村木新次郎(2004)认为复合用法中的汉字词汇是语素而非词语,因此无须考察其词性,但本书部分内容涉及复合词,因此本节从汉日对比研究角度简述复合用法中汉字词汇词性的判定原则。

　　具有独立用法的汉字词汇可分为单一词性词和兼类词,首先来看单一词性的词语在复合用法中的词性。比如「学生」与「優秀」分别有如下用法:

　　36) 学生募集、教育制度、学院に対する管理・監督などについて,次のように定めた。(『シフトの人的資源管理』2005)

　　37) 平成 21 年春に入校する学生を募集します。(『広報ひだ』2008 年 09 号)

　　38) 作品のうち、優秀作品各 300 点を展示します。(『浜北区版広報はままつ』2008）

　　39) <u>優秀</u>な作品 10 点を表彰します。(『市報きよせ』2008 年
06 号）

　　例 36)和例 38)中的「<u>学生</u>募集」「<u>優秀</u>作品」刚好可以还原为例
37)和例 39)中的「<u>学生</u>を募集します」「<u>優秀</u>な作品」,其独立用法和复
合用法的词性一致。因此对于单一词性的汉字词汇,本书直接沿用独
立用法中的词性作为复合用法的词性。
　　其次再以「健康」为例来看兼类词在复合用法中的词性。

　　40) それ以来、徹底して<u>健康</u>管理に努めるようにしていま
す。(『日々、夢に向かって邁進！』2003）
　　41) <u>健康</u>を管理するのは自分の役割だ。(『人生百年私の工
夫』2002）
　　42) <u>健康</u>生活を維持していくために生涯管理が必要だ。
(『母子保健指導論』2005）
　　43) 睡眠は、<u>健康</u>な生活に欠かせないものです。(『広報くさ
つ』2008 年 07 号）

　　例 41)中的「健康」在句中做宾语,显然是名词用法,而例 43)中的
「健康」后接「－ナ」做定语,显然是形容词用法,而例 40)和例 42)中的
「健康管理」「健康生活」可以转述为例 41)、例 43)中的「<u>健康</u>を管理す
る」和「<u>健康</u>な生活」,可见例 40)中的「健康」为名词用法,而例 42)中的
「健康」为形容词用法。「健康」在日语中是兼有名词和形容词用法的兼
类词①,复合用法中的词性与独立用法一致,在具体判断时需要将复合
词转为短语,根据其在短语中的句法功能判断词性。但是,以「健康」为
例,其在语料库中的复合用法达到了近万例,无法一一判断其在每个复
合词中的词性,因此本书仅探讨判定方法,不统计兼类词在复合用法中

———————————

① 　关于兼类词的判定标准将在 3.3 中具体考察,此处不详细探讨。

各个词性的具体占比。

日语汉字词汇在复合用法中的具体词性判定原则如下：

(1) 对于只有一种词性的汉字词汇,由于其独立用法和复合用法的词性一致,本书直接沿用独立用法中的词性作为复合用法的词性。

(2) 对于兼有多个词性的汉字词汇,由于词性用法复杂,需要将复合词还原为相同结构的短语,再根据其在短语中的句法功能判定其词性。

正如野村雅昭(1998a)所言,日语汉字词汇中还有许多没有独立用法,仅有复合用法的词语,野村将其称为「結合専用語基」。野村雅昭(1998b)利用野村雅昭(1998a)的分类方法,将「結合専用語基」按照抽象意义分为「事物類 N」「動態類 V」「様態類 A」三大类。由于缺乏形态特征,利用抽象意义分类具有一定道理,但是本研究考虑词性判定标准的统一性,依然根据句法功能判定其词性。

只有复合用法的汉字词汇主要有两大类:一类是成语的构词语素,如「虎視眈眈」中的「虎視」和「眈眈」。尽管『新明解』分别收录了这两个词,但由于它们缺少独立用法,且没有其他复合用法,因此本研究不考察其词性。

另一类是普通复合词的构词语素,可以与多个词语或词级结合,如「煥発」「消極」「多元」等。对于这类词,本研究先将复合词还原为相同结构的短语,再根据其在短语中的句法功能判定其词性。比如「才気煥発」与汉语"精神<u>焕发</u>"一样,属于主谓结构短语,「才気<u>煥発</u>」可以转述为「才気が<u>煥発</u>(する)」,那么可以认定「煥発」具有动词性。

3.3　兼类词的判定标准

由于汉语部分动词、形容词也可以做主语、宾语,而日语汉字词汇除少数副词外皆具有名词性,因此中日同形词中有许多兼类词。本节结合前文所述的词性判定标准,着重探讨兼类词的认定方法。

3.3.1　汉语的判定标准

20 世纪 50 年代以来汉语学界一直关注"兼类词"问题,但是对于具体的判定标准目前仍未有统一的意见。本节首先回顾吕叔湘、朱德熙(1952)、胡明扬(1996)等对兼类词的看法,再结合语料库的实际例句,探讨利用语料库判定兼类词的标准。

3.3.1.1　吕叔湘先生的观点

吕叔湘、朱德熙(1952:10 - 11)认为判定兼类词的基本原则是"一个词的意义不变的时候,尽可能让它所属的类也不变"①,并制定了以下三个标准:(1)"钉了三根钉"中的两个"钉"无论意义、发音还是句法功能皆不同,因此是两个不同的词而非兼类词。(2)"拿把锁把门锁上"中的两个"锁",发音相同,意义和句法功能不同,前者为名词,后者为动词,"锁"是典型的兼类词。(3)意义未变,仅有句法功能发生变化的词语,需要观察该变化是该词特有的现象还是整个词类都具有的性质。比如,动词、形容词多数可以做宾语,因此"不怕打击"与"贪图方便"中的"打击"和"方便"不能看作名词,但是在"给他一个重大的打击""给他种种方便"中,"打击"和"方便"不仅做"给"的宾语,还分别受数量词"一个"和"种种"的修饰,可以判定为名词。

吕叔湘(1979:45 - 47)对上述观点进行了补充,针对"词类转变"现象做了如下说明:(1) 在一定的条件下同类的词都能这样用,这种用法可以列入这类词的功能之内,而不将其看作兼类词;(2)"临时活用"并非永久性的词类转变,不能作为兼类词的判定标准;(3) 语义有明显的变化,且同类的词没有相似用法,才能归为词类转变。

3.3.1.2　朱德熙先生的观点

朱德熙、卢甲文、马真(1961)认为做主语和宾语是动词、形容词本身就具备的句法功能,因此不是名词化的标记。他们将"希望、困难"等具有名词句法功能的动词、形容词命名为"名动词"和"名形词",认为这

---

① 本书参照的是 2004 年商务印书馆出版的《吕叔湘文集(第四卷)》,原书《语法修辞讲话》于 1952 年由上海开明书店出版。

些词语是具有部分名词功能的特殊动词和形容词,而非名动兼类词或名形兼类词。

朱德熙(1982)具体描述了"名动词"和"名形词"的特征。"名动词"属于动词,但同时具有以下特点:"(1) 可以充任准谓宾动词的宾语;(2) 可以受名词直接修饰"。"准谓宾动词"是指"进行、有、作、加以、给以、受到、予以"等可以带动词做宾语的特殊动词。"名形词"是指"危险、困难、矛盾"等具有名词性用法的形容词,由于意义未发生根本性变化,朱德熙先生认为它们不是名形兼类词,只是具有部分名词功能的特殊形容词而已。

朱德熙(1985)更新了对兼类词的看法,指出"我们曾经主张把双音节词看成是动词的一个小类,并且称之为名动词,意思是兼有名词性质的动词。当然这并不是唯一的处理方法,譬如我们也可以把它看成兼属名词和动词两类",即部分"名动词"和"名形词"可以看作名动兼类词或名形兼类词。

然而,沈家煊(2012)提出了与朱德熙先生相左的看法,他认为"动词都是'动名词',双音化对名词和动词都起'增强名性、减弱动性'的作用,在动名词内部首先按单音双音区分动性的强弱,单音是动强名词,双音是动弱名词。动弱名词内部再细分的话,也不妨分出动性更弱的一类来"。按照沈家煊先生的观点,所有动词、形容词其实都是兼类词,兼类词的范围被无限扩大,显然这不适用于实际的词性判断。

3.3.1.3 胡明扬、贺阳的观点

胡明扬(1996)将兼类词定义为在一定的词类系统中兼属两个或两个以上不同词类的词,并提出了判定动词是否已经名词化的三条基本标准:(1) 能直接受名量词修饰;(2) 能直接做"有"的宾语;(3) 能直接受名词的修饰,并强调(1)是最有效的判断标准。根据他的考察,按照符合两项以上标准才算是名动兼类词进行统计,3 036 个动词中有 392 个是名动兼类词,占全体的 12.91%,如果放宽标准,只要符合三项标准中的任何一项就算是名动兼类词,那么名动兼类词则增加至 587 个,占到全体的 19.33%。

贺阳(1996)考察了名词和形容词的兼类问题,提出了判断形容词

是否名词化的四个标准:"(1) 凡能直接受名量词修饰的形容词,兼属名词;(2) 凡能受'很多'、'许多'、'不少'这些表示数量的词语直接修饰的形容词,兼属名词;(3) 凡能直接作'有'的宾语的形容词,兼属名词;(4) 凡能直接受名词修饰的形容词,兼属名词。"按照只需符合任何一条标准就算是名形兼类词进行统计,1 538 个形容词中名形兼类词也仅有 33 个,占到总数的 2.2%。

从胡明扬(1996)和贺阳(1996)的考察可以看出,即使放宽评判标准,不将词义变化作为必要条件,汉语中真正的兼类词仍是少数。

3.3.1.4　徐枢、谭景春的观点

徐枢和谭景春都是《现汉》的参编人员,因此徐枢、谭景春(2006)论述的是《现汉》处理兼类词的基本原则。首先来看动词、形容词的兼类情况。汉语有部分动词可以受程度副词"很"修饰,其中"务实""管事"等词由于已经派生了新的义项,因此《现汉》将其认定为具有动词和形容词两种特征的兼类词。但是"生气""坚持"等词虽然可以受"很"修饰,其意义并未发生变化,因此《现汉》只标注动词,不将其看作兼类词。

再来看名词、动词与属性词的兼类情况。"黄色、大路"等名词,"看家、关门"等动词在"黄色笑话""大路货""看家本领""关门弟子"等短语中,其含义与做名词使用时完全不同,《现汉》将它们认定为动词和属性词或者名词和属性词的兼类词。

杜朝科(2009)从《现汉(第五版)》中检索到了 2 684 个兼类词,占词典收录词语总数的 4.12%,他认为《现汉》有意控制了兼类词的数量,才导致兼类词的占比如此之少。

依据徐枢、谭景春(2006)和杜朝科(2009)的论述,《现汉》处理兼类词的原则可以归纳为以下三条:(1) 必须具有多个词类的句法功能;(2) 各个词性间词义不同;(3) 尽量控制兼类词的数量。本研究认为语法功能是判定词性的首要标准,与《现汉》存在一定分歧,下文结合语料库调查数据具体探讨汉语兼类词的判定标准。

3.3.1.5　语料库中兼类词的判定标准

先来看动词、形容词与名词的兼类情况。目前已有的研究在判定动词、形容词是否兼有名词用法时主要参照以下三条标准:(1) 可否做

"进行、加以"等"准谓宾动词"的宾语;(2)可否直接受名词修饰;(3)词性变化时,意义是否随之发生了变化。若同时参照这三条标准,那么意义变化将成为判定兼类词的决定性因素,由于多数动词、形容词在做主语、宾语时意义并未发生改变,兼类词的数量将大大减少。但是如前文所述,本研究主要依据语法功能判定词性,如果在处理兼类词时参照意义标准,就与前文的标准互相矛盾。因此本研究依旧根据词语的语法功能来判定兼类词,具体判定名动兼类词或名形兼类词的原则如下:

(1)在句中可以做主语或宾语,特别是可以做"有/无"的宾语;

(2)可以受名量词(排除"次、回、趟"等动量词)修饰,或者可以受"很多、很大、很小"等表示大小、多少的词语修饰。

同时符合上述两个标准就可判定为名动兼类词或名形兼类词。比如"回答"在例 44)中带宾语是及物动词,而在例 45)中做宾语且受名量词"这个"修饰,符合上述条件(1)和(2),因此是典型的名动兼类词。同理,"危险"在例 46)、例 47)中是形容词,但在例 48)中做宾语且受"一个"修饰,因此是典型的名形兼类词。

44)这个理论科学地回答了什么是社会主义这个首要的基本的理论问题。(《人民日报》1993.12.30)

45)依线索询问下去,仍然是这个回答。(人民日报》1995.3.29)

46)最危险的地方往往最安全。(《羊城晚报》1997.10.14)

47)今天全球用水是 70 年前的 6 倍,危险地消耗着土壤的含水层。(人民日报》2001.7.11)

48)这是文物建筑保护工作的一个潜在危险。(《家庭音乐咨询》1986)

再来看动词与形容词的兼类情况。如前文所述,动词可以带助动词"了、着、过",其主要句法功能是做谓语。形容词可以受程度副词"很、太"修饰,其主要句法功能是做定语、状语或谓语。本研究将兼有动词和形容词句法功能和广义形态特点的词语认定为动形兼类词。比如"孤立"在例 49)、50)中分别做定语和状语,而在例 51)中与介词"被"组合,显然是动词用法,因此"孤立"是较为典型的动形兼类词。

49) 不应把非典暴发看作是<u>孤立的</u>偶然事件。(《人民日报》2003.6.12)

50) 在现实生活中,存在着一种<u>孤立地</u>看待劳动的观念。(《人民日报》2003.1.28)

51) 它将面临着进一步<u>被孤立</u>的危险。(《人民日报》2000.3.30)

然而,汉语中还有部分动词和形容词尽管可以做主语或宾语,却无法受"名量词"修饰,这与"回答、危险"等兼类词在语法功能上存在一定差异,因此本研究不将它们认定为兼类词。但是为了更好地比较中日同形词在汉语和日语中的词性用法差异,同时将这些词与无法做主语或宾语的动词、形容词区分开,本研究将它们标注为"具有名词性用法的动词"或"具有名词性用法的形容词"。需要注意的是,如"等待他的<u>走近</u>""看到农村市场的<u>广阔</u>"所示,汉语的动词、形容词基本都可以通过"的字结构"做宾语,由于这是所有动词、形容词都具备的性质,本研究不将其认定为名词性用法。具体而言,"具有名词性用法的动词"的判定标准如下:

(1) 可以直接做"准谓宾动词"的宾语;

(2) 可以直接受名词修饰。

只要符合上述两种情况中的任意一种,本研究就认定该动词具有名词性用法。"准谓宾动词"是朱德熙(1982:59 - 60)提出的概念,但书中仅列出了"进行、有、作、加以、给以、受到、予以"这 7 个准谓宾动词。本研究将带不及物动词做宾语的"发生"也列入其中,即能够做上述 8 个准谓宾动词宾语的动词就是"具有名词性用法的动词"。比如"观测"在例 52)中带宾语是动词,但在例 53)中是"进行"的宾语,在例 54)中受名词"天文"的修饰,显然后两者都是名词性用法。

52) 伦敦用卫星<u>观测</u>环境。(《黑龙江日报》1992.5.4)

53) 天文学家对盘旋在星系中心的恒星和气体进行观测。
(《参考消息》2000.9.15)

54) 这次日食引起了许多人对天文观测的巨大热情。(《科学
时报》2001.7.1)

由于形容词无法做"准谓宾动词"的宾语,也较少受名词修饰,因此
本研究将能否直接做主语或宾语作为判定形容词是否具有名词性用法
的标准,即可以直接做主语或宾语,但不受名量词修饰的形容词就是
"具有名词性用法的形容词"。比如"寒冷"在例 55)、56)中分别做定
语、谓语,是形容词用法,而在例 57)中直接做"抵御"的宾语,本研究将
其认定为"具有名词性用法的形容词"。

55) 呼救声划破了寒冷的春夜。(《法制日报》1998.6.8)

56) 春节刚过,气候干燥而寒冷。(《本草商旅》1993)

57) 这种房屋能抵御炎热和寒冷。(《人民日报》2004.7.1)

3.3.2　日语的判定标准

本节首先介绍影山太郎、野村雅昭等日本学者对汉字词汇兼类词
的处理原则,再结合语料库的实际例句,探讨利用语料库判定日语兼类
词的标准。

3.3.2.1　影山太郎(1993)

影山太郎(1993)提出了「形容名詞」和「動名詞」两个新概念。「形
容名詞」是指兼具名词和形容词性质的词语,特指「『優秀(な/だ),穏やか
か(な/だ),意地悪(な/だ)』のような,伝統的に〈形容動詞〉と呼ばれ
ている語類」,根据书中所举词例,汉字词汇中的第二形容词和第三形
容词都是「形容名詞」。影山太郎提出新词类的原因在于「形容名詞自
体がそのままの形で主語や目的語として機能すること(健康/元気が
最もだ、健康/元気を保つ)がその名詞性を示唆している」,以及「形容
名詞は接尾辞『-さ』によって名詞化することができるが、この特徴は

名詞にはなく、むしろ形容詞と平行する」。

　　影山太郎(1993)所言的「動名詞」是指兼具名词和动词性质的词语,一般指「『散歩,研究,徹夜』などの漢語」,显然汉字词汇中的动词属于「動名詞」。「動名詞」具备做主语、宾语的名词特征,但是又可以后接「する」做谓语,因此与纯粹的名词在形态和功能上都有区别。

　　此外,影山太郎还提出可以通过观察这些词是否可以与「～方法」「～方」等词缀结合的方法来判定某个词语是否为「形容名詞」或「動名詞」,但是显然这个方法并不适用于所有汉字词汇,且在实际判断词性时不易操作,因此无法作为本研究的判定标准。

3.3.2.2　野村雅昭(1998a)

　　野村雅昭(1998a)的分类中有 6 类涉及兼类词,具体如表 3－6 所示。

表 3－6　野村雅昭(1998a)中的兼类词

類	型	例				ガ・ヲ	スル	ダ・ナ	ノ	シイ	タル	□	ニ	ト
事物類	NA	自由	健康	幸福	危険	○		○						
動態類	V₁	研究	進歩	協議	信用	○	○							
	VA	共通	相当	重宝	一定		○	○	○					
	VAN	満足	心配	無理	貧乏	○	○	○						
副用類	MN	事実	将来	是非	始終	○						○		
	MA	案外	大変	結構	十分			○				○		

　　表 3－6 列出了六种兼类词的特征,其中「V₁」是兼有名词和动词特征的「動名詞」,「NA」则是兼有名词和形容词特征的「形容名詞」,「VAN」则同时兼有名词、动词和形容词三种词类的特征。

　　野村的分类主要依据形态特征进行,但是汉字词汇中有部分词语在修饰名词时既可以用「－ナ」,也可以用「－ノ」,形态并不统一。此外,「緊急」在野村的分类中是形容词,但是语料库中检索到了「<u>緊急</u>を要する」这样做宾语的例句,按照其分类标准也可划入「事物類」。总结来说,由于汉字词汇的形态特征不如和语词汇那样整齐划一,因此完全依据形态特征判断兼类词易出现较多误差,必须与语法功能结合才能更好地做出判定。

3.3.2.3　村木新次郎(2004)

村木新次郎(2004)将兼类词定义为「漢語の部分を語幹とし、語尾や派生辞をともなって、いくつかの品詞にわたる性質を<u>品詞の兼務と呼ぶ</u>」,并将日语汉字词汇中的兼类现象归纳为以下八类。

① 名詞・動詞:参加、研究、調査、信用
② 名詞・形容詞:危険、健康、幸福、自由
③ 名詞・動詞・形容詞:苦労、困難、反対、満足
④ 名詞・形容詞・副詞:格別、特別、普通、対外
⑤ 形容詞・副詞:結構、十分、絶対、相当
⑥ 副詞・名詞:全体、終日、最初、当時
⑦ 副詞・動詞:一緒、終始、当面、交互
⑧ 名詞・感動詞:畜生、万歳、失敬、失礼(村木新次郎,2004:28-29)

村木详细描写了「②名詞・形容詞」的特点。汉字词汇中的形容词多数后接词缀「一さ」形成名词,但是有少部分词语可以直接做主语和宾语,针对这种语言现象,村木认为「ある属性に対する、精神的な活動(『ねらう』『ほこる』『はじる』など)や言語活動(『あばく』『そしる』など)や態度(『よそおう』『さける』など)と『きわめる』のような程度にかかわる動詞とむすびつく場合に限られるようである」(村木新次郎,2004),即这与带宾语的动词有关,而非形容词自身功能发生了变化。此外,村木指出「<u>公明正大</u>を前面に出して」「<u>軽率</u>をそしる」中的「公明正大」「軽率」只是临时转化为名词做宾语,并非变成了真正的名词。

最后,村木指出日语汉字词汇多为兼类词且词性临时转化现象频发的原因主要有两点:一是日语汉字词汇用法本身不够统一;二是受汉语的影响,汉语的词汇多可兼有多个句法功能,这种性质随着汉字一起

传入了日语。

3.3.2.4　语料库中的兼类词判定标准

综合考虑各类观点,本研究把日语汉字词汇中的兼类词定义为具有多个词类句法功能的词语,具体判定时依然以句法功能为主,其次参考与格助词的搭配等形态特征。

首先来看名动兼类词,「観測」在 BCCWJ 中有如下用法:

58) 銀河の3次元分布の観測が始まった。(『なっとくする宇宙論』1998)

59) ここはこれから観測を行います。(『大宇宙の素顔』2001)

60) 望遠鏡を使って星を観測する。(『光入門』2002)

「観測」在例 58)中做主语,在例 59)中做宾语,都是名词用法,而在例 60)中后接「する」在句中做谓语,显然是动词用法。无论是从句法功能还是形态特征来看,「観測」都是具有名词和动词用法的名动兼类词。

其次来看名形兼类词。「安全」在 BCCWJ 中有如下用法:

61) 痙攣発作時の安全が確保される。(『事例で学ぶ小児看護学』2003)

62) 船霊とは、航海の安全を守る神霊である。(『鬼の宇宙誌』1991)

63) 岸から救助するなど安全な方法を考える。(『土佐広報』2008)

64) 安全に処理するには大規模な施設がいる。(『太平洋の薔薇』2003)

「安全」在例 61)中做主语,在例 62)中做宾语,都是名词用法,而在例 63)中做定语,在例 64)中做状语,都是形容词用法,显然「安全」具有名词和形容词两种词类的句法功能和形态特征,是较为典型的名形兼类词。

如第二章所述,『新明解』中标注「－する」的是名动兼类词,而标注「－な－に」的则是名形兼类词,然而经过语料库调查,发现 2 726 个中日同形词中有许多词语没有名词用法,比如「匹敵」从 BCCWJ 中共检索到 522 个例句,没有 1 例做主语或宾语,只有动词例句,本研究将这样的汉字词汇认定为纯粹的动词而非名动兼类词。

此外,「残忍」从 BCCWJ 中共检索到 150 个例句,其中名词性用法仅有以下 2 例:

65)「残忍」はニーチェにあってはひとつの宇宙論的感情にまで成長する。(『《想像的人間》としてのニーチェ』2005)

66) 彼の熱い豊潤な臓腑の中で、密かに、偽善と、迷妄と、悪意と、残忍と、卑屈さを人々の前に活躍させ……。(『集英社ギャラリー「世界の文学」』1990)

例 65)中的「残忍」加了引号,是村木所言「引用符をもって明示化されるもの(使用引号提示主语、宾语的用法)」,而例 66)中它与多个形容词并列使用,属于村木提出的「臨時的名詞使用(临时转化为名词)」。例句中「残忍」的用法都是非典型的名词用法,且例句数量极其有限,本研究将此类汉字词汇认定为形容词而非名形兼类词。

综上所述,兼类词指具有多种词类句法功能的汉字词汇,但是若名词用法的用例极少或是临时转用,本研究不将其归入名动兼类词或名形兼类词。

3.3.3　汉日语兼类词判定标准比较

本研究主要依据语法功能来判断汉语和日语中的兼类词。然而,汉语和日语属于不同语系,汉语缺乏狭义的形态特征,在判断词性时与其他词语的结合能力就显得尤为重要,而日语是黏着语,在判断词性时形态特征不可忽视。尽管本研究尽力统一了标准,但是为了更全面地描写语言事实,不罔顾汉语和日语本身的差异,因此具体判定兼类词时采用的汉语标准和日语标准略有不同。

汉语方面,本研究将具有动词和名词、形容词和名词两种词类句法功能的词语分为两大类,能够受名量词修饰的是名动兼类词或名形兼类词,而不能受名量词修饰的是"具有名词性用法的动词"或"具有名词性用法的形容词"。日语方面,本研究将具有动词和名词、形容词和名词两种词类句法功能的词语判定为兼类词,但是临时的词性转化不在此例。

依据上述标准,"危险、调查"等在汉日语中都是典型的兼类词,然而"观测、安全"等在日语中依然是兼类词,而在汉语中由于不受名量词修饰,只能划入"具有名词性用法的动词"和"具有名词性用法的形容词",从而与日语产生差异。总结来说,汉语中的名动兼类词、名形兼类词以及"具有名词性用法的动词"和"具有名词性用法的形容词"在日语中都属于兼类词。

第四章 中日同形词的名动用法差异

　　本书第三章详细论述了利用语料库判定中日同形词词性的具体标准及操作流程,从第四章开始将详细考察语料库调查结果,依据语料库中的实际例句重点探讨具有名词、动词、形容词用法的同形词在中日两国语言中的词性用法差异。

　　本章主要探讨具有名词、动词用法的中日同形词,具体考察以下三类:《现汉》标注为动词、『新明解』标注为名动兼类的同形词(1 870个);《现汉》标注为名词、『新明解』标注为名动兼类的同形词(86个);《现汉》标注为名动兼类、『新明解』标注为名词的同形词(103个)。

4.1 《现汉》标注为动词、『新明解』标注为名动兼类的同形词

　　由第二章表2-1可知,《现汉》标注为动词、『新明解』标注为名动兼类的中日同形词共有2 652个,其中有1 870个在汉日语中意义基本相同,它们在语料库中的词性对应关系可以归纳为表4-1。

　　由表4-1可知,语料库调查结果与词典所标词性一致的同形词有1 561词,占到总数的83.47%,而与词典标注不一致的同形词有188个,占到总数的10.06%。剩余121词在语料库中未能检索到例句,具体可分为以下三类:(1) 汉语和日语语料库中都未能检索到例句的同

表 4-1　基于语料库调查的词性对应关系

	汉语	日语	词数（百分比）
词典中的词性对应关系	动词	名词、动词	1 870(100%)
语料库 调查结果	动词	名词、动词	1 561(83.47%)
	动词	名词	71(3.80%)
	动词	动词	42(2.25%)
	名词、动词	名词、动词	40(2.14%)
	形容词	形容词、动词	14(0.75%)
	动词	构词语素	21(1.12%)
	未检索到例句		121(6.47%)

形词(10 个)：笔削、除服、反噬、缕述、试笔、熟思、系缚、窬变、寓目、谪居。(2) 汉语"标注语料库"中检索到了例句，但日语 BCCWJ 中未能检索到例句的同形词(49 个)：暴死、笔答、背约、充塞、策应、谛视、恶变、扼腕、反侧、非议、分馏、分蘖、讽谏、讽喻、复业、挂冠、灌肠、滑翔、黄熟、介意、敬仰、临摹、领取、目睹、目送、磨损、鸣谢、凝滞、平分、撒播、升官、试航、式微、溯源、探察、吞噬、雪冤、信服、湮没、验算、臆断、引航、迎接、应诊、运算、酝酿、杂糅、展翅、着笔。(3) 日语 BCCWJ 中检索到了例句，但汉语"标注语料库"中未能检索到例句的同形词(62 个)：拔锚、爆笑、笔算、辩难、卜居、长考、辞任、驰驱、蹉跌、对决、改窜、归省、惠赠、寄食、建白、践祚、精算、竞卖、节减、开映、溃乱、流会、留别、论难、卖春、冒渎、亲炙、然诺、入寂、善处、上簇、摄生、私淑、诉愿、他荐、探胜、特卖、徒涉、推服、退勤、脱肛、完败、完胜、微行、猬集、问责、侮蔑、惜败、悬隔、训谕、延纳、严命、要击、诱掖、永眠、膺惩、诛求、嘱望、祖述、追赠、左迁、左祖。观察这 121 词前项和后项语素的结构关系可以发现，A＋V 状中结构和 M＋V 状中结构的词最多[1]，其中心成分都是动词性语素，这是《现汉》和『新明解』都将其标注为动词的原因。这些同形词在语料库中

---

[1]　N 表示名词性语素，V 表示动词性语素，A 表示形容词性语素，M 表示副词性语素。

未能检索到例句,说明其使用频度过低,在汉语或日语中已经被淘汰,进行共时研究的意义不大,本研究不将其纳入具体考察范围。

本节按照表 4-1 所示的词性对应关系,具体考察这些同形词在汉语和日语语料库中的词性用法差异,并分析差异产生的原因。

4.1.1 汉语为动词、日语为名动兼类的同形词

《现汉》标注为动词、『新明解』标注为名动兼类的 1 870 个中日同形词中有 1 561 个词在语料库中的词性用法与词典标注一致,即日语比汉语多出名词用法。本节通过实际数据和具体例句详细考察这些同形词的词性差异并分析差异产生的原因。

哀悼	爱抚	爱护	爱惜	安眠	按摩	暗杀	百出	拜读	拜谒
败北	败亡	败走	伴奏	包围	保存	保持	保释	饱和	成长
成立	惩罚	持续	充血	憧憬	宠爱	出版	恶化	阿谀……[1]

4.1.1.1 汉语语料库中的用法

汉语语料库中这 1 561 个同形词主要有以下 5 种用法:

(1) 在句中做谓语,其中多数是能够带宾语的及物动词,部分是无法带宾语的不及物动词,少数为兼具及物和不及物两种性质的兼类动词。

  1) 许多企业<u>开发</u>新产品。(《人民日报》1991.6.28)

  2) 要合理地,有效地解决能源问题,必须从系统观点<u>出发</u>。(《工业经济管理》1998)

  3) 德工人将<u>扩大</u>罢工范围。(《黑龙江日报》1992.5.4)

  4) 销售市场<u>扩大</u>到十几个省的三百二十个县市。(《人民日报》1992.12.1)

---

[1] 由于该类同形词词数过多,此处仅列举一部分词语,其他词语将在"附录"中全部列出。

（2）后接助词"的"做定语。这类同形词做定语时前面往往伴随动作的施事，因此可以看作包含动词在内的句子整体做定语修饰后续名词，而被修饰的名词多为动作的受事。如例 5）中的"开发"修饰的是其宾语"新技术"，其前的"该国的科研人员"则是"开发"的施事，这与名词或形容词做定语修饰名词的用法完全不同，因此是动词特有的做定语的用法。

5）该国的科研人员开发的一种新技术，使氢能的利用更容易。（《人民日报》2006.1.20）

6）终点是我们出发的地方。（《务虚笔记》2000）

（3）受名词修饰形成"的字结构"，整体做动词宾语。例 7）、例 8）中"非欧几何的创立""强国军队的衰亡"可以置换为"创立非欧几何""强国军队衰亡"，此时"创立"与"衰亡"是深层结构中的谓语，这种用法几乎所有动词都具备，因此本研究不把此类用法列入名词性用法，"创立"与"衰亡"仍作动词解。

7）非欧几何的创立大大地提高了公理方法的信誉。（《数学方法论选讲》1988）

8）我们看到了一个强国军队的衰亡和消沉。（《中国让战争走开》2001）

（4）部分词语可以做"加以、进行、予以、作"等"准谓宾动词"的宾语，或直接受名词修饰。1 561 个中日同形词中具有上述用法的词语有 737 个，占到了近一半。

9）为了发展民族经济，开始对这一地区进行开发。（《世界地理》1993）

10）我们曾将"人权"当成资产阶级的口号加以批判。（《人民日报》2004.5.11）

11）他不是因受暴力对待，威吓，诱使，或受到压迫而供认。

(《哲学人格》1998)

12）改革的目的就是促进<u>发展</u>。(《人民日报》1993.12.27)

13）这些转化过程将为软件<u>开发</u>、软件销售和软件服务提供广阔的前景。(《人民日报》1996.11.6)

14）我们不能把学术问题上纲为政治问题，也不能把学术争论硬说成政治<u>批判</u>。(《人民日报》1991.6.6)

如第三章所述，做"准谓宾动词"的宾语以及直接受名词修饰是名词性用法，但由于"准谓宾动词"一般不带普通名词做宾语，且这些同形词在汉语中不能受名量词修饰，因此与普通名词有本质区别。本研究为了将这类词语与纯动词以及名动兼类词区分开，将这 737 个同形词定义为"具有名词性用法的动词"。

（5）与其他词语或词缀结合形成复合词或派生词。由于汉语的词与短语界限不甚分明，即使是复合词，一般仍从词序、搭配关系，即两者之间的句法结构关系(定中、状中、主谓、动宾等)来判定词性。例 15）中的"者"是"创立"的施事，"宏力"是"创立"的受事，这与动词修饰名词的用法类似，因此"创立"仍是动词。例 16)中的"农业开发"表层结构是名词修饰动词，但深层结构是动宾关系，因此"开发"仍是动词。

15）宏力的<u>创立</u>者来自日本、美国和中国台湾。(《南方日报》2000.12.7)

16）禹州建立农业<u>开发</u>试验区。(《经济日报》1992.11.20)

综上所述，这 1 561 个同形词在汉语中主要做谓语，是典型的动词。其中，有近一半的同形词可以做"准谓宾动词"的宾语或直接受名词修饰，是"具有名词性用法的动词"。

4.1.1.2　日语语料库中的用法

日语语料库中这 1 561 个同形词主要有以下 4 种用法：

（1）后接格助词「ガ」「ヲ」，在句中做主语和宾语。

17) 大野原はそれなりに耕作地として開発が進んだ。(『ニ
ッポン近代化遺産の旅』2002)

18) ベル社は、残るＸ‐1Dの開発を続けた。(『超音速飛行』
2005)

(2) 后接「ノ」「ニ」「デ」等格助词,在句中充当定语、状语等其他句
法成分。

19) 各国が開発の第一義的責任を負う。(『自然エネルギー
大全』2005)

20) 新商品の開発にも積極的に動いた。(『巨泉』2000)

21) 千葉ニュータウンの開発で、北総地域が大きく変わる。
(『国会会議録』1996)

(3) 后接「～する」形成动词,在句中做谓语。与汉语一样,这些同
形词多数是及物动词,部分为不及物动词,还有少数是兼具及物和不及
物两种性质的兼类动词。

22) 我々が新機能を持つ人工の超分子システムを開発す
る。(『超分子化学への展開』2000)

23) 売上代金の回収状況が好転した。(『資金と支払能力の
分析』2002)

24) 夢窓はどんどん五山内の勢力を拡大して行く。(『鉄鼠
の檻』2001)

25) 市場の地理的範囲が拡大する。(『流通原理』2001)

(4) 与其他词语或词缀结合形成复合词或派生词。例26)中的「琵
琶湖総合開発事業」可以还原为「琵琶湖を総合的に開発する事業」,此
时「開発」是动词性的,而在例27)中的「開発費」可以看作「開発の费
用」的缩略形式,此时「開発」是名词性的。「開発」在复合用法中的功能

与独立用法时基本一致。

　　26）琵琶湖総合開発事業の推進（『国土利用白書』1987）
　　27）ソフトのコストは開発費と人件費だ。（『経営者を格付けする』2005）

　　这 1 561 个中日同形词在日语语料库中复合用法的比例都很高，其中有近一半词语的复合用法占到了例句总数的 50％以上，而「圧倒・受刑・総合・調味・付加」等近 100 词的复合用法占到了例句总数的 90％以上，这应该是它们在汉日语中用法存在差异的原因之一。

　　观察这 1 561 个同形词在日语语料库中的名词用法可以发现，其主要名词功能是做宾语而非主语，且多数是做「機能動詞（相当于汉语的"准谓宾动词"）」的宾语。村木新次郎（1991）指出，日语中的汉字词汇以及外来词比起后接「-する」派生动词用法，与「機能動詞」结合形成动宾结构才是其实现谓语功能的最主要手段。村木将「機能動詞」按照抽象意义进行了分类，其中「する・行う・起こす・行う・かける」等表达基本动作，「受ける・得る」等表达被动，「始める・終える・止める・続ける・進める」等表达时体意义。如例 28）至 33）所示，本节涉及的 1 561 个同形词与这些动词组合使用的例句占比很高，而这种使用倾向对它们的词性用法也产生了较大影响。

　　28）橋梁システムの開発をしています。（『ガラスの技術史』2005）
　　29）それに沿った開発が行われる。（『土地白書』1997）
　　30）住友金属は銀行の支援を受け前進した。（『戦略的資本主義』1994）
　　31）小規模な商店街は支援が事実上は得られない。（『国会会議録』1997）
　　32）アメリカでは訴訟がすぐ起こってきた。（『国会会議録』1998）
　　33）私は訴訟を起こします。（『ネオクーロンA』2003）

综上所述,这 1 561 个同形词在日语中既可以做主语和宾语,又可以后接「～する」做谓语,因而是典型的名动兼类词。

4.1.1.3　汉日对比

对比分析汉语语料库中为动词、日语语料库中为名动兼类的 1 561 个中日同形词的词性用法后发现,这些同形词在汉日语中有以下共同用法:(1) 汉语和日语都有动词用法;(2) 多数同形词在汉语和日语中都兼有做主语、宾语的名词性功能,汉语主要做"准谓宾动词"的宾语,日语主要做「機能動詞」的宾语。

同时,这些同形词的词性用法在汉语和日语中存在以下差异:(1) 所有同形词在日语中都具有名词性用法,但汉语仅有部分词语有名词性用法;(2) 汉语动词用法的例句占比远高于名词性用法,而日语则正好相反,即汉语偏向动词性用法,日语偏向名词性用法。以下从词语结构、词性用法的历时变化等多个角度对上述差异进行具体分析。

4.1.1.3.1　词语结构对比分析

词语的结构对其词性有着决定性影响。本研究将解析所有中日同形词的结构,对比分析其在汉日语中的差异,进而考察其对词性的影响。具体而言,首先将同形词分为前项和后项两个语素,依据语法意义和功能判定其性质(N 指代名词性语素,V 指代动词性语素,A 指代形容词性语素,M 指代副词性语素,S 指代词缀),而后解析前后项语素之间的结构关系并进行汉日比较。

依据上述流程,笔者对同形词的结构进行了分析,本节所涉 1 561 个同形词在汉日语中意义基本相同,词语结构未见差异,其在汉语和日语中的结构关系可以整理为表 4 - 2。

表 4 - 2　汉语为动词、日语为名动兼类的同形词结构

词语结构	词例	词数(百分比)
V＋V 状中结构	败走　采用　护送　哀亡　应募……	606(38.82%)
V＋V 并列结构	诞生　购买　燃烧　违反　援助……	351(22.49%)
V＋N 动宾结构	出席　割爱　减速　离婚　纳税……	319(20.43%)

续 表

词语结构	词例					词数(百分比)
N+V状中结构	电解	声援	图解	意译	中止……	84(5.38%)
A+V状中结构	安眠	好转	激增	确立	优遇……	82(5.25%)
M+V状中结构	独断	公认	预习	再婚	专攻……	71(4.55%)
V+A动补结构	改善	减少	接近	漂白	延长……	15(0.96%)
N+V主谓结构	骨折	君临	林立	瓦解	云散……	12(0.77%)
S+V状中结构	否决	否认	无视			3(0.19%)
A+S状中结构	激化	美化	强化	弱化	深化……	7(0.45%)
V+S状中结构	孵化	进化	退化	驯化		4(0.26%)
N+S状中结构	磁化	绿化	神化	羽化		4(0.26%)
其他	辐辏	同意	物色			3(0.19%)
总计						1 561(100%)

由表 4-2 可知,这 1 561 个同形词中多数词语的中心成分是动词性语素,其中 V+V 状中结构最多,有 606 个,占到总数的 38.82%。其次是 V+V 并列结构、V+N 动宾结构,两类相加共有 670 词,占到总数的 42.92%。此外,N+V 状中结构、A+V 状中结构、M+V 状中结构的词分别有 84 个、82 个和 71 个,三类相加共计 237 词,占到总数的 15.18%。同时,V+A 动补结构、N+V 主谓结构、S+V 状中结构的同形词分别有 15 个、12 个、3 个,共计 30 词,占到总数的 1.92%,和上述六种结构相同,这 30 词的中心成分也是动词性语素。1 561 词中还有 15 词是 A+S 状中结构、V+S 状中结构、N+S 状中结构,其中心成分是词缀"化",由于"化"具有将其他词类转化为动词的功能,因此这 15 个词的中心成分也是动词性的。

最后,"同意、辐辏、物色"分别为 A+N 定中结构、N+N 并列结构、N+N 定中结构,它们的中心成分都是名词性语素,这 3 个词的动词用法是由名词转化而来的。除了这 3 个词外,剩余 1 558 个同形词的中心成分皆是动词性语素,作为动词使用符合一般语言规律,甚至可以说动词才是这些同形词的主要用法。日语偏向名词用法与日语中汉字词汇的特殊性质有关，具体在后文探讨。

4.1.1.3.2　词性历时变化考察

公元 4 世纪前后汉字词汇随着经书典籍由中国传至日本，这种单向的词汇输出一直持续到 19 世纪末。其后，日本人为了吸收西方文化开始翻译西文书籍，为此创造了数以万计的「新漢語」，其中一部分随着新概念和新知识传入中国，中日两国进入双向词汇交流时代。这跨越千年的词汇交流孕育出的结晶就是中日同形词。然而，无论是由中国传入日本，还是由日本传入中国，同形词在传播过程中其词性用法都有可能发生变化并导致汉日语之间的词性差异，因此有必要对同形词的词性用法进行历时考察，以探明传播过程对同形词词性用法的影响。本书拟对所有纳入考察范围的中日同形词进行历时考察，具体的考察方法如下：

首先通过《汉语大词典》(1994)和『日本国語大辞典』(2001)确认这些同形词在古代汉语中是否已经存在，若两本词典都未列出古代汉语的例句，还需利用"古代汉语语料库检索"以及"中日古籍全文资料库"进一步确认。根据调查结果，若古代汉语中已有该词，且与现代义相比词义变化不大，则认定该同形词由汉语传至日语。若古代汉语虽有该词，但其意义与现代义相去甚远，则进一步确认《汉语大词典》(1994)和『日本国語大辞典』(2001)中年代最早的例句，结合汉语"申报数据库"和日语「日本語歴史コーパス」，比较各个数据库中现代义用法出现的年代。若汉语年代更早，则认定该词由汉语传至日语；若日语年代更早，则说明该词在日语中被赋予新义后被汉语重新吸收，本书称之为"回归词"。最后，若古代汉语中未曾出现，『日本国語大辞典』及「日本語歴史コーパス」的例句年代都早于汉语，则认定该同形词是由日语传入汉语的"日语借词"①。

---

① 尽管《汉语大词典》与『日本国語大辞典』都列出了各个历史时期的例句，但其所举例句并非都是首次出现的例子，且本书的主要目的不是将每个词的来历弄清楚，而是考察词性的历时变化倾向，因此本书的研究方法只能得出较为粗放的结果，并不适用于精确的词源考证。

依据上述方法,笔者对本节 1 561 个同形词进行了调查,结果显示"咏叹、悔悟、结婚"等 1 325 个词(84.88%)在古代汉语中已经出现,且现代义与古代义差别不大,显然是由古代汉语传至日语。这些同形词在古代汉语中只检索到了动词用法,现代汉语继承了古代的用法,其中一部分还派生出了名词性用法。它们传入日语后,作为外来词被统一赋予了名词用法,同时受古代汉语动词用法的影响,也可与「一する」结合派生动词用法。

1 561 个同形词中,"依存、确立、净化"等 236 个词(15.12%)未能在古代汉语中检索到例句,或者尽管古代汉语中有例句,其古代义与现代义毫无关联,而日语现代义的例句年代都早于汉语,基本可以判定它们是"回归词"或"日语借词"。其中部分同形词在日语中最早以名词形式出现,比如「化膿」最早出现在『厚生新編(1811－45 頃)(「内外諸科に於いて腫瘍の於液を収斂して消散せしめず化膿を促して終に膿破せしめて其瘡を癒す剤なり」)』中(日本国語大辞典(3),2001:700),在句中做宾语,显然是名词用法。反之,还有部分同形词在日语中最早以动词形式出现,比如「確立」最早出现在『日本の下層社会(1899)(五・本邦現時の小作制度に就て『余はこの点に於て小作制度の亟かに確立せん ことを希望するや最も切なり)』中(日本国語大辞典(3),2001:471),在句中与「せん」结合使用,显然是动词用法。其余的同形词在日语中作为英语的译词首次出现。比如,「貧血」目前可考的最早例子出现在『医語類聚(1872)(Hypohaemia 貧血)』中(日本国語大辞典(11),2001:637),是 Hypohaemia 的译词,由于原词是医学名词,可以推测「貧血」最早也是作为名词出现。尽管这 236 个同形词的中心成分都是动词性语素,但是由于部分词语在创制之初就作为名词使用,因此名词性较强。这些同形词尽管多数由日本人创制,但都是仿造汉语而成,因此与传统汉语动词结构相似,由日语传入汉语后依然主要作为动词使用,但是其中"贫血"等表达新概念的词语在现代汉语中也以名词性用法为主,可见任何借词在进入受惠语时其语法性质仍然受施惠语的影响①。

---

① "施惠语"是指为其他语言提供部分要素的语言,本书指输出同形词的语言;"受惠语"是指吸收其他语言中部分要素的语言,本书指吸收同形词的语言。

综上所述,本节所涉 1 561 个同形词多数从古代汉语开始就主要作为动词使用,现代汉语继承了古代汉语的动词用法,并有部分词语派生出了名词性用法。这些同形词传入日语后,作为广义的外来词被赋予了名词用法,同时受古代汉语影响可以派生动词用法,但整体而言,日语以名词用法为主。这些同形词由古代汉语传入日语后,因为被赋予了名词用法使得词性发生了较大变化,从而与汉语产生了差异。

4.1.1.3.3　日语汉字词汇的特殊性质

根据语料库调查结果,本节探讨的 1 561 个同形词在汉语和日语中最大的用法区别是汉语偏向动词用法,而日语偏向名词用法,这种差异与日语汉字词汇的特殊性质也有莫大关系。

中日同形词在日语中都是「漢語(汉字词汇)」,虽然与汉语同形甚至词义、用法都趋于一致,但仍与汉语的词语有着本质区别。日语汉字词汇一般指由古代汉语传入日语的词语以及日本人模仿汉语词汇创制的「和製漢語」,其本质是从汉语吸收的外来词。如山田孝雄(1940)所言,最初进入日语时这些词语都被当作体言,其后在融入日语的过程中逐渐适应日语的语法结构,通过与格助词、助动词等结合才派生出了动词、形容词用法。时至今日,宫地裕(1973)、野村雅昭(1998a)等多位学者依然认为汉字词汇本质上就是体言(名词)。

西尾寅弥(1961)在探讨「和語動詞(和语动词)」的名词化时指出,「和語動詞」及其名词形式与「漢語動詞」及其名词形式的派生关系是相反的,前者是由动词派生名词用法,而后者是由名词派生动词用法。以「選ぶ」和「選択する」为例,它们的派生关系可归纳如下:

$$
\begin{cases}
えらぶ \Longrightarrow えらび \\
選択する \Longleftarrow 選択
\end{cases}
$$

图 4-1

由图 4-1 可知,日语中的汉字词汇无论派生何种用法,其本质依旧是体言,即日语中的「漢語動詞」首先是名词,动词是其派生用法,这与在语料库中主要作为名词使用的调查结果相一致。

汉语与日语的派生关系正好相反,这些同形词在汉语中由动词派生名词性用法,"开发、利用、调整"等"具有名词性用法的动词"在汉语语料库中依然以动词用法为主,而"实行、享有、占据"等动词在语料库中未能检索到名词性用法,这些词的第一词性都是动词。

综上所述,汉语和日语的名动差异与日语中汉字词汇的特殊性质有关。日语汉字词汇只有与格助词、助动词结合才能在句中实现主语、谓语等功能,否则只是表达各类概念的体言,这种特殊的性质使得它们在日语中多数作为名词使用,从而与汉语产生差异。

4.1.1.3.4 「機能動詞」与"准谓宾动词"

同形词在汉语中的名词性用法以做"准谓宾动词"的宾语为主,而在日语中的名词用法则以做「機能動詞」的宾语为主。村木新次郎(1991)按照语法意义将「機能動詞」分为三大类,其中「する・行う・起こす・行う・かける」等表达基本动作,「受ける・得る」等表达被动,「始める・終える・止める・続ける・進める」等表达时体意义。村木共列出了 114 个「機能動詞」,但其中并未包括「する」以及表达时体意义的「始まる・続く」等动词。此外,村木列举的都是和语动词,「開始する・終了する」等汉字词汇未被列出,若将上述两类也纳入「機能動詞」的范畴,数量会更多。

朱德熙(1982)将"宾语不能是主谓、述宾、连谓等结构,只能是某些双音节动词或偏正结构"的谓宾动词称为"准谓宾动词",并列出了 7 个典型例子:进行、有、作、加以、给以、受到、予以。杨虹(2009)从相关的研究论文中共搜集到 31 个准谓宾动词,这个数量远少于日语。朱斌(1998)从《现代汉语词典》《动词用法词典》等多部具有代表性的词典、CSC 多媒体教参等资料中共搜集到了 146 个准谓宾动词,这是目前已知数量最多的统计,但是与日语仍有差距。汉语中的动词在做"准谓宾动词"的宾语时就被赋予了名词性,而日语「機能動詞」的宾语即使具有动作义也依然是名词,即这两种动词都具有将动词名词化的功能,而日语「機能動詞」的数量远超汉语,因此具有动作义的同形词在日语中名词用法更多。

此外,汉语和日语是不同类型的语言,汉语是通过词语顺序表达语法意义的孤立语,而日语是通过格助词、词形变化等表达语法意义的黏着语,因此同样做动词的宾语,一般而言日语动词的宾语只能是名词,然而汉语如例35)所示,谓宾动词后接语句中的动词依然是动词。例34)中「始めた」的宾语「観察」是名词,而汉语"开始"后的"观察"继续带宾语"地球上被照亮的区域",此时"开始观察"并非与日语的「観察を始める」对应,而是与「観察し始める」对应,因此"观察"仍为动词。即同样是做宾语,日语「機能動詞」的宾语只能是名词,而汉语谓宾动词的宾语仍可以是动词,显然语言本身的性质差异也是同形词词性产生差异的原因之一。

34) ベネチアはじっくり四方の観察を始めた。(『愛を演じて』2002)

35) 宇航员开始观察地球上被照亮的区域。(《人民日报》1999.2.27)

4.1.2 汉语为动词、日语为名词的同形词

《现汉》标注为动词、『新明解』标注为名动兼类的1 870个中日同形词中有188个词在语料库中的词性用法与词典所标词性不一致,其中汉语为动词、日语为名词的同形词共有71个。本节依据语料库调查数据和具体例句详细考察这些同形词在语料库中的用法差异并分析差异产生的原因。

驳论	补血	猜忌	查收	嗤笑	抽签	奠都	渎职	对质	防疫
放歌	风蚀	复辟	感恩	搁笔	梗塞	狐疑	化育	回春	回生
混一	间作	降职	节食	举例	宽宥	连累	轮作	弥缝	……①

4.1.2.1 汉语语料库中的用法

汉语语料库中这71个同形词主要有以下4种用法:

---

① 由于该类同形词词数过多,此处仅列举一部分词语,其他词语将在"附录"中全部列出。

(1) 在句中做谓语,及物动词和不及物动词基本各占一半。

36) 毛泽东同志生前就曾提出<u>修订</u>再版《毛选》一至四卷。
(《天津日报》1991.7.5)

37) 北京总队军乐队正在为中国体育代表团举行的升旗仪式
<u>奏乐</u>。(《人民日报》1990.10.13)

(2) 后接助词"的"做定语,与4.1.1中的动词一样,这实际上是包含动词在内的句子整体做定语修饰后续名词。例38)中的"土地"实际上是"耕种"的宾语,例39)中的"几只麻雀"则是"纳凉"的主语,这与名词或形容词做定语修饰名词的用法完全不同,因此它们在句中仍是动词。

38) 全乡15万亩山坡地,可<u>耕种</u>的土地只有10 590亩。(《内蒙古日报》1992.6.5)

39) 檐上<u>纳凉</u>的几只麻雀飞到天井里来了。(《长匠人》1997)

(3) 71个同形词中有26词可以做"加以、进行、予以"等"准谓宾动词"的宾语或可以直接受名词修饰。例40)、41)中的"予以、遭受"无法带普通名词做宾语,例42)中的"金石"虽然在句中做定语,但在深层结构中是动词"篆刻"的宾语,这与普通名词之间的修饰关系不同。这些同形词在汉语中极少受名量词修饰,但从用法来看又不同于纯动词和名动兼类词,因而本研究将其归入"具有名词性用法的动词"。

40) 面部烧伤的病人大多采取分期切痂,待肉牙创面新鲜后予以<u>植皮</u>。(《人民日报》1986.12.18)

41) 尤其是遭受<u>水蚀</u>、<u>风蚀</u>和沙漠侵吞,而丧失大量良田。
(《地理》1993)

42) 16岁他在故乡吉林省长白县刻字铺当学徒,始与金石<u>篆刻</u>结缘。(《人民日报》1995.7.29)

（4）与其他词语或词缀结合形成复合词或派生词。"防疫、速算、造血"3 词的复合用法例句多于独立用法，但除了这 3 词外，剩余 68 词在语料库中复合用法的占比不高。例 43)、例 44)中的"速算、造血"分别做定语修饰"法"和"干细胞"，"法"一般与动词组合，而"干细胞"是"造血"的施事，从结构关系来看它们在复合词中依然是动词。

43）他才跟我学了一年珠算速算法。（《人民日报》1991.4.12）

44）记者不由得对造血干细胞产生了兴趣。（《科技月报》2000）

综上所述，这 71 个同形词在汉语中主要做谓语，是典型的动词。其中有超过三分之一的同形词可以做"准谓宾动词"的宾语或直接受名词修饰，是"具有名词性用法的动词"。

4.1.2.2　日语语料库中的用法

这 71 个同形词在日语语料库中主要有以下 3 种用法：

（1）后接格助词「ガ」「ヲ」，在句中做主语和宾语。由于这 71 词主要表达动作或事件，因此做「する」「行う」「受ける」等「機能動詞」宾语的例句较多。

45）手術による組織欠損部の再建に対し植皮が行われた。（『急性期・周手術期』2001）

46）マドラスの病院で植皮をする金がなければ治らないと説明した。（『インドの女性問題とジェンダー』2004）

47）乾季には風食が、雨季には水食が起こりやすい。（『沙漠の旅』2004）

48）治水をすれば耕地が広がり、多くの人々を養える。（『逆説の日本史』2001）

（2）后接「ノ」「ニ」「デ」等格助词，在句中充当定语、状语等其他句法成分。

49) 篆刻の名手でもあった平鱗の餞別は、自刻の印章二つ
であった。(『近世の地域と在村文化』2001)

50) ここでは挙例にとどめる。(『日本語モダリティの史的
研究』2002)

51) メンテナンス用の機械設備や必要な消耗品を、免税で
持ち込めるからという。(『繊維王国上海』2001)

(3) 与其他词语或词缀结合形成复合词或派生词,这些同形词仅
有名词用法,因此其在复合用法中也是名词。71 个同形词中,复合用
法占例句总数 50％以上的词有 25 个,特别是「造血・送别・防疫・免
税」4 词,其复合用法占到了例句总数的 80％以上。

52) 二次的に植皮術を繰り返す。(『皮膚損傷のプライマリ
ケア』2003)

53) 60 歳以後も脳梗塞は増える。(『老人の医療』2005)

综上所述,这 71 个同形词在日语中主要做主语和宾语,可以判定
为名词。值得注意的是,这类同形词在日语语料库中使用频度普遍较
低,71 词中例句超过 10 例的仅有 24 词,特别是「勧戒・試航・嗤笑・
自刎・連累」5 词,在语料库中仅检索到 1 个例句,可以算作废词,这应
该是『新明解』将它们标注为动词,而语料库仅检索到名词用法的重要
原因。

4.1.2.3　汉日对比

汉语语料库为动词、日语语料库为名词的 71 个中日同形词看似词
性用法完全不同,实际对比分析后发现仍有以下共同点:(1) 汉语"受
到(遭受)风蚀""进行商议"等短语与日语「風食を受ける」「商議が行わ
れる」对应,即部分同形词在汉语中的名词性用法与日语的名词用法一
致;(2) "速算、造血、防疫"等词在汉日语中复合用法的比例都极高,用
法基本一致。然而,正如语料库调查结果所示,汉语和日语词性用法仍
存在较大差异,本节从词语结构、词性的历时变化、使用频度等角度对

上述差异进行具体分析。

4.1.2.3.1　词语结构对比分析

这 71 个同形词在汉日语中意义基本相同,词语结构未见差异,其在汉语和日语中的结构关系可以整理为表 4-3。

表 4-3　汉语为动词、日语为名词的同形词结构

词语结构	词例	词数(百分比)
V+N 动宾结构	渎职　免税　押韵　造血　植皮……	30(42.25%)
V+V 状中结构	查收　回生　轮作　请托　失陷……	14(19.72%)
V+V 并列结构	商议　修订　歆歆　祝祷　篆刻……	10(14.09%)
A+V 状中结构	宽宥　密谋　轻信　速算　痛哭……	6(8.45%)
M+V 状中结构	重唱　亲临　永诀　自荐　自刎……	6(8.45%)
N+V 状中结构	风蚀　狐疑　间作　水蚀	4(5.63%)
N+S 状中结构	欧化	1(1.41%)
总计		71(100%)

由表 4-3 可知,这 71 个同形词中有 70 词的中心成分是动词性语素,其中 V+N 动宾结构最多,共有 30 词。其次是 V+V 状中结构和 V+V 并列结构,两类相加共有 24 词。此外还有 A+V 状中结构、M+V 状中结构、N+V 状中结构,三类相加共有 16 词。只有"欧化"属于 N+S 状中结构,其中心成分"化"具有将其他词类转化为动词的功能,因此"欧化"的中心成分实际也是动词性的。

综上所述,这 71 个同形词在汉语和日语中的中心成分都是动词性语素,因此汉语具备动词用法符合一般语言规律。然而日语尽管中心成分也是动词性语素却未见动词用法,这显然不符合一般语言规律,下文从词语的使用频度、复合用法的比例差异等角度详细论述原因。

4.1.2.3.2　词性历时变化考察

依据本章 4.1.1.3.2 的方法,笔者利用《汉语大词典》、『日本国语大辞典』以及多个语料库对本节 71 个同形词的词性用法进行了历时调查,结果显示"狐疑、修订、对质"等 64 词在古代汉语中就已出现,但古

代汉语中只检索到了动词用法,现代汉语继承了古代汉语的用法,仍以动词用法为主。这 64 个同形词由古代汉语传入日语,作为外来词被统一赋予了名词用法,同时受古代汉语的影响,日语本应该也能够后接「ーする」派生动词用法,但是由于这些同形词在现代日语中使用频度极低,可以推测随着使用频度的下降,动词用法消失,最终仅有名词用法留存。

"欧化、水蚀、渎职、风蚀、防疫"这 5 词在古代汉语语料库中未能检索到例句,而日语现代义的例句年代都早于汉语,基本可以判定这 5 词是日语借词。『日本国语大辞典』所列最早的例句中它们都是作为名词使用,可以推测这 5 词在日语中从一开始就没有动词用法,但由于其中心成分是动词性的,因此传入汉语后派生出了动词用法。实际上"水蚀、风蚀、防疫"在中日两国语言中复合用法比例都很高,侧面说明其用法受到了日语的影响。

最后"造血、植皮"在汉语和日语中出现得都比较晚,较难确定其来源,但可以肯定都是新造词。这 2 个词虽然中心成分都是动词性语素,但在汉语和日语中都以名词性用法和复合用法为主,用法基本一致。"造血、植皮"都是医学词汇,日语作为专有名词未派生动词用法,汉语因其是动宾结构所以具备动词用法,但直接作为动词使用的例句不多。

综上所述,源自古代汉语的同形词在传入日语后,随着使用频度的降低逐渐失去了动词用法,最终仅剩名词用法,且多数是复合用法。另一方面,由日语传入汉语的同形词,从一开始就以复合用法和名词性用法为主,传入汉语后由于词语结构与普通动词一致而派生出了动词用法,最终导致词性差异。

4.1.3　汉语和日语皆为动词的同形词

《现汉》标注为动词、『新明解』标注为名动兼类的 1 870 个中日同形词中有 188 个词在语料库中的词性用法与词典所标词性不一致,其中有 42 个词在汉语和日语语料库中都是动词,词性用法没有差异。本节依据语料库调查数据和具体例句,详细分析其在语料库中的用法特征。

拜谢	摈斥	长叹	臣服	沉吟	耳语	服膺	附载	甘心
毁伤	禁绝	景仰	压伏	谅察	流露	落发	漫步	蒙尘
弥漫	盘踞	匹敌	屏息	企及	潜心	劝说	雀跃	慑服
私藏	四顾	耸立	体认	通观	畏缩	嬉戏	想见	严令
扬言	仰视	钦慕	云集	整除	坐视			

4.1.3.1　汉语语料库中的用法

这 42 个同形词在汉语语料库中只有以下 3 种用法：

(1) 在句中做谓语，其中多数为及物动词，少数为不及物动词。

　　54）中国也不会<u>坐视</u>本国正当的安全利益受到损害。(《人民日报》2000.8.3)

　　55）这种深不可测甚至连宇宙的广袤性也难以与之<u>匹敌</u>。(《生命美学》1991)

(2) 后接助词"的"做定语。例 56)中的"与北京匹敌"整体做定语，例 57)中的"布达拉宫"是"耸立"的主语，这与名词或形容词做定语修饰名词的用法完全不同，句中的"匹敌""耸立"仍是动词。

　　56）从两天的"答辩"看，悉尼是唯一与北京<u>匹敌</u>的城市。(《中国青年报》1992.7.20)

　　57）我又一次走在拉萨河边，不远处是陡然<u>耸立</u>的布达拉宫。(《回首西藏》1999)

(3) 42 个同形词中仅有"劝说"和"雀跃"有复合用法。例 58)中的"者"实际是"劝说"的施事，显然"劝说"是动词。例 59)中的"欢欣雀跃"形成 V＋V 并列结构，在句中做谓语，两者都是动词。

　　58）于志刚面对<u>劝说</u>者，大手一挥。(《人民日报》1994.7.24)

　　59）各界名流与观众欢欣<u>雀跃</u>。(《环球时报》1999.11.12)

综上所述,这42个同形词在汉语中主要做谓语,是典型的动词。与4.1.1的动词有所不同,这些同形词基本无法直接做动词的宾语,且没有复合用法。

4.1.3.2　日语语料库中的用法

这42个同形词在日语语料库中只有以下2种用法:

(1) 后接「～する」在句中做谓语,多数为及物动词,少数为不及物动词。

> 60) もしこうした膨張主義を<u>坐視する</u>ならば、そこに待ち受けるのは、名実の錯乱でしかない。(『諸子百家』2004)
> 61) 智学の影響の広さは内村鑑三に<u>匹敵する</u>。(『江戸・東京を造った人々』2003)

(2) 与其他词语或词缀结合形成复合词或派生词,42个同形词中只有「雀躍」和「服膺」有复合用法。例62)中的「欣喜<u>雀躍</u>」是V＋V状中结构,例63)中的「拳々<u>服膺</u>」则是A＋V状中结构,「雀躍」「服膺」后都接了「–する」,因此这两个词在复合词中依然是动词。

> 62) 異樹という文字が見えた時、私は欣喜<u>雀躍</u>した。(『菜の花さくら』1992)
> 63) 私どもも拳々<u>服膺</u>していかなければならない。(『国会会議録』2001)

整体来看,这42个同形词在日语中使用频度都不高,除了「坐視・通観・盤踞・匹敵」这4个词外,例句都不足10例,而「摈斥・整除」等16个词仅检索到1例动词用法,这应该是『新明解』默认它们有名词用法而实际却没有名词用法的主要原因。

4.1.3.3　汉日对比

这42个同形词在汉语和日语语料库中都只有动词用法,词性用法一致,本节从词语结构、词性用法的历时变化等角度进一步探讨这42

词的特点。

4.1.3.3.1　词语结构对比分析

这 42 个同形词在汉日语中意义基本相同,词语结构未见差异,其在汉语和日语中的结构关系可以整理为表 4-4。

表 4-4　汉语和日语皆为动词的同形词结构

词语结构	词例	词数(百分比)
V＋V 状中结构	拜谢　盘踞　企及　压伏　仰视……	17(40.48%)
N＋V 状中结构	耳语　匹敌　雀跃　云集　整除……	9(21.43%)
V＋N 动宾结构	服膺　落发　屏息　潜心　扬言……	7(16.67%)
V＋V 并列结构	摈斥　禁绝　钦慕　耸立　嬉戏……	6(14.28%)
A＋V 状中结构	长叹　沉吟　严令	3(7.14%)
总计		42(100%)

如表 4-4 所示,这 42 个同形词中 V＋V 状中结构最多,共有 17 个,占到总数的 40.48%。此外,N＋V 状中结构、V＋N 动宾结构、V＋V 并列结构、A＋V 状中结构共有 25 个,占到总数的 59.52%。这些词的中心成分都是动词性语素,因此在汉日语中都具备动词用法,符合一般语言规律。

4.1.3.3.2　词性历时变化考察

依据本章 4.1.1.3.2 的方法,笔者利用《汉语大词典》、『日本国語大辞典』以及多个语料库对本节 42 个同形词的词性用法进行了历时调查,发现"压伏、匹敌"等 41 词从汉朝开始就已在汉语中出现,且一直作为动词使用至今。这些词由古代汉语传入日语后,动词用法被日语继承,因此可以后接「－する」派生动词用法。然而这 41 词在现代日语中整体而言使用频度较低,例句超过 100 例的仅有「匹敵する」1 词,例句在 11 例至 100 例之间的仅有「座視」「通観」「盤踞」3 词,而例句不足 10 例的多达 38 词。依据日语吸收汉字词汇的一般规律,这 41 词在日语中原本也有名词用法,只是随着使用频度降低名词用法消失,仅有动词用法留存了下来。

"整除"在『日本国語大辞典』以及「日本語歴史コーパス」中的例句年代都早于汉语,基本可以判定为日语借词,日语的动词用法传入了汉语,因词义限制,汉语未派生名词用法,词性用法未产生差异。

总结来看,这42个同形词多数是从古代汉语传入日语的书面语,在日语中随着使用频度的减少,名词用法消失,最终与现代汉语用法趋于一致。

4.1.4　汉语和日语皆为名动兼类的同形词

《现汉》标注为动词、『新明解』标注为名动兼类的1 870个中日同形词中有188个词在语料库中的词性用法与词典所标词性不一致,其中汉语和日语都是名动兼类的同形词有40个,它们的用法基本相同。本节依据语料库调查数据和具体例句,详细描写其用法特征,并分析《现汉》不标注名词的原因。

产出	憧憬	等分	调查	对照	假想	分析	歌舞	供给	环流
回答	回想	会话	会谈	记述	讲演	解答	解释	进展	龃龉
渴望	苦笑	浪费	冷笑	联想	论述	论战	期待	起伏	启发
署名	叹息	体验	统计	突破	叙述	选择	臆测	展览	招待

4.1.4.1　汉语语料库中的用法

这40个同形词在汉语语料库中具体有以下4种用法:

(1) 在句中做谓语,其中多数为及物动词,少数为不及物动词。

　　64) 中国的现代化道路需要<u>选择</u>非传统的发展模式。(《天津日报》1990.2.14)

　　65) 人群中有一人正朝他<u>冷笑</u>。(《楚雄巴猜想》1992)

(2) 所有词都可以做准谓宾动词的宾语或直接受名词修饰,即具有名词性用法。

66) 根据各种能源本身的特点和生产工艺过程对能源的不同要求,进行合理<u>选择</u>和分配使用。(《工业经济管理》1998)

67) 对一切语言现象都必须把它们放在结构的关系中来加以<u>分析</u>。(《艺术文化论》1990)

(3) 在句中直接做主语和宾语,同时还可以受名量词修饰。"选择"在例 68)中做主语,在例 69)中做宾语,且分别受"这个"和"一个"修饰,显然可以被纳入名词范畴,不过有部分同形词受名量词修饰的例句较少,说明它们还未完全名词化。

68) 现在我依然认为这个<u>选择</u>是多么正确。(《散文》1998)

69) 中国队只有一个<u>选择</u>:胜利。(《人民日报》2004.3.17)

(4) 与其他词语或词缀结合形成复合词或派生词。例 70)中的"分析"与"国情"形成动宾关系,共同修饰后续名词"小组",此时"分析"应该是动词用法。例 71)中的"展览"是"参观"的宾语,显然是名词用法。

70) 记者带着这个问题走访了中国科学院国情<u>分析</u>小组。(《天津日报》1990.2.14)

71) 今晚来到北京展览馆,参观国家"七五"科技攻关成果<u>展览</u>。(《天津日报》1991.8.27)

综上所述,这 40 个同形词在汉语中兼具名词和动词双重功能,是名动兼类词。但是,从例句分布来看,它们以动词用法为主,名词用法为辅,可以推断是由动词用法派生名词用法。此外,这些词做"准谓动词"宾语的例句也较多,但与"具有名词性用法的动词"相比,其名词化程度更高。

4.1.4.2　日语语料库中的用法

这 40 个同形词在日语语料库中主要有以下 4 种用法:

(1) 后接格助词「ガ」「ヲ」做主语和宾语。

72) 僕の選択が間違っていた。(『ガンを生きる』1999)

73) 私たちに選択をせまっている。(『改憲は必要か』2004)

（2）后接「ノ」「ニ」「デ」等格助词,在句中充当定语、状语等其他句法成分。

74) だが彼には選択の余地がなかった。(『友はもういない』1991)

75) 行動は自身の選択による。(『魂のコード』1998)

76) 運命は、チャンスでなく、選択で決まる。(『Yahoo! オークション』2008)

（3）后接「～する」形成动词,在句中做谓语,其中既有及物动词也有不及物动词。

77) ランディは危険な途を選択している。(『襲撃! 異星からの侵入者』2003)

78) トライムが冷笑すると、ラザルスは口元を歪めた。(『空みて歩こう』1995)

（4）与其他词语或词缀结合形成复合词或派生词,但整体来看复合用法比例不高。例 79)、例 80)的「調査開始」「世論調査」分别可还原为「調査が開始する」「世論を調査する」,前者为名词性用法,后者为动词性用法。

79) 完全失業者は298 万人で、53 年の調査開始以来、過去最悪を記録した。(『ニュースの年鑑』2000)

80) 国民生活に関する世論調査。(『観光白書』1992)

综上所述,这 40 个同形词在日语中可以做主语和宾语,也可以后接「～する」在句中做谓语,因此都是典型的名动兼类词。

4.1.4.3　汉日对比

这40个同形词在汉语和日语语料库中都有动词和名词用法,词性用法一致。如第三章所述,《现汉》对兼类词的处理方式存在一定问题,导致词典的词性标注与语料库的调查结果产生了龃龉。本节从词语结构、词性用法的历时变化等角度进一步考察这些词的特点,并分析《现汉》不标注名词的原因。

4.1.4.3.1　词语结构对比分析

这40个同形词在汉日语中意义基本相同,词语结构未见差异,其在汉语和日语中的结构关系可以整理为表4-5。

表4-5　汉语和日语皆为名动兼类的同形词结构

词语结构	词例	词数(百分比)
V+V 状中结构	产出　会谈　启发　突破　展览……	24(60%)
V+V 并列结构	憧憬　调查　歌舞　起伏　选择……	11(27.5%)
A+V 状中结构	等分　苦笑　冷笑	3(7.5%)
V+N 动宾结构	署名　叹息	2(5%)
总计		40(100%)

如表4-5所示,这40个同形词中 V+V 状中结构最多,共有24个,占到总数的60%。此外还有 V+V 并列结构、A+V 状中结构和 V+N 动宾结构,三类共计16词,占到总数的40%。这些词的中心成分都是动词性语素,因此在汉日语中都具有动词用法符合一般语言规律。"苦笑、等分"等状中结构的词,由于中心成分"笑"和"分"兼有名词性和动词性,实际可解析为 A+V 和 A+N 两种结构,自然具有两种词性。

4.1.4.3.2　词性历时变化考察

依据本章4.1.1.3.2的方法,笔者利用《汉语大词典》、『日本国语大辞典』以及多个语料库对这40个同形词的词性用法进行了历时调查,发现"回答、启发、叹息"等38词在古代汉语中就已出现,现代汉语的动词用法源自古代,而名词用法则是近代才派生出的新用法。《现汉》判定兼类词的标准之一是词义是否发生变化,由于这些词在做名词使用时与动词相比意义并未有本质变化,因此《现汉》未标注名词。这 38 个同形词传入日语后继承了古代汉语的动词用法,同时被赋予了名词用法,从而成为名动兼类词。

"会谈"和"憧憬"未能从古代汉语语料库中检索到例句,『日本国语大辞典』所列书证表明其是日本人创制的「和製漢語」,即它们是由日语传入汉语的日语借词。这两个词在汉语中名、动用法相当,应该是受到日语的影响。

总结来说,这些同形词基本都源自古代汉语,原本只有动词用法,近代以后才逐渐派生出名词用法。由于它们作为名词使用时与作为动词使用时的意义没有明显区别,因此《现汉》未标注名词。但如前文例68)、例 69)所示,这些词在汉语语料库中不仅可以做主语和宾语,还可受名量词修饰,已经完成名词化,所以本研究将其认定为名动兼类词,从而消除了汉语和日语词典标注上存在的词性差异。

4.1.5 汉语为形容词、日语为动形兼类的同形词

《现汉》标注为动词、『新明解』标注为名动兼类的 1 870 个中日同形词中有 188 个词在语料库中的词性用法与词典标注不一致,其中有14 个同形词在汉语中是形容词、在日语中则是具有动词和形容词用法的兼类词,显然语料库调查结果与词典标注完全不同。本节依据语料库调查数据和具体例句,明确这 14 个同形词在语料库中的用法差异,并分析差异产生的原因。

常备　常设　代用　敌对　公有　记名　粘着　特制　特约
私有　速成　现存　在职　殖民

4.1.5.1 汉语语料库中的用法

这 14 个同形词在汉语语料库中主要有以下 3 种用法:
(1) 后接助词"的"做定语修饰名词。

81) 它由羊皮和一种<u>特制</u>的织物缝制而成。(《解放军报》1991.2.3)

82) 管理就是消灭<u>现存</u>的不合理的现象。(《人民日报》1994.9.3)

(2)"常设、敌对、公有、粘着、特制、私有"这 6 个词可以通过"是……的"结构在句中做谓语。

83) 捐赠的拖拉机是<u>特制</u>的。(《人民日报》1999.8.14)

84) 个体私营经济的原始资本是<u>私有</u>的。(《人民日报》1997.10.14)

(3) 与其他词语或词缀结合形成复合词或派生词。例 85)、例 86)中的"特制、现存"在句中做定语,分别修饰"眼镜"和"事物",从句法功能来看,与(1)的定语用法一致,只是形态上有所区别。

85) 欧洲的眼镜商已把观看日全食的<u>特制</u>眼镜摆上了货架。(《环球时报》1999.8.10)

86) 否定不是旧事物的改良,而是对<u>现存</u>事物的否定。(《马克思主义哲学基本观点》1991)

依据上述用法特征,结合第三章的词性判定标准,本研究将这 14 词归入形容词的附类——属性词。

4.1.5.2　日语语料库中的用法

这 14 个同形词在日语语料库中主要具有以下 3 种用法:

(1) 后接「～する」形成动词,在句中做谓语,其中既有及物动词也有不及物动词。但是这 14 词从语料库中能够检索到的动词用例都极少,其中「公有」和「速成」都只检索到 1 例,说明其动词用法正在消失。

87) 社史のために、表紙材を<u>特製</u>した企業もある。(『社史の研究』2002)

88）藤原京の北方にも二ヵ所に市杵島神社が<u>現存</u>している。（『藤原京』2004)

（2）后接格助词「－ノ」做定语修饰名词。例89）中的「<u>現存</u>の文献」和例90）中的「<u>特製</u>の玉子」可以还原为「文献は<u>現存</u>（している）」和「玉子は<u>特製</u>（されている）」这样的主谓结构，与表达所属、同位关系的名词修饰名词的用法显然不同，从功能来看它们更接近于形容词。此外，尽管形态上接近名词，但是语料库中未检索到做主语或宾语的例句，基本排除其具有名词功能。本书以句法功能作为词性判定的首要标准，因此将它们认定为形容词。

89）その母のことは<u>現存</u>の文献には見えない。（『劉向列女伝』2001)

90）なかでも<u>特製</u>の玉子は絶品。（『たべあるきnavi 東京』2004)

（3）与其他词语或词缀结合形成复合词或派生词。这14个同形词的复合用法占例句总数的比例都极高。由于例句91）中的「<u>特製</u>ラーメン」和例句92）中的「<u>現存</u>設備」都可以转换为「<u>特製</u>のラーメン」「<u>現存</u>の設備」，因此在复合用法中它们依然是形容词。

91）奇妙な<u>特製</u>ラーメンを食べる三人であった。（『こどものおもちゃ』1997)

92）この顧客には同社が<u>現存</u>設備を納めていた。（『MBAオペレーション戦略』2001)

综上所述，这14个同形词在日语语料库中是兼有动词和形容词用法的动形兼类词。

4.1.5.3 汉日对比

这14个同形词在汉语和日语中都有形容词用法,词性用法基本相同,不过日语语料库中还检索到了「表紙材を<u>特製した</u>」这样的动词用法,可见它们在汉日语中最大的区别是汉语缺少动词用法。本节从词语结构、词性用法的历时变化等角度对这些差异进行详细分析。

4.1.5.3.1 词语结构对比分析

这14个同形词在汉日语中意义基本相同,词语结构未见差异,其在汉语和日语中的结构关系可以整理为表4-6。

表4-6 汉语为形容词、日语为动形兼类的同形词结构

词语结构	词例	词数(百分比)
M+V状中结构	常备 常设 公有 私有 特约 特制 现存	7(50%)
V+N动宾结构	记名 在职 殖民	3(21.43%)
V+V状中结构	代用 粘着	2(14.29%)
A+V状中结构	速成	1(7.14%)
N+V状中结构	敌对	1(7.14%)
总计		14(100%)

如表4-6所示,这14个同形词中M+V状中结构最多,占到总数的一半。剩余7词为V+N动宾结构、V+V状中结构、N+V状中结构、A+V状中结构。由于它们的中心成分都是动词性语素,《现汉》和『新明解』将其标为动词合情合理。这些同形词以M+V状中结构为主,其中"常备、特约、现存"在汉语"标注语料库"中还检索到了以下例句。

93)她让工匠<u>特制了</u>一门小型加农炮和小炮弹,每发现一只跳蚤她就用小炮瞄准后轰击。(《羊城晚报》1983.5.12)

94)学校里就邀请家长会商,结果是<u>特约了</u>孙正阳、孙正璐两位同学的母亲。(《顾正秋的舞回顾》1987)

例句中的"特制了""特约了"应读作"特/制了""特/约了",此时副词"特"并非修饰"制""约"等语素,而是修饰其后的动宾短语。因此例93)、例94)中的"特制""特约"是状中结构的短语,而非单词,这或许也是《现汉》将这类词标注为动词的原因。

4.1.5.3.2 词性历时变化考察

依据本章 4.1.1.3.2 的方法,笔者利用《汉语大词典》、『日本国語大辞典』以及多个语料库对本节 14 个同形词的词性用法进行了历时调查,发现"记名、在职、私有、常设、速成、敌对、粘着"这 7 个词在古代汉语中主要作为动词使用,现代汉语派生出了定语用法并代替了传统的谓语用法,本研究依据现代汉语的句法功能将其判定为属性词。这 7 个同形词传入日语后,日语继承了古代汉语的动词用法[1],现代日语又派生了后接「-ノ」修饰名词的用法,因此从句法功能来看是兼具动词和第三形容词的兼类词。

"现存、公有、常备、殖民、代用、特制、特约"这 7 个词在古代汉语中未检索到例句[2],且『日本国語大辞典』和「日本語歴史コーパス」的例句年代都早于汉语,基本可以推定其为日语借词。这 7 个词在现代日语中以直接修饰名词的复合用法为主,汉语受日语影响,只可以做定语修饰名词,本研究依据句法功能将其判定为属性词。

4.1.6 汉语为动词、日语为构词语素的同形词

《现汉》标注为动词、『新明解』标注为名动兼类的 1 870 个中日同形词中有 21 个同形词在日语语料库中只检索到复合用法,未能检索到直接充当句子成分的独立用法,即这些词是野村雅昭(1998a)提出的「結合専用語基(粘着語素)」。这些同形词在汉语中主要做动词使用,与《现汉》的标注一致。本节依据语料库调查数据和具体例句,详细描述这 21 词的用法特征。

---

[1] 日语默认汉字词汇都有名词用法,然而这些词无法做主语和宾语,可见现代日语中其名词用法已经消失。

[2] 这 7 个词已经有学者将其作为日语借词在论文中列出,陈力卫(2001)指出"殖民"是日语借词,常晓宏(2014)指出"特约"是日语借词。

褒贬　辩驳　变通　采纳　独创　俯仰　附和　覆没　改进
耕种　焕发　抗拒　理发　临战　探测　挺进　校勘　旋转
传动　转借　座谈

4.1.6.1　汉语语料库中的用法

这 21 个同形词在汉语语料库中主要有以下 4 种用法：

(1) 在句中做谓语，其中多数为及物动词，少数为不及物动词。

95) 地下雷达还可以帮助人们探测和分析当地的地质水源。
(《新民晚报》1991.6.27)

96) 把残疾人请到酒店，为他们理发。(《人民日报》1992.5.3)

(2) 后接助词"的"做定语。不过，从例 97)、例 98)可以看出，这实际上是包含动词在内的句子整体做定语而非该词单独做定语，因此例句中的"探测、焕发"依然是动词。

97) 在火星上对生命探测的结论仍然是否定。(《简明天文学》1990)

98) 从大学生们在亚运会上焕发出来的光彩，我们看到了祖国大有希望的明天。(《鸡场奇案》1982)

(3) 21 个同形词中有 10 个词可以做"加以、进行、予以、作"等"准谓宾动词"的宾语，即它们都是"具有名词性用法的动词"。

99) 美国还发射了"海洋卫星"系列，进行海洋资源探测。
(《科学技术史教程》1989)

(4) 与其他词语或词缀结合形成复合词或派生词。例 100)中的"探测"做定语修饰"手段"，例 101)中的"焕发"则是"容光"的谓语。这两者都可以看作动词用法的衍生。

100）这场飞跃是由于<u>探测</u>手段的巨大变革造成的。(《实测天体物理学》1987)

101）容光<u>焕发</u>的新郎和新娘手挽着手缓缓走向教堂。(《世界博览》1990 年 8 月)

综上所述,这 21 个同形词在汉语中是典型的动词,其中有一半词语可以做"准谓宾动词"的宾语,是"具有名词性用法的动词"。

4.1.6.2　日语语料库中的用法

这 21 个同形词在日语中只有复合用法,即与其他词语或词缀结合形成复合词或派生词。例 102)中的「才気<u>煥発</u>」可以置换为「才気が<u>煥発</u>する」,「煥発」具有动词性,而例 103)中的「<u>臨戦</u>」做定语修饰「態勢」,句法功能类似于形容词。

102）この曹植は生まれつき才気<u>煥発</u>で、文章を作るのもうまかったので、曹操は日ごろもっとも彼を可愛がっていた。(『三国志演義』2002)

103）百川は舌打ち、とっさに身構えて<u>臨戦</u>態勢を取る。(『攻撃天使』2003)

这 21 个同形词在日语语料库中的用法具有以下 3 个特征:

(1)「耕種・独創・臨戦」的主要用法是与词缀「的」复合,形成具有形容词性质的复合词,其中「独創的」的例句占到了「独創」例句总数的 60%以上。

104）犬の<u>独創</u>的なヘア・スタイルの創造を得意とする。(『愛犬の友』2001)

(2)多数同形词只能与特定的语素或词缀组合,比如「改進・煥発・抗拒・座談・褒貶・付和」只在「<u>改進</u>党・才気<u>煥発</u>・<u>抗拒</u>不能・<u>座談</u>会・毀誉<u>褒貶</u>・<u>付和</u>雷同」等复合词中出现。

(3) 整体来看,这 21 个同形词的使用频度都较低,其中「採納・挺進・覆没・变通」这 4 词的例句都不足 5 例。

4.1.6.3 汉日对比

这 21 个同形词在汉语中是普通动词,但在日语中是仅有复合用法的构词语素,两者存在本质差异。本节从词语结构、词性用法的历时变化等角度进一步考察这些词的特点,以探明差异产生的原因。

首先,这 21 个同形词在汉日语中意义基本相同,词语结构未见差异,其在汉语和日语中的结构关系可以整理为表 4-7。

表 4-7 汉语为动词、日语为构词语素的同形词结构

词语结构	词例	词数(百分比)
V+V 状中结构	变通 焕发 改进 探测 挺进……	12(57.14%)
V+V 并列结构	褒贬 采纳 俯仰 校勘 旋转……	6(28.57%)
V+N 动宾结构	理发 临战	2(9.53%)
M+V 状中结构	独创	1(4.76%)
总计		21(100%)

由表 4-7 可知,这 21 个同形词中 V+V 状中结构最多,共有 12 词。此外,还有 V+V 并列结构、V+N 动宾结构、M+V 状中结构,共计 9 词。这些词的中心成分都是动词性语素,因此《现汉》和『新明解』将其标注为动词无可厚非。

再来看这 21 词的词性用法的历时变化。依据本章 4.1.1.3.2 的方法,笔者利用《汉语大词典》、『日本国语大辞典』以及多个语料库对这 21 个同形词的词性用法进行了历时调查,发现它们全部出自古代汉语,现代汉语继承了古代的用法,依然是动词。这些词传入日语后用法发生了一定变化,其中「改进」「焕发」等词随着使用频度的降低,逐步失去了独立用法,仅出现在四字成语中,而「独創」「理髪」等词只能与词缀「的」「店」等形成派生词。综上所述,这些同形词在现代日语中因使用频度下降导致用法受到限制,最终变为只有复合用法的构词语素。

最后,汉语和日语对于词和语素的判定标准有所不同。日语是黏着语,具有显性的形态特征,词与非词的界限较为明晰,与格助词等结合充当句法成分的是词,而没有任何形态特征,只充当复合词构词成分的是语素。比如「同形語」中的「同形」是语素,而「同形の語」中的「同形」则是词。汉语是孤立语,缺少显性形态特征,一般而言,单音节的语素和词较容易分辨,而双音节的词和语素界限模糊。比如"同形词语"与"同形的词语"中"同形"的功能没有差别,汉语一般不会刻意将其区分为语素和词。因此尽管"临战"在汉语中也以"临战状态"的用法为主,然而词典依旧将其作为词语收录而非双音节黏着语素。如"关门(弟子)""绿色(食品)"等所示,汉语许多属性词都只能作为前缀修饰名词,但一般不会将其看作语素。日语则不同,「臨戦状態」「理髪店」中的「臨戦」「理髪」没有形态特征,且无法单独充当句法成分,本研究将它们认定为构词语素而非词语,由此与汉语产生了差异。

4.2 《现汉》标注为名词、『新明解』标注为名动兼类的同形词

由第二章表2-1可知,《现汉》标注为名词、『新明解』标注为名动兼类的中日同形词共有180个,其中有86词在汉日语中意义基本相同,其在汉语和日语语料库中的词性对应关系可以归纳为表4-8。

表4-8 语料库中的词性对应关系

	汉语	日语	词数(百分比)
词典中的词性对应关系	名词	名词、动词	86(100%)
语料库 调查结果	名词	名词、动词	55(63.95%)
	名词、动词	名词、动词	14(16.28%)
	名词	名词	14(16.28%)
	未检索到例句		3(3.49%)

如表 4-8 所示,语料库调查结果与词典所标词性一致的同形词有 55 个,占到总数的 63.95%,而与词典所标词性不一致的同形词有 28 个,占到总数的 32.56%。剩余"倒叙、复员、来由"3 词在"标注语料库"中检索到了例句,但在 BCCWJ 中未能检索到例句,说明其在现代日语中已经不再使用,进行共时研究的意义不大,本研究不将其纳入考察范围。

本节按照表 4-8 所示的词性对应关系,分类考察这些同形词在汉语和日语语料库中的词性用法差异,并分析差异产生的原因。

4.2.1 汉语为名词、日语为名动兼类的同形词

《现汉》标注为名词、『新明解』标注为名动兼类的 86 个同形词中有 55 词在语料库中的词性用法与词典标注一致,即汉语和日语词性存在差异。本节依据语料库调查数据和具体例句,详细分析它们在语料库中的用法差异,并考察差异产生的原因。

意见	比例	谗言	乘务	炊事	底止	电话	独白	分册
概观	概论	概说	高下	广告	豪语	红叶	会议	婚姻
婚约	见闻	决议	类别	例证	落雷	媒介	媒妁	盟约
明证	旁证	契约	曲笔	人选	……①			

4.2.1.1 汉语语料库中的用法

这 55 个同形词在汉语语料库中主要有以下 2 种用法:

(1) 在句中做主语和宾语,且可以受名量词修饰。例 105)中的"意见"受名量词"这些"修饰,而例 106)中的"红叶"受"秋天"修饰,形成了广义的所属关系,两者都是典型的名词。

105) 这些意见得到张闻天等与会大多数人的赞同。(《人民日报》2006.11.20)

---

① 由于该类同形词词数较多,此处仅列举一部分词语,其他词语将在"附录"中全部列出。

106）秋天的<u>红叶</u>又开了一整个山岭。（《人民日报》1998.10.1）

107）委员们还对方案提出了一<u>些意见</u>和建议。（《北京日报》1992.2.13）

108）许多市民来到户外,登高赏<u>红叶</u>。（《人民日报》2006.10.24）

（2）与其他词语或词缀结合形成复合词或派生词。例109）中的"红叶"修饰"树",例110）中的"意见"修饰"书",也都是名词用法。

109）不一时,爬到东溪山<u>红叶</u>树下。（《新民晚报》1991.4.6）

110）李提摩太还向光绪皇帝提出《新政策》的<u>意见</u>书,企图控制中国。（《中国近代史》1990）

综上所述,这55个同形词在汉语中都是典型的名词。

4.2.1.2　日语语料库中的用法

这55个同形词在日语语料库中具体有以下4种用法：

（1）后接格助词「ガ」「ヲ」在句中做主语和宾语。

111）二人は、休戦で<u>意見</u>が一致した。（『悪の三国志』2004）

112）私はそれについても<u>意見</u>を述べなかった。（『東京奇譚集』2005）

113）秋には美しい<u>紅葉</u>が山々を彩ります。（『広報たかまつ』2008）

114）それから奥の遊び場をかこむ茂みの<u>紅葉</u>をみる。（『人魚の鱗』2004）

（2）后接「ノ」「ニ」「デ」等格助词,在句中充当定语、状语等其他句法成分。

115）C側では、内部に<u>意見</u>の対立があった。（『20世紀資本主義』1995）

116）私も、中島先生の<u>意見</u>に大賛成だ。（『ガン臨床医30人の証言』2004）

117）あるすし屋の<u>意見</u>で、ニカンづけが始まったとする。（『すしの事典』2001）

（3）后接「～する」形成动词，在句中做谓语，其中既有及物动词也有不及物动词。

118）悠子は、会議で上司に<u>意見する</u>ように、すっと背を伸ばし、正面から視線を据えた。（『わたしが愛した愚か者』2005）

119）秋には道沿いの木立が鮮やかに<u>紅葉し</u>、美しい色彩のトンネルをつくりだしている。（『京都いと、お菓子』2003）

（4）与其他词语或词缀结合形成复合词或派生词，但整体来看这55词在日语中复合用法较少。例120）、例121）中的「<u>意見交換</u>」「<u>意見書</u>」可以置换为「<u>意見を交換する</u>」「<u>意見に関する書</u>」，「<u>意見</u>」在复合用法中是名词性的。

120）自由に<u>意見交換</u>ができるのがとても楽しい。（『北海道IT革命』2002）

121）<u>意見書</u>の様式は問いません。（『広報かけがわ』2008）

综上所述，这55个同形词在日语中是兼有名词和动词两种用法的名动兼类词，但是除「豪語」外，剩余54词都以名词用法为主，动词用法为辅，特别是「意見・飲食・会議・概論・学問・雁行・願望・行列・契約・原因・広告・婚姻・詩作・炊事・戦争・総和・体操・電話・特集・人選・媒妁・分冊・盟約」这23词在日语中动词用法极少，可以推测不久之后动词用法就会消失。

4.2.1.3　汉日对比

本节探讨的55个同形词在汉语和日语中都具有名词用法，但日语除了名词用法外还有动词用法,而汉语缺少动词用法,词性用法存在差异。本节从词语结构、词性用法的历时变化等角度探讨它们在汉日语中词性用法产生差异的原因。

4.2.1.3.1　词语结构对比分析

这 55 个同形词在汉日语中尽管意义基本相同,但部分构词语素具有多重性质,因此词语整体的结构存在一定差异,它们在汉语和日语中的结构关系可以整理为表 4－9。

表 4－9　汉语为名词、日语为名动兼类的同形词结构比较

词语结构	汉语		日语	
	词例	词数（百分比）	词例	词数（百分比）
V＋V 并列结构	位置 学问 饮食⋯⋯	11(20.00%)	位置 学問 飲食⋯⋯	11(20.00%)
V＋V 状中结构	乘务 会议	2(3.64%)	乘務 会議 偽証⋯⋯	8(14.54%)
A＋V 状中结构	广告	1(1.82%)	広告 豪語 正装⋯⋯	6(10.91%)
N＋V 状中结构	底止 电话	2(3.64%)	底止 電話 傍証⋯⋯	6(10.91%)
V＋N 动宾结构	决议 曲笔 指南⋯⋯	4(7.27%)	決議 曲筆 分册⋯⋯	5(9.09%)
M＋V 状中结构	概观 概说 概论⋯⋯	5(9.09%)	概観 概論 概説⋯⋯	5(9.09%)
N＋V 动宾结构①			意見 婚約 詩作⋯⋯	5(9.09%)
N＋N 并列结构	高下 行列 因由⋯⋯	5(9.09%)	因由 高下② 婚姻⋯⋯	5(9.09%)
N＋N 定中结构	旁证 类别 雁行⋯⋯	10(18.18%)	原因 紅葉	2(3.64%)
V＋N 定中结构	谗言 伪证 总和⋯⋯	9(16.36%)	炊事 総和	2(3.64%)
A＋N 定中结构	豪语 红叶 正装⋯⋯	6(10.91%)		
总计		55(100%)		55(100%)

由表 4－9 可知,这 55 个同形词在汉日语中的结构关系较为复杂。首先来看它们在汉语中的情况。汉语中以动词性语素为中心成分的词

---

① 由于日语是 SOV 结构,宾语在前,动词在后,因此 N＋V 动宾结构是日语特有的结构。

② "高下"意为"高处和低处",因此本研究将其归为 N＋N 并列结构。

共有 25 个,其中 V＋V 并列结构最多。这 25 个同形词在汉语中由动词转化为名词,比如"概论"等 M＋V 状中结构的词只出现在书名或文章名中,因用法受到限制而成为名词。汉语中 N＋N 并列结构有 5 个,N＋N 定中结构有 10 个,V＋N 定中结构有 9 个,A＋N 定中结构有 6 个,总计 30 词,占到总数的 54.55%。这 30 个同形词的中心成分都是名词性语素,在汉语中作为名词使用理所当然。

再来看这些词在日语中的结构关系。55 词中有 11 个 V＋V 并列结构,8 个 V＋V 状中结构,此外还有 A＋V 状中结构、N＋V 状中结构、V＋N 动宾结构、M＋V 状中结构等 7 种结构,共计 46 词。这些词的中心成分都是动词性语素,因此在日语中具有动词用法符合一般语言规律。剩余 9 词在日语中分别为 N＋N 并列结构、N＋N 定中结构和 V＋N 定中结构,它们的中心成分都是名词性语素。这 9 个词在日语中以名词用法为主,其动词用法由名词派生而来。

对比分析这 55 个同形词在汉语和日语中的结构关系可以发现,日语的中心成分多为动词性语素,而汉语的中心成分则多为名词性语素。中心成分的性质差异引起了结构上的差异,最终导致词性差异,但是日语有部分词语的中心成分是名词性语素却派生出了动词用法,而汉语有部分词语的中心成分是动词性语素却只有名词用法,下文从词性用法的历时变化角度阐明其缘由。

4.2.1.3.2　词性历时变化考察

依据本章 4.1.1.3.2 的方法,笔者利用《汉语大词典》、『日本国语大辞典』以及多个语料库对本节 55 个同形词的词性用法进行了历时调查,发现古代汉语中就已出现的词语有 37 个,占到总数的 67.27%。其中"位置、饮食、曲笔、指南、底止、旁证"等 24 词的中心成分都是动词性语素,如例 122)所示,在古代汉语中检索到了动词用法。

122) 母后垂帘,而二三大臣自相位置,何以示天下? (宋《栾城后集卷二十三》)

123) 位置不敢乱先后,列坐宛如师弟子。(清《题方尔止四壬子图》)

但如例 123)所示,古代汉语除动词用法外后期也已经出现了名词用法,由此可以推测它们由动词用法派生出了名词用法,且随着时间的推移,动词用法被名词用法取代,最终仅有名词用法留存。然而,这些词语传入日语后,日语继承了古代汉语的动词用法并一直沿用至今。这 24 词在汉日语中的词性差异是由同形词在两种语言中不同的历时变化轨迹引起的。

"因由、雁行、高下、红叶、婚姻、婚约、志向、诗作、胜负、忠言、媒妁、明证、类别"这 13 个词在古代汉语中仅检索到名词用法,现代汉语继承了古代的用法依然是名词。然而这些词传入日语后,由于「行・下・約・向・作・由」等语素也具有动词性,因此派生出了动词用法。比如"诗作"在汉语中只能理解为 N+N 定中结构,但在日语中还可理解为「詩を作る」这样的 N+V 动宾结构,因此才会有例 124)的动词用法。

124)十九世紀の詩人たちは、緑蔭の濃い小径を歩きながら詩作した。(『落日礼讃』2004)

此外,「婚姻」在日语中主要与「機能動詞」结合,以「婚姻をする」的形式做谓语,可以推测「婚姻する」是由「婚姻をする」缩略而成。

125)BがAと婚姻をした後にCを認知した場合、Cは、AとBの婚姻の時から嫡出子たる身分を取得する。(『Gainer』2001 年 6 月号)
126)ニニギノミコトは日向の高千穂の峰に降臨するが、阿多の隼人の娘と婚姻する。(『女龍王神功皇后』2002)

「紅葉」和「媒妁」则是受日语和语词汇的影响派生了动词用法。日语「紅葉」在表示「紅色に変る」之义时有「紅葉する」这样的动词用法,这与和语动词「もみづ」有关。「もみづ」是古代日语动词,对应的汉字是「紅葉」。「紅葉」除了「もみづ」的读法外,还对应汉字词汇「紅葉(こうよう)」,受「もみづ」动词用法的影响,「紅葉(こうよう)」也派生出了

「紅葉する」的动词用法。「媒妁」则是受同义词「仲立ち」的影响产生了动词用法。「仲立」对应的和语动词是「仲立つ」，而与其同义的「媒妁」则派生出了「媒妁する」的用法。值得注意的是，这 13 个词在日语中尽管有动词用法，但从例句占比来看仍以名词用法为主，这也侧面证明它们的动词用法是由名词派生而来。

　　除了上述 37 个古代汉语已有的同形词外，剩余 18 个词（「概観・概説・概論①・偽証・広告・証言・乗務・人選・炊事・正装・総和・体操・電話・特集・独白・分冊・落雷・例証」）都是日本人创制的「和製漢語」，即它们是日语传入汉语的日语借词。其中「偽証・広告・乗務・人選・体操・電話・例証」这 7 词已经被证明是日语借词②。这 18 个同形词在日语语料库中动词例句极少，多数表达新概念，在甲午中日战争后作为"新名词"被汉语吸收。其中"独白、人选"等词由于词语结构与汉语动词的一般结构不相符合，因此其动词用法未能被汉语吸收，只有名词用法留存了下来，从而造成了它们汉日语中的词性用法差异。

4.2.2　汉语和日语皆为名动兼类的同形词

　　《现汉》标注为名词、『新明解』标注为名动兼类的 86 个同形词中有 28 词在语料库中的词性用法与词典所标词性不一致，其中有 14 词在汉日语中词性相同，都是名动兼类词。本节依据语料库调查数据和具体例句，详细描写它们的词性用法特点，并分析语料库调查结果与词典标注不一致的原因。

　　　伯仲　反诉　附言　故障　冷遇　礼遇　贸易　起居　起因

---

① 尽管"概论"在古汉语中已经存在，但是现代用法源于英语 outline 的译词，且『日本国語大辞典』的例句年代更早，所以应该是日语先产生了现代义。（『日本国語大辞典（三）』：295 - 296）

② 这 7 个词在陳力衛（2001）（『和製漢語の形成とその展開』）、常晓宏（2014）（《鲁迅作品中的日语借词》）、郑艳（2015）（《清末中日法律用语的交流与借用》）等专著中都已作为日语借词列出。

誓愿　睡眠　血书　遗言　直觉

4.2.2.1　汉语语料库中的用法

这 14 个同形词在汉语语料库主要有以下 3 种用法：

（1）在句中直接做主语和宾语。例 127）中，"故障"受数量词"大多数"修饰，在句中做主语，是典型的名词用法。

127）这很可能是大多数故障发生的地方。（《网络技术金典》2000）

128）我正在设法排除故障。（《伤害》1997）

（2）在句中做谓语，其中既有带宾语使用的及物动词也有不及物动词，但总体来看动词例句不多。

129）海豚并没有死，只是坏了，故障了。（《没有日期的日记簿》1997）

130）既然计算机不能证明全部数学真理，人心又能直觉到它们的真理性，那么，机器还能模拟人的智能吗？（《科技日报》2000.11.20）

（3）与其他词语或词缀结合形成复合词或派生词。例 131）中的"车"受"故障"修饰，但其深层结构是主谓结构"车故障（了）"，因此"故障"应视为动词。

131）萨姆拿起工具箱，愉快地奔向故障车。（《人民日报》2000.7.21）

132）备份计划应覆盖尽可能多的故障点。（《微电脑世界周刊》2001.6.30）

综上所述，这 14 个同形词在汉语语料库中以名词用法为主，动词用法为辅,由于动词用法例句较少,《现汉》未将其标为动词。

4.2.2.2　日语语料库中的用法

在日语语料库中,这 14 个同形词主要有以下 4 种用法:

(1) 后接格助词「ガ」「ヲ」,在句中做主语和宾语。

　　　133) 油圧系統に故障がある。(『民法講義』2005)

　　　134) 深度計が故障を起している。(『戦時中の話しことば』2004)

(2) 后接「ノ」「ニ」「デ」等格助词,在句中充当定语、状语等其他句法成分。

　　　135) 今度の電車は、故障の影響で遅れています。(『広報くりはし』2008)

　　　136) スティーブンソンが故障に苦しんでいる。(『スマッシュ』2004)

　　　137) 架線の故障で電車が遅れている。(『飛行少女』2002)

(3) 后接「～する」形成动词,在句中做谓语,其中既有及物动词也有不及物动词。

　　　138) 深夜に車が故障し、泣き出したくなるような時もあった。(『新・人間革命』2004)

　　　139) 一鍬入れたときにその土地の豊かさの秘密を直覚する。(『母国語ノート』1993)

(4) 与其他词语或词缀结合形成复合词或派生词。例 140)中的「故障発生率」、例 141)中的「故障中」可还原为「故障が発生する率」和「故障している最中」,前者发挥名词功能,后者发挥动词功能,与独立用法中的词性一致。

140）数が多いだけに,故障発生率も高くなります。(『絵と
きインテリアライティングの技法早わかり』1997)

141)『故障中』を『故障しています』に書き直してもらいま
した。(『父の感傷的アドバイス』2001)

综上所述,这14个同形词在日语语料库中既有名词用法又有动词
用法,是名动兼类词。但从例句分布来看,这些词以名词用法为主,动
词用法为辅,这与汉语中的用法基本一致。

4.2.2.3　汉日对比

这14个同形词在汉语和日语语料库中都有动词和名词用法,词性
用法一致,《现汉》对兼类词的认定标准过于严格,导致词典标注的词性
与语料库调查结果不一致。本节从词语结构、词性用法的历时变化等
角度进一步探讨。

首先来看词语结构,这14个同形词在汉日语中意义基本相同,
词语结构未见差异,其在汉语和日语中的结构关系可以整理为表
4－10。

表 4－10　汉语和日语皆为名动兼类的同形词结构

词语结构	词例	词数(百分比)
N＋V 状中结构	故障　礼遇　血书	3(21.43%)
V＋N 动宾结构	反诉　附言　遗言	3(21.43%)
V＋V 并列结构	贸易　睡眠	2(14.28%)
V＋V 状中结构	起居　誓愿	2(14.28%)
A＋V 状中结构	直觉　冷遇	2(14.28%)
N＋N 并列结构	伯仲	1(7.15%)
V＋N 定中结构	起因	1(7.15%)
总计		14(100%)

如表4－10所示,除"伯仲、起因"外,剩余12个词的中心成分都是

动词性语素,它们具有动词用法符合一般语言规律。但是"血书、附言、遗言、礼遇、冷遇、直觉"这6词,由于后项构词语素"书、言、遇、觉"兼具动词和名词双重性质,除表4-10所示的结构关系外,还可理解为N+N定中结构、V+N定中结构,即中心语素既可以是动词性语素也可以是名词性语素,词语本身也就具备了名动双重属性。

　　"起因"在汉语中必须后接介词"于"才可做动词使用,"伯仲"主要做名词使用,由"不分伯仲"派生出了"比较、竞争"之义,进而衍生出了动词用法。

　　142) 山西泉水之盛,可与福建相伯仲。(《人民日报》1997.3.8)

　　再来看这14个同形词词性用法的历时变化。依据本章4.1.1.3.2的方法,笔者利用《汉语大词典》、『日本国語大辞典』以及多个语料库对本节14个同形词的词性用法进行了历时调查,发现其中有9个词在古代汉语中就已出现,其中"起居、血书、睡眠、贸易、遗言、冷遇、礼遇"这7词在古代汉语中主要做动词使用,可以推断是由动词用法派生出了名词用法,但现代汉语中动词用法急剧减少,因此《现汉》只标注了名词。"誓愿、伯仲"在古代就已出现名词用法,由于"誓""愿"都有动词义,因此可以派生动词用法。"起因"在古代汉语中是表达"发起善愿"之义的佛教用语,与现代汉语的词义相去甚远,在表达"事件发生的原因"的现代义时,『日本国語大辞典』的例句年代更早,可以初步判断是日语赋予古代汉语新义后产生了现代用法。"起因"是 V+N 定中结构,其中心成分是名词性语素,因此较难有动词用法。日语有同义的和语动词——「因る」,"起因"模仿其用法,派生了「……に起因する」这样的动词用法。汉语则是通过介词"于"派生动词用法,这与"来源、起源"等词派生动词用法异曲同工。

　　143) 鷹晃の悩みは、自身が人ではないことに起因する。(『陰陽ノ京』2002)
　　144) この碑の碑文には、日本にやってきた韓国人が「関東大震災に因る直接又は間接の被害を受けて空しく異国の露と消えた」と書かれています。(『世界史としての関東大震災』2004)

145) 氯仿的麻醉作用也起因于偶然。(《光明日报》2001.12.3)

最后,"故障①、直觉、反诉、附言"这4词未能从古代汉语语料库中检索到例句,根据『日本国語大辞典』列出的书证,它们都是日语借词,由于它们在日语中具备名动双重性质,汉语受日语影响也是名动兼类词。

4.2.3 汉语和日语皆为名词的同形词

《现汉》标注为名词、『新明解』标注为名动兼类的86个同形词中有28词在语料库中的词性用法与词典的标注不一致,其中有14词在汉日语中词性相同,都只有名词用法。本节依据语料库调查数据和具体例句,详细分析词典标注与语料库调查结果不一致的原因。

出纳　重奏　附注　军装　口供　美食　内勤　内助　轻装
速写　图说　形状　要略　增刊

4.2.3.1　汉语语料库中的用法

这14个同形词在汉语语料库中主要有以下2种用法:

(1) 在句中直接做主语和宾语。

146) 一块石头被磨成石斧,形状发生了变化。(《马克思主义哲学导论》1991)

147) 正投影能够反映物体的真实形状和大小。(《几何》1992)

(2) 与其他词语或词缀结合形成复合词或派生词,复合用法与独

---

① 陈力衛(2001)已将「故障」作为日语借词列出。

立用法时的性质一样,仍是名词用法。

148) 晶体都具有规则的几何<u>形状</u>。(《物理》1992)

149) 盛中国,中央乐团著名小提琴家,还是位"<u>美食家</u>"。(《人民日报》1993.11.8)

显然,这 14 个词在汉语中只有名词用法。

4.2.3.2　日语语料库中的用法

在日语语料库中,这 14 个同形词主要有以下 3 种用法:

(1) 后接格助词「ガ」「ヲ」,在句中做主语和宾语。

150) ソバ種子の<u>形状</u>が稜だっている。(『ソバ』2000)

151) 水晶体は凸レンズ状の<u>形状</u>をしている。(『生理学』2003)

(2) 后接「ノ」「ニ」「デ」等格助词,在句中充当定语、状语等其他句法成分。

152) <u>形状</u>の工夫は、気化した水を逃がさないためである。(『砂漠の王』1999)

153) 暗黒中では元の<u>形状</u>に回復する。(『光が活躍する』1993)

154) さらに洗浄方式や<u>形状</u>でいくつかの種類に分けられます。(『住宅建築の基礎』2001)

(3) 与其他词语或词缀结合形成复合词或派生词。例 155)中的「<u>形状</u>変化」可以还原为「<u>形状</u>が変化する」,例 156)中的「<u>美食</u>家」则可还原为「<u>美食</u>に通じる人」,显然都是名词性用法。

155) 充放電による<u>形状</u>変化も少ない。(『はじめての二次電池技術』2001)

　　156)ぼくは<u>美食</u>家でも食通でもない。(『韓国を食べる』2005)

与汉语一样,这 14 个词在日语中也只有名词用法。

4.2.3.3　汉日对比

这 14 个同形词在汉语和日语语料库中都只有名词用法,词性用法一致,本节从词语结构、词性用法的历时变化等角度对这些词进一步探讨,分析『新明解』将它们标注为名动兼类词的原因。

首先来看词语结构,这 14 个同形词在汉日语中意义基本相同,词语结构未见差异,其在汉语和日语中的结构关系可以整理为表 4 – 11。

表 4 – 11　汉语和日语皆为名词的同形词结构

词语结构	词例	词数(百分比)
N＋V 状中结构	口供　内勤　内助	3(21.42％)
V＋V 并列结构	出纳	1(7.15％)
A＋V 状中结构	速写	1(7.15％)
V＋V 状中结构	重奏	1(7.15％)
N＋N 定中结构	军装　图说　形状　要略	4(28.57％)
A＋N 定中结构	美食　轻装	2(14.28％)
V＋N 定中结构	附注　增刊	2(14.28％)
总计		14(100％)

如表 4 – 11 所示,"口供、速写"等 6 词的中心成分是动词性语素,原则上可以派生动词用法,『新明解』标注动词也无可厚非。由于部分词语在日语语料库中使用频度较低,可以推测随着使用频度的下降,动词用法逐渐消失,最终仅有名词用法留存。此外,「内助」只在短语「<u>内助の功</u>」中出现,「重奏・出納」则以复合用法为主,这 3 词在日语中用法受到限制,因此只有名词用法。

"军装、美食"等剩余 8 词的中心成分都是名词性语素,因此没有动词用法符合一般语言规律。但是,其中的"增刊、附注"除 V＋N 定中结构外,还可理解为 V＋N 动宾结构,而"军装、图说、美食"的后项语素在日语中亦有「装う」「説く」「食べる」等和语动词与之对应,其中心成分也可理解为动词性的,这可能是『新明解』标注动词的原因。

再来看这 14 个同形词的词性用法的历时变化。依据本章4.1.1.3.2 的方法,笔者利用《汉语大词典》、『日本国語大辞典』以及多个语料库对本节 14 个同形词的词性用法进行了历时调查,发现仅有"增刊"一词是日语借词,它在日语中以名词用法为主,可以推测仅有名词用法传入汉语。"重奏"和"速写"在古代汉语中未能检索到例句,可以判定是近代创制的新词,但是『日本国語大辞典』未列书证,而《汉语大词典》的例句年代较晚,因此较难判断其来源。尽管这两个词都以动词性语素为中心成分,但从意义来看是音乐、美术领域的专业术语,可以推测是翻译西方学术著作时的译词,因用法受限而缺少动词用法。

剩余 11 词在古代汉语中主要做动词使用,现代汉语中由于用法受限或者受到其他双音节动词的冲击,其动词用法逐渐消失,仅有名词用法留存。这些词传入日语后,在继承动词用法的同时被赋予名词用法,因此『新明解』将它们标为名动兼类词,然而和汉语一样,由于中心成分变为名词性语素,因此动词用法逐渐消失,现代仅有名词用法留存。

157）烟翠葱茏,景色妍媚,不可<u>形状</u>。(《玄怪录》隋唐五代)
158）皇储无罪道废,我辈岂可<u>美食</u>安寝。(《辽史》元明)

4.3 《现汉》标注为名动兼类、『新明解』标注为名词的同形词

由第二章表 2-1 可知,《现汉》标注为名动兼类、『新明解』标注为名词的中日同形词共有 212 个,其中有 103 词在汉日语中意义基本相

同,这些同形词在语料库中的词性对应关系可以归纳为表 4 - 12。

表 4 - 12　语料库中的词性对应关系

	汉语	日语	词数(百分比)
词典中的词性对应关系	名词、动词	名词	103(100%)
语料库 调查结果	名词、动词	名词	68(66.02%)
	名词、动词	名词、动词	25(24.27%)
	未检索到例句		10(9.71%)

如表 4 - 12 所示,这 103 个同形词中语料库调查结果与词典所标词性一致的同形词有 68 个,占到总数的 66.02%,而语料库调查结果与词典所标词性不一致的同形词有 25 个,占到总数的 24.27%。剩余 10 词未能在语料库中检索到例句,具体可分为以下三类:(1) 汉语和日语语料库中都未能检索到例句的同形词(1 个):藩屏。(2) 汉语"标注语料库"中检索到了例句,但日语 BCCWJ 中未能检索到例句的同形词(6个):斧凿、怙恃、积怨、泼墨、秃头、相识。(3) 日语 BCCWJ 中检索到了例句,但汉语"标注语料库"中未能检索到例句的同形词(3 个):斥候、谦称、同门。这 10 个词在汉语或日语中已经逐渐被淘汰或使用频度极低,进行共时研究的意义不大,本研究不将其纳入考察范围。

本节按照表 4 - 12 所示的词性对应关系,具体考察这些同形词在汉语和日语语料库中的词性用法差异,并分析差异产生的原因。

4.3.1　汉语为名动兼类、日语为名词的同形词

《现汉》标注为名动兼类、『新明解』标注为名词的 103 个中日同形词中有 68 个词在语料库中的词性用法与词典所标词性一致,即汉语为名动兼类词,日语为名词,汉语比日语多出了动词用法。本节依据语料库调查数据和具体例句,详细考察其在两国语言中的用法差异并分析差异产生的原因。

哀歌　败军　编目　参谋　藏书　成书　初版　初犯　撮要　雕塑　定额

定稿　定时　定价　定员　断层　恶战　恩典　罚金　俘虏　福利　负债
根源　贿赂　急电　间隔　降水　结尾　距离　口臭　来信　滥觞……①

4.3.1.1　汉语语料库中的用法

这 68 个同形词在汉语语料库中主要有以下 3 种用法：

(1) 在句中做主语和宾语，且可受名量词修饰。"例外、阴谋"在例 159)、例 160)中做主语，在例 161)、例 162)中做宾语，且可以受"一个""大"等表示数量和大小的词修饰，显然都是典型的名词。

159) 但每一个例外，都必须有充足的理由。(《当代西方法学思潮》1990)

160) 结果，它们的阴谋再度破产。(《人民日报》2000.10.27)

161) 这是少有的例外。(《人民日报》1998.5.10)

162) 以色列关于建立大耶路撒冷的计划是一个大阴谋。(《人民日报》1998.6.29)

(2) 在句中做谓语，其中既有带宾语使用的及物动词也有不及物动词。

163) 北京的雪花电器集团公司本部也不例外。(《北京晚报》1992.5.9)

164) 他们阴谋出卖贞德。(《世界历史》1991)

(3) 与其他词语或词缀结合形成复合词或派生词。例 165)中的"毫无例外"在句中整体做状语，但是"例外"本身受"无"修饰，因此实际是名词。例 166)中的"阴谋"受名词"政治"以及名量词"种"修饰，显然也是名词。68 个同形词中"撮要、定员、定额、降水、修辞、预算"等 7 词在"标注语料库"中复合用法多于独立用法。

---

① 由于该类同形词词数较多，此处仅列举一部分词语，其他词语将在"附录"中全部列出。

165）全市几百万"铁公民"都将毫无例外地告别"大锅饭"。（《新民晚报》1992.7.2）

166）这是一种政治阴谋。（《人民日报》1993.3.16）

这 68 个同形词在汉语中是具有名词和动词用法的兼类词，但是其中"成书、定稿、题字、涂炭、亡国、妄言"以名词用法为主，而"哀歌、败军、参谋、断层、强国、失地、塑像、提要、阴谋、阅历"以动词用法为主，这两种用法倾向也反映了词性用法之间的派生关系以及词性的历时变化情况，这在后文详细探讨。

4.3.1.2 日语语料库中的用法

这 68 个同形词在日语语料库中主要有以下 3 种用法：

(1) 后接格助词「ガ」「ヲ」，在句中做主语和宾语。

167）規則には例外があります。（『司書の教養』2004）

168）その裏に大きな陰謀がうず巻いている。（『さらば「よど号」』1996）

169）ごく特別な例外を除いて、ほとんど全部が〈簡略版〉であった。（『映画この百年』1995）

170）徳姫は築山殿の陰謀を詳細に知った。（『安土幻想』2002）

(2) 后接「ノ」「ニ」「デ」等格助词，在句中充当定语、状语等其他句法成分。

171）なんか陰謀の臭いがするぞ。（『瓶の中の旅愁』1992）

172）これは、問題の根源に焦点を当てた政策です。（『日本再生のルール』2003）

173）定価で買っておくべきだった。（『with』2001）

(3) 与其他词语或词缀结合形成复合词或派生词。例 174）、例

175)中的「陰謀発覚」「同窓会」可解析为短语「陰謀が発覚する」「同窓の会合」,其性质与独立用法时基本一致,也是名词性用法。这68个同形词中,「降水・参謀・修辞・定員・定額・同窓・福利」7词的复合用法比例远超独立用法,而「悪戦・急電・趨向」等16词在语料库中的用例极少,日语缺少动词用法或与使用频度过低有关。

174）清盛が、窮地を脱するために陰謀発覚をうまく利用したというのである。(『平知盛』2005)

175）本学卒業生の同窓会が蔵前工業会と呼ばれている。(『国立大学ルネサンス』1993)

这68个同形词在日语中是名词,不过有少部分词语以复合用法为主,还有部分词语使用频度较低。

4.3.1.3　汉日对比

这68个同形词在汉语语料库中有动词和名词用法,日语语料库中仅有名词用法,词性用法的最大差异在于日语缺少动词用法。本节从词语结构、词性的历时变化等角度分析词性用法存在差异的原因。

4.3.1.3.1　词语结构对比分析

这68个同形词在汉日语中尽管意义基本相同,但是由于构词语素具有多种性质,因此词语结构存在一定差异,其在汉语和日语中的结构关系可以整理为表4-13。

表4-13　汉语为名动兼类、日语为名词的同形词结构比较

词语结构	汉语		日语	
	词例	词数(百分比)	词例	词数(百分比)
V+N 动宾结构	降水 修辞 知命……	37(54.41%)	塗炭 修辞 知命……	14(20.59%)
V+V 并列结构	间隔 距离 隐逸……	9(13.24%)	間隔 距離 隠逸……	9(13.24%)
M+V 状中结构	初版 初犯 实录……	4(5.88%)	初版 初犯 実録……	4(5.88%)
V+V 状中结构	参谋 阅历 卒中	3(4.41%)	参謀 閲歴 卒中	3(4.41%)

续　表

词语结构	汉语		日语	
	词例	词数（百分比）	词例	词数（百分比）
N＋V 主谓结构	天赋	1(1.47％)	天賦	1(1.47％)
S＋V 状中结构	无告	1(1.47％)	無告	1(1.47％)
A＋V 状中/定中结构	哀歌 恶战 妄言……	7(10.29％)		
V＋N 定中结构			降水 蔵書 亡国……	23(33.82％)
A＋N 定中结构			哀歌 悪戦 深交……	7(10.29％)
N＋N 定中结构	恩典 根源 例外……	6(8.83％)	恩典 根源 例外……	6(8.83％)
总数		68(100％)		68(100％)

　　如表 4-13 所示,这些词语在汉日语中的词语结构极其复杂,首先来看它们在汉语中的情况。这 68 个同形词中有 62 个词的中心成分是动词性语素,其中 V＋N 动宾结构多达 37 个,此外还有 V＋V 并列结构、M＋V 状中结构以及 A＋V 状中结构等。受中心成分性质的影响,这 62 个词在汉语中都有动词用法。其中"降水、亡国"等 23 词,在日语中只可解析为 V＋N 定中结构,但汉语还可解析为 V＋N 动宾结构,因此汉语比日语多出动词用法。同理,"哀歌、恶战"等词在日语中是 A＋N 定中结构,汉语还可解析为 A＋V 状中结构,因此在汉语中是名动兼类词。汉语中仅有 6 个词的中心成分是名词性语素,皆是 N＋N 定中结构,它们的动词用法应该是由名词派生而来的。

　　再来看这些词在日语中的结构关系。与汉语不同,日语中仅有 32 个词的中心成分是动词性语素,主要是 V＋N 动宾结构、V＋V 并列结构和 M＋V 状中结构。其中「立春」等词是表示节气的专有名词,而「参謀」等词复合用法较多,独立用法较少,「間隔」的词义为名词,而「塗炭」本身的例句较少。这些词尽管中心成分为动词性语素,但基于上述用法限制,日语没有动词用法。剩余 36 个同形词的中心成分是名词性语素,其中 V＋N 定中结构有 23 个,A＋N 定中结构有 7 个,N＋N 定中结构有 6 个,这些词在日语中仅有名词用法符合一般语言规律。

对比分析这 68 个同形词在汉语和日语中的结构关系可以发现,汉语以中心成分是动词性语素的同形词为主,而日语则以中心成分是名词性语素的同形词为主,显然构词语素的性质差异引起词语结构的差异,最终导致词性用法差异。

4.3.1.3.2　词性历时变化考察

依据本章 4.1.1.3.2 的方法,笔者利用《汉语大词典》、『日本国语大辞典』以及多个语料库对本节 68 个同形词的词性用法进行了历时调查,发现"疑心、妄言、例外"等 63 个词源自古代汉语,其中"恩典、疑心、根源、福利"等词在古代汉语中只有名词用法,"根源"在现代汉语中通过介词"于"派生出了带宾语的动词用法,而"福利"则是由使动用法派生出了"福利人民"的动词用法,从而与日语产生差异。与此相对,"强国、藏书、定价"等 V+N 动宾结构的同形词在古代汉语中既有名词用法也有动词用法,现代汉语继承了古代的用法,因此是名动兼类词。这些词传入日语后,受「右側主要部の原則」的影响①,由 V+N 动宾结构变为了 V+N 定中结构,词语整体也成了名词。

176) 强国之民,父遗其子,兄遗其弟,妻遗其夫。(《商君书》春秋战国)

177) 是以圣人苟可以强国,不法其故。(《商君书》春秋战国)

此外,词语的使用频度对词性也有影响。"撮要、趋向、涂炭"等 16 词在日语语料库中例句都不足 10 例,且用法受到限制,如「塗炭」只有「塗炭の苦」一种用法。这 16 词在日语中随着使用频度的降低,用法越来越单一,最终仅剩下名词用法。

最后"急电、距离、降水、初版、断层"这 5 词在古代汉语语料库中未检索到例句②,『日本国語大辞典』和「日本語歴史コーパス」中的例句

---

① Williams(1981)提出的"Righthand Head Rule",具体而言词的后项语素性质决定该词的词性。

② "降水"在古代汉语中为地名,与现代义相去甚远。

年代都早于汉语,基本可以判断它们是日语借词。这些词在日语早期的例句中都是作为名词使用,可见其在日语中未曾有过动词用法。这5个词传入汉语后,被重新解构为 V＋N 动宾结构、A＋V 状中结构等动词性结构,从而派生出了动词用法。

4.3.2　汉语和日语皆为名动兼类的同形词

《现汉》标注为名动兼类、『新明解』标注为名词的 103 个中日同形词中有 25 词在语料库中的词性用法与词典所标词性不一致,它们在汉语和日语语料库中都是名动兼类词,词性用法没有区别。本节依据语料库调查数据和具体例句,详细探讨其在两种语料库中的用法特征,并分析『新明解』不标注动词的原因。

悲歌	比喻	创意	大便	纷争	共犯	经历	劳力	劳役
烙印	蔑称	起源	确证	释义	损失	牺牲	先驱	再犯
摘要	障碍	中风	主谋	住持	追肥	尊称		

4.3.2.1　汉语语料库中的用法

这 25 个同形词在汉语语料库中主要有以下 3 种用法:

(1) 在句中做主语和宾语,且可以受名量词修饰。例 178)中"牺牲"做主语,与定语"烈士们"形成所属关系;例 179)中"牺牲"做宾语且受表示大小的"最大"修饰,两者是典型的名词用法。

178) 烈士们的<u>牺牲</u>令人顿足扼腕。(《人民日报》1998.9.3)

179) 做酒吧女招待已是她本人做出最大的<u>牺牲</u>了。(《难民少女风尘录》1992)

(2) 在句中做谓语,其中多数是可以带宾语的及物动词。不过,"纷争、劳力、劳役、烙印、释义、先驱"这 6 词的动词用例较少。

180) 为救同学,他可以<u>牺牲</u>生命。(《中国教育报》2001.5.31)

181) 最早的年画:年画<u>起源</u>于古时门神画。(《中国社会报》2001.1.23)

(3) 与其他词语或词缀结合形成复合词或派生词。例 182)中的"<u>主谋</u>者"是"主谋之人"之义,"者"为"主谋"的施事,因此是动词性用法。例 183)中的"损失"受"经济"和"重大"修饰,是名词性用法。

182) <u>主谋</u>者伍忠田被判处有期徒刑 5 年。(《人民日报》1998.4.12)

183) 生态破坏造成了巨额的经济<u>损失</u>。(《天津日报》1990.2.14)

综上所述,这 25 个同形词在汉语中既可以做主语和宾语,也可以带宾语使用,显然是具有名动双重性质的兼类词。

4.3.2.2　日语语料库中的用法

这 25 个同形词在日语语料库中主要有以下 4 种用法:

(1) 后接格助词「ガ」「ヲ」,在句中做主语和宾语。

184) 発展の陰に<u>犠牲</u>がある。(『銅像に見る日本の歴史』2000)

185) 自ら<u>犠牲</u>を払うことなく国民の誰もが喜ぶからである。(『「縮少均衡」革命』1995)

(2) 后接「ノ」「ニ」「デ」等格助词,在句中充当定语、状语等其他句法成分。

186) 景福宮の再建工事は国民の多大な<u>犠牲</u>の下に始められた。(『アリランの誕生』1995)

187) 約三十万人が<u>犠牲</u>になっているそうです。(『沖縄の基地問題』1997)

188) 少数の<u>犠牲</u>ですませる。(『月読見の乙女』1994)

（3）后接「～する」形成动词，在句中做谓语。「確証・起源・再犯・障碍・損失・尊称・比喩」这 7 个词的动词用例较多，剩余 18 个同形词的动词例句都不足 10 例，可见动词不是其主要用法，这应该是『新明解』不标注动词的原因所在。

> 189) 父親のために君の人生をそこまで<u>犠牲する</u>必要があったのか?(『誘惑のハネムーン』2003)
> 190) このアヴァターラの思想というのはだいたいインド教に<u>起源して</u>いる。(『密教マンダラと文学・絵解き』2004)

（4）与其他词语或词缀结合形成复合词或派生词。例 191)中的「主謀」表面来看是词缀「者」的定语，实际是其施事，该定中结构有别于名词修饰名词的用法，「主謀」是动词性的。例 192)中的「損失補填」可以还原为动宾结构「損失を補填する」，「損失」显然是名词性的。25 个同形词中，「主謀」「先駆」以复合用法为主，没有显性形态标记。『新明解』以形态标记作为判定词性的主要标准，对于没有独立用法的汉字词汇一般默认其为名词。

> 191) <u>主謀</u>者の吉村寅太郎や藤本鉄石は兵を挙げて、大和・五条の代官を殺した。(『彰義隊挽歌』1992)
> 192) 大口顧客への<u>損失補填</u>をみても、もうカタギではなくなっていたのである。(『鵜の目鷹の目佐高の目』1997)

综上所述，这 25 个同形词在日语中既可以做主语和宾语，也可以后接「～する」形成动词，在句中做谓语，与汉语一样也是具有名动双重性质的兼类词。

4.3.2.3　汉日对比

根据语料库调查结果，这 25 个同形词在汉语和日语语料库中都有动词和名词用法，词性用法一致。日语在『新明解』中仅标注了名词，但语料库却检索到了动词例句，词典所标词性与语料库调查结果存在差异。本节从词语结构、词性用法的历时变化等角度对这25个词进一步探讨。

首先来看词语结构,这25个同形词在汉日语中意义基本相同,词语结构未见差异,其在汉语和日语中的结构关系可以整理为表4-14。

表4-14　汉语和日语皆为名动兼类的同形词结构

词语结构	词例	词数(百分比)
V+N 动宾结构	创意　烙印　释义　摘要　中风　追肥	6(24%)
V+V 并列结构	比喻　经历　损失　障碍	4(16%)
V+V 状中结构	纷争　劳役　住持	3(12%)
M+V 状中结构	共犯　先驱　再犯	3(12%)
V+N 定中结构	劳力　蔑称　起源　尊称	4(16%)
A+N 定中结构	悲歌　大便　确证　主谋	4(16%)
N+N 并列结构	牺牲	1(4%)
总计		25(100%)

如表4-14所示,25个同形词中以动词性语素为中心成分的词有16个,其中6个V+N动宾结构,4个V+V并列结构,3个V+V状中结构和3个M+V状中结构,它们有动词用法符合一般语言规律。"追肥、烙印"等词除V+N动宾结构外,还可解析为V+N定中结构,因此也具备名词用法。

汉日语中以名词性语素为中心成分的同形词有9个,其中V+N定中结构有4个,A+N定中结构有4个,仅有"牺牲"是N+N并列结构。由于"尊称、确证"等词中的"称、证"也具有动词性,因此可以派生动词用法。"牺牲"由名词派生出了动词用法,日语主要以「命を犠牲にする」这样的「～にする」句型实现谓语功能,动词用法「犠牲する」应该是上述用法的缩略。

再来看这25个同形词的词性用法的历时变化。依据本章4.1.1.3.2的方法,笔者利用《汉语大词典》、『日本国语大辞典』以及多个语料库对本节 25 个同形词的词性用法进行了历时调查,发现"确证、住持"等 23 词在古代汉语中就已有名词和动词用法。其中"经历、损失"等以动词性语素为中心成分的词语在古代汉语中以动词用法为主,可以推测其名词用法是由动词用法派生而来的,而"悲歌、主谋"等以名词性语素为中心成分的词语在古代汉语中以名词用法为主,其动词用法应该是由名词用法派生而来。

"起源、追肥"这 2 词未能从古代汉语语料库中检索到例句,『日本国語大辞典』所列例句的年代早于汉语,初步判断它们是日语借词。由于『日本国語大辞典』只列了名词用法,说明其在日语中原本只是名词,"追肥"由于是 V+N 动宾结构,因此可以派生动词用法。"起源"有"开始"之义,包含"源"字的词语在日语中基本都可以前接助词「に」带名词性成分,而汉语则后接介词"于"带宾语,因此尽管中心成分是名词性的,但都派生出了动词用法。

193) 神に本源して時用隠顕永遠尽すべからず(『新井奥邃著作集』2001)

194) この川は鈴鹿山脈に発源し、丘陵のなかを流れてくる。(『古代の朱』2005)

4.4　本章小结

本章主要探讨了具有名词、动词用法的中日同形词在汉语和日语中的词性用法差异,具体为以下三类:《现汉》标注为动词、『新明解』标注为名动兼类的同形词(1870 个);《现汉》标注为名词、『新明解』标注为名动兼类的同形词(86 个);《现汉》标注为名动兼类、『新明解』标注为名词的同形词(103 个)。本章的考察结果总结如下:

首先,《现汉》标注为动词、『新明解』标注为名动兼类的 1 870 个同形词中,有 121 词(6.47%)在汉语或日语语料库中未能检索到例句,本研究未详细考察。剩余 1 749 词中,语料库中的词性用法与词典所标词性一致的同形词有 1 561 个,占到总数的 83.47%,这些词在汉日语中最大的差异是日语以名词用法为主,而汉语以动词用法为主。语料库中的词性用法与词典所标词性不一致的同形词共有 188 个,占到总数的 10.06%,其中汉语为动词、日语为名词的同形词有 71 个,汉语和日语都是动词的同形词有 42 个,汉语和日语都是名动兼类的同形词有 40 个,汉语为形容词、日语为动形兼类的同形词有 14 个,汉语为动词、日语为构词语素的同形词有 21 个。这 188 词中部分词语在汉日语中用法没有差异,少部分词语因在日语中失去动词用法而与汉语词性完全不同,但总体来看主要差异依然在于日语名词性更强而汉语动词性更强。

　　这些同形词在汉日语中词性存在差异的原因可以归纳为以下四个方面:(1) 部分词语在日语中使用频度极低,造成词性用法缺失。汉语为动词、日语为名词的 71 个同形词,汉语为动词、日语为构词语素的 21 个同形词,它们的中心成分都是动词性语素,本应具备动词用法,但日语语料库中例句极少,且未能检索到动词例句,所以被判为名词。(2) 日语汉字词汇性质特殊。汉字词汇对日语来说是广义的外来词,一般默认其有名词用法,在融入日语的过程中,汉字词汇逐渐适应日语的语法结构,通过与格助词、助动词等结合,才派生出了动词、形容词用法。本质而言,多数汉字词汇在日语中仍以名词用法为主,动词是其派生用法,因此语料库中名词用法也多于动词用法。(3) 汉语对兼类词的判定标准较为严格。1 870 个同形词中有近一半在汉语中具有做"准谓宾动词"宾语的名词性用法,但它们较难直接做主语,也不受名量词修饰,未能完全名词化,为了区别于名动兼类词和普通动词,本研究将其归入"具有名词性用法的动词",从而与日语产生差异。(4) 词汇交流中汉日语相互影响。汉语为属性词、日语为动形兼类的 14 个同形词中,"现存、共有、常备、殖民、代用、特制、特约"等多数词语是由日语传入汉语的日语借词,它们在日语中以复合用法为主,汉语受日语的影响只能做定语修饰名词,因此被归入属性词。这些词多数为 M＋V 状中结构,在汉语中即使有动词用法,也都会被认定为短语而非词语,从而与日语产生差异。

其次,《现汉》标注为名词、『新明解』标注为名动兼类的 86 个同形词中,有 3 个词(3.49%)未在语料库中检索到例句,本研究未做详细考察。剩余 83 词中,语料库调查结果与词典所标词性一致的同形词有 55 个,占到总数的 63.95%,这些词在汉日语中的最大差异是汉语缺少动词用法。语料库调查结果与词典所标词性不一致的同形词有 28 个,占到总数的 32.56%,它们在汉日语语料库中的词性用法相同,其中 14 词是名动兼类词,另外 14 词是名词。

汉语为名词、日语为名动兼类的同形词其词性存在差异的原因可归纳为以下 3 个方面:(1) 词语结构不同。"证言、伪证"在日语中可以解析为 V+V 状中结构和 V+N 定中结构,汉语中作为词语(相对短语而言)只可理解为 V+N 定中结构,因此汉语比日语少了动词用法。(2) 部分同形词在日语中由名词用法派生出了动词用法。比如"高下、红叶、'媒妁'"等词在古代汉语中只有名词用法,传入日语后,受「もみづ」『仲立つ』等日语同义和语动词的影响,派生出了动词用法,从而与汉语词性产生差异。(3) 部分同形词在汉语中失去了动词用法。"位置、美食"等词语在古代汉语中都检索到了动词用法,但随着语素性质的改变(如"食"在古代汉语中是名动兼类词,现代汉语则偏名词用法),其动词用法逐渐消失,从而与日语产生差异。

最后,《现汉》标注为名动兼类、『新明解』标注为名词的 103 个同形词中,有 10 个词(9.71%)未能在语料库中检索到例句,本研究未做详细考察。剩余 93 个词中,语料库调查结果与词典所标词性一致的同形词有 68 个,占到总数的 66.02%,这些词在汉日语中最大的用法差异是日语缺少动词用法。语料库调查结果与词典所标词性不一致的同形词有 25 个,占到总数的 24.27%,它们在汉日语中都是名动兼类词,词性用法没有差异。

汉语为名动兼类、日语为名词的同形词其词性存在差异的原因可归纳为以下三个方面:(1) 词语结构不同。由于日语是 SOV(主语+宾语+动词)结构,因此"藏书、亡国"等词理解为 V+N 定中结构更符合日语习惯,汉语还可理解为 V+N 动宾结构,因此前者为名词,后者为名动兼类词。（2）有部分同形词在汉语中由名词用法派生出了动词用法。比如，"根源"在现代汉语中通过介词"于"派生出了带宾语的动词用法，而"福利"则是由使动用法派生出了"福利人民"的动词用法，从而与日语产生差异。（3）日语中使用频度降低导致动词用法消失。"撮要、趋向、涂炭"等词在日语语料库中例句都不足 10 例，这些词随着使用频度的降低，用法越来越单一，最终仅有名词用法留存。

第五章　中日同形词的名形用法差异

本书第四章重点探讨了具有名词、动词用法的中日同形词在两国语言中的词性用法差异,本章沿用第四章的方法,重点分析具有名词、形容词用法的同形词,具体考察以下两大类:《现汉》标注为形容词、『新明解』标注为名形兼类的同形词(350 个);《现汉》标注为形容词、『新明解』标注为名词的同形词(177 个)。

5.1 《现汉》标注为形容词、『新明解』标注为名形兼类的同形词

由第二章表 2-1 可知,《现汉》标注为形容词、『新明解』标注为名形兼类的中日同形词共有 509 个,其中有 350 词在汉日语中意义基本一致,其在语料库中的词性对应关系可以归纳为表 5-1。

表 5-1　语料库中的词性对应关系

	汉语	日语	词数(百分比)
词典中的词性对应关系	形容词	名词、形容词	350(100%)
语料库调查结果	形容词	名词、形容词	56(16.00%)
	形容词	形容词	269(76.86%)
	未检索到例句		25(7.14%)

由表 5-1 可知,语料库调查结果与词典所标词性一致的同形词
共有 56 词,占到总数的 16%,而与词典所标词性不一致的同形词共
有 269 词,占到总数的 76.86%。剩余 25 词(7.14%)在语料库中未
能检索到例句,具体可分为以下两类:(1)汉语"标注语料库"中检索
到了例句,但日语 BCCWJ 中未能检索到例句的同形词(15 个):丑
陋、繁缛、广博、古朴、狡狯、精到、羸弱、贫贱、朴直、深邃、芜杂、凶猛、
雅驯、幽远、中正。(2)日语 BCCWJ 中检索到了例句,但汉语"标注
语料库"中未能检索到例句的同形词(10 个):博识、丰沃、该博、高
慢、高燥、骄慢、开豁、廉直、鲁钝、顽健。没有例句则无法进行词性
判定,且使用频度过低说明这些词在汉语或日语中已经逐渐被淘
汰,进行共时研究的意义不大,因此本研究不将这 25 词纳入具体
考察范围。

本节按照表 5-1 所示的词性对应关系,分别考察这些中日同形词
在语料库中的用法差异,并从词语结构、词性用法的历时变化等角度分
析差异产生的原因。

5.1.1 汉语为形容词、日语为名形兼类的同形词

《现汉》标注为形容词、『新明解』标注为名形兼类的 350 个中日同
形词中有 56 个词在语料库中的词性用法与词典所标词性一致,即日语
比汉语多出名词用法。本节通过实际数据和具体例句详细比较这些同
形词在语料库中的实际用法差异并分析差异产生的原因。

安乐	安全	安泰	安逸	傲慢	悲惨	悲痛	必要	不安
不法	不和	不快	不利	不满	不振	残酷	诚实	大度
低能	凡俗	繁华	繁忙	繁琐	丰饶	富贵	富强	公平
公正	恭顺	孤独	横暴	华美	畸形	健康	静谧	空虚
懒惰	隆盛	明细	平等	平静	怯懦	亲爱	清闲	深奥
神秘	太平	万全	无能	无私	无知	详细	忧郁	贞洁
中空	专横							

5.1.1.1 汉语语料库中的用法

这56个同形词在汉语语料库中具体有以下5种用法：

(1) 后接"的"做定语修饰名词。

    1) 把粮食一袋袋地从仓库里扛出来，运到<u>安全</u>的地带。(《中国青年报》1992.7.20)

    2) 是他把李淑贞推到了<u>孤独</u>的凄苦之中。(《痴恋》1991)

    3) 祝正鸿屡屡想起他的最<u>亲爱</u>的妈妈的话。(《恋爱的季节》1993)

(2) 后接"地"做状语修饰动词、形容词等，但是"安泰、畸形"等词做状语的例句较少。

    4) 飞机<u>安全</u>地降落在冰天雪地的莫斯科机场。(《人民日报》1998.2.12)

    5) 她一个人<u>孤独</u>地坐在墙角。(《人民日报》2000.7.5)

(3) 在句中做谓语，且常受"很、十分"等程度副词修饰，从而区别于动词的谓语用法。

    6) 现在，屋里很<u>安全</u>，只有少年和弟弟两个人。(《响鞭》1997)

    7) 那时的处境非常<u>孤独</u>，实际上同外界隔离了。(《人民日报》2005.10.15)

(4) 部分同形词有直接做动词宾语的名词性用法。尽管这些同形词在汉语中可以直接做"忍受、感到"等动词的宾语，但是难以单独做主语，同时不能受名量词、表示大小多少的数量词修饰，说明它们只是具备了部分名词功能，还未完全名词化。为了将这类同形词与普通形容词和名形兼类词区别开来，本研究将它们命名为"具有名词性用法的形容词"①。56 个同形词中,仅有"亲爱"和"不法"没有名词性用法。

8) 安全开关是将开关放在绝缘性能良好的油中,防止电弧的产生,保证安全。(《物理》1992)

9) 他们能在长时间内忍受孤独,孤注一掷地献身于一种追求。(《人民日报》1998.7.5)

(5) 与其他词语或词缀结合形成复合词或派生词。例 10)中的"安全"做状语修饰动词"生产",例 11)中的"孤独"做定语修饰词缀"者",这两者在复合用法中也都是形容词性的。例 12)中的"不法"省略"的"修饰名词"分子",表达其属性,显然也是形容词用法。

10) 国家安全生产委员会发出通知:加强春节安全生产工作。(《人民日报》1991.2.5)

11) 克尔凯戈尔所强调的个人却是脱离社会的孤独者。(《生的抉择》2000)

12) 给不法分子仿照、伪造、倒卖活动以可乘之机。(《解放军报》1991.6.22)

综上所述,这 56 个同形词在汉语语料库中主要做定语、状语和谓语,是典型的形容词,其中有 54 词是可以直接做动词宾语的"具有名词性用法的形容词"。"亲爱"和"不法"只能做定语,没有状语和谓语功能,根据第三章的判断标准本研究将其归入形容词的附类——属性词。

5.1.1.2　日语语料库中的用法

这 56 个同形词在日语语料库中主要有以下 6 种用法:

(1) 后接活用词尾「－ナ」做定语修饰名词,但其中「安楽・華美・怯懦・不法・不利・無私・憂鬱・隆盛」等 19 词也可后接「－ノ」修饰

---

① 具体请参照第三章 3.3.2 的内容。

名词,即它们具有「－ナ」和「－ノ」两种形态。

13) 安全な場所で穴を開けてください。(『(広報ずし』2008)

14) 五年前に父とはなれて以来、孤独な生活をおくってきた。(『海の祭礼』2004)

(2) 后接活用词尾「－ニ」做状语修饰动词或形容词。例 15)、例 16)中的「安全に」「孤独に」分别修饰其后的动词「割る」「生きる」,这与名词后接格助词「－ニ」做补语的用法有本质区别。

15) 電動の竹割機を導入し、安全に竹を割る。(『竹炭をやく生かす伸ばす』2002)

16) エマが生前、孤独に生きていた。(『無伴奏』2005)

(3) 后接「－ダ」等助动词及其活用形在句中做谓语。由于例 17)、例 18)的主体部分可以分别置换为定中结构「安全な身」和「孤独な隆治」,我们可以判定它们是形容词的谓语用法,而非名词或动词的谓语用法。

17) 裕子の身は安全だろう。(『耳すます部屋』2003)

18) 隆治は孤独だった。(『いつか、青空』1999)

(4) 后接格助词「ガ」「ヲ」,在句中做主语和宾语。

19) 施設が整い、安全が確保されている。(『裂けて海峡』2004)

20) 老将の背には近寄りがたい孤独が張り付いている。(『天紙風筆』1998)

21) 船霊とは、航海の安全を守る神霊である。(『鬼の宇宙誌』1991)

22) 釈尊は孤独を感じた。(『新・人間革命』1998)

（5）后接「ノ」「デ」等格助词,在句中充当定语、状语等其他句法成分。例 23)中的「安全の意識」是指「安全についての意識」,「安全」是名词。例 24)中的「安全に注意して」是 N＋V 动补结构,此时「安全」仍是名词。

　　23）単独旅行者に限って、安全の意識が希薄なことが多い。(『海外安全ハンドブック』1992)
　　24）安全に注意して、用具を使うことができましたか。(『新編　新しい家庭』2006)

（6）与其他词语或词缀结合形成复合词或派生词。例 25)中的「安全運転」可以还原为「安全に運転する」,此时「安全」是形容词性的,而例 26)的「安全確保」可以还原为「安全を確保する」,此时「安全」则是名词性的。

　　25）やさしいアクセル操作は安全運転にもつながります。(『広報おとふけ』2008)
　　26）危険物施設等の安全確保。(『消防白書』2002)

　　综上所述,这 56 个同形词在日语语料库中可以做定语、状语和谓语,同时还可以做主语和宾语,是兼有名词和形容词句法功能和形态特征的名形兼类词。但从例句分布来看,这些同形词在日语中以形容词用法为主,名词用法相对较少。

5.1.1.3　汉日对比

　　这 56 个同形词在汉语和日语语料库中的共同点是都有形容词用法,区别是汉语缺少名词用法,然而由于多数同形词在汉语语料库中有做宾语的名词性用法,因此实际上这 56 词在汉日语中用法并无实质区别。本节从词语结构、词性用法的历时变化等角度对这 56 词做进一步探讨。

5.1.1.3.1　词语结构对比分析

　　这 56 个同形词在汉日语中意义基本相同,词语结构未见差异,其在汉语和日语中的结构关系可以整理为表 5 - 2。

表 5 - 2　汉语为形容词、日语为名形兼类的同形词结构

词语结构	词例	词数（百分比）
A＋A 并列结构	安全　公平　健康　平静　详细……	40(71.44%)
S＋A 状中结构	不安　不和　不快	3(5.36%)
N＋A 状中结构	中空	1(1.78%)
M＋A 状中结构	万全	1(1.78%)
A＋N 定中结构	大度　低能　畸形	3(5.36%)
S＋N 定中结构	不法　无能　无私	3(5.36%)
S＋V 状中结构	不利　不满　不振　无知	4(7.14%)
M＋V 状中结构	必要	1(1.78%)
总计		56(100%)

由表 5 - 2 可知,这 56 个同形词中以形容词性语素为中心成分的词语多达 45 个,占到总数的 80.36%,其中 A＋A 并列结构最多。由于中心成分决定词语整体的性质,因此这 45 词在汉日语中有形容词用法符合一般语言规律。

中心成分为名词性语素的同形词仅有 6 个,占到总数的 10.72%。其中"畸形""大度""低能"是 A＋N 定中结构,但是它们的深层结构是主谓短语"形畸""度大""能低",即在实际使用时其中心成分是形容词性的,因此具备形容词用法。"不法""无私""无能"3 词为 S＋N 定中结构,因前缀"不"和"无"是形容词性的,因而可以派生形容词用法。

56 词中还有 5 词的中心成分是动词性语素,占到总数的 8.92%。其中有 4 词是 S＋V 状中结构,受前项语素"不""无"的影响派生了形容词用法。最后,"必要"是 M＋V 状中结构,"必"作为前项语素构成的词语多数具有形容词用法,"必要"的形容词用法与这也有关联。

5.1.1.3.2　词性历时变化考察

依据第四章 4.1.1.3.2 的方法,笔者利用《汉语大词典》、『日本国语大辞典』以及多个语料库对本节 56 个同形词的词性用法进行了历时调

查,发现"安全、健康"等 50 词在古代汉语中就已出现,且多数作为形容词使用。它们由汉语传入日语后,日语继承了形容词用法,同时作为外来词被赋予名词用法,从而成为名形兼类词。"亲爱、不法"两词在古代汉语中的意义与现代汉语不同,而『日本国語大辞典』中现代义的例句早于《汉语大词典》及"申报数据库",可以推测日语先衍生了现代义而后传入了汉语,即这些词是"回归词"。日语的名词用法从意义来看是「親愛という感情」「不法行為」的缩略,汉语未能派生这些词义,因此没有名词用法。

　　　27)「思ひ」は親愛をこめた敬称。(『標音おもろさうし注釈』2004)

　　　28) その不法を詰問され、かつ暴行も加えられた。(『海上交通犯罪の研究』2001)

　　"畸形、低能、繁忙、明细"4 词,古代汉语语料库未能检索到例句,日语的例句年代都早于汉语,基本可以判定它们是日语借词。其中"畸形、低能"既可以解析为 A+N 定中结构,也可以解析为 N+A 主谓结构,即它们的中心成分既可以是名词性的也可以是形容词性的,因此词语整体既有名词用法也有形容词用法。"繁忙"和"明细"都是 A+A 并列结构,它们在汉语中以形容词用法为主,日语中「忙しい」「細かい」等和语形容词更为常用,因此以名词用法为主。

5.1.1.3.3　汉日语兼类词判定标准的比较分析

　　这 56 个同形词在汉语语料库中是形容词,在日语语料库中是名形兼类词,表面看来词性用法存在较大差异,但它们在汉语中多数也具有名词性用法,只是汉语兼类词的判定标准较日语更为严格,才使得汉语和日语产生了词性差异。

　　本研究主要依据语法功能来判定同形词在语料库中的词性,日语只要具备某类词的句法功能就可判定其具有该词性,因此形容词用法外,若还可后接格助词「ガ」「ヲ」做主语、宾语,就将其认定为名形兼类词。汉语多数动词、形容词都可以做主语或宾语,因此若对兼类词不加限制,那多数词语将成为兼类词,从而失去词性分类的意义。本研究综合考虑句法功能和广义的形态特征(词语的组合能力)来判定兼类词,形容词除了可以做主语、宾语外,还要能够受名量词修饰才会将其纳入兼类词范畴。因此,尽管"安全、孤独"等在例8)、例9)中分别做"保证、忍受"的宾语,但是由于未能检索到受名量词修饰的例句,因此被归入"具有名词性用法的形容词"而非兼类词,从而与日语产生差异。

5.1.2　汉语和日语皆为形容词的同形词

《现汉》标注为形容词、『新明解』标注为名形兼类的 350 个中日同形词中有 269 词在语料库中的词性用法与词典所标词性不一致,它们在汉语和日语语料库中都只有形容词用法,词性用法相同。本节依据语料库调查数据和具体例句,详细说明这 269 词在汉日语中的用法特征,并分析『新明解』标注名词的原因。

哀切	婀娜	甘美	果断	果敢	过激	华丽	晦涩	豁达
活泼	火急	机敏	急速	简便	简洁	简略	简明	紧急
紧要	巨大	倨傲	均等	空疏	狂暴	奇拔	奇妙	强大
强固	强健	强硬	轻薄	轻捷	……①			

5.1.2.1　汉语语料库中的用法

这 269 个同形词在汉语语料库中主要有以下 5 种用法:

(1) 后接"的"做定语修饰名词。其中"高等、固有、旧式、劣等、特种、下等、新式、无限、有限、主要"这 10 词的定语用法占到了例句的 90％以上。

> 29) 通过两天 8 场激烈的比赛,有三人 10 次刷新了本市青少年举重纪录。(《天津日报》1990.6.19)
>
> 30) 他们制造出比较精密的测天仪。(《世界历史》1991)

---

① 由于该类同形词词数较多,此处仅列举一部分词语,其他词将在"附录"中全部列出。

31) 防守反击是我们<u>固有</u>的打法。(《天津日报》1990.6.19)

(2) 后接"地"做状语修饰动词、形容词等,但是"高等、固有、旧式、劣等、特种、下等、新式、无限、有限、主要"这 10 词不具备状语功能。

32) 两个人<u>激烈</u>地争执起来。(《大雪无痕》2000)

33) 即时速度才能<u>精确</u>地描述变速运动。(《物理(高中第一册)》1992)

(3) 在句中做谓语,且常受"很、十分"等程度副词修饰。其中"固有、有限"等词除了直接做谓语外,还可通过"是……的"句型做谓语。

34) 双方势均力敌,竞争十分<u>激烈</u>。(《天津日报》1991.5.17)

35) 他所在的泛美广告公司新近添置了一台制作 ID(身份)卡的仪器,甚为<u>精密</u>。(《绿卡族:我在美国的留学生活》2000)

36) 这一切都是由权力派生出来的,而不是您本身<u>固有</u>的。(《权力的成本》1998)

37) 承包企业的自主权仍然是<u>有限</u>的。(《产业组织与政府政策》1991)

(4) 部分同形词在语料库中检索到了做动词宾语的用法,但是例句极少。例 38)、例 39)中的"竞争的<u>激烈</u>"和"人的<u>伟大</u>"由主谓结构"竞争<u>激烈</u>"和"人伟大"变化而来,"激烈、伟大"实际是谓语,且此处的宾语并非"激烈、伟大"本身,而是整个"的字结构",因此本研究不将这种用法纳入名词性用法,即这 269 词就是普通形容词,区别于 5.1.1 中的"具有名词性用法的形容词"。

38) 此事,充分说明竞争的<u>激烈</u>。(《科技革命与大国兴衰》2000)

39) 我们全部的尊严就在思想,思想形成人的<u>伟大</u>。(《生命的耐力》2000)

（5）与其他词语或词缀结合形成复合词或派生词。例40)中的"精密仪器"与"精密的仪器"没有区别，都是形容词。"下等、旧式、新式、特种、劣等"以不接"的"直接修饰名词的复合用法为主，区别于一般形容词。

40) <u>精密仪器</u>和光学仪器工业在世界上都占重要地位。(《世界地理》1993)

41) 过去凡是铁匠、屠夫等家庭的人均被视为<u>下等</u>人。(《人民日报》1996.4.11)

综上所述，这269个同形词在汉语语料库中主要做定语、状语和谓语，是典型的形容词，其中"高等、固有、旧式、劣等、特种、下等、新式、无限、有限、主要"这10词主要做定语，没有状语功能，罕见谓语用法，依据第三章的判断标准本研究将其归为形容词的附类——属性词。

5.1.2.2 日语语料库中的用法

这269个同形词在日语语料库中主要有以下5种用法：

（1）后接活用词尾「－ナ」做定语修饰名词。从形态特征来看，它们多数后接「－ナ」修饰名词，是村木新次郎(2004)所言的「第二形容詞」，但是部分同形词也可后接「－ノ」修饰名词，比如「特殊」就有「<u>特殊</u>なもの」和「<u>特殊</u>のもの」两种形态。「火急・緊急・正規・旧式・固有・細心・新式・尋常・独特・悠久」这10词主要后接「－ノ」修饰名词，从形态特征来看是村木新次郎(2004)所言的「第三形容詞」。

42) 出世するには<u>激烈</u>な競争を勝ち抜かなければならない。(『逆説の日本史』2001)

43) Sさんはさらに<u>精密</u>な検査をしました。(『静脈瘤の即日手術』2003)

（2）后接活用词尾「－ニ」做状语修饰动词或形容词。例44)、例45)中的「<u>激烈</u>に」「<u>精密</u>に」分别修饰其后的动词「殴り合っている」「点検する」,表达动作的状态,与「学生に聞く」这样的「名詞＋格助詞に」用法截然不同。

44)　すぐ眼の前の男たちが、激烈に殴り合っている。(大江健三郎『万延元年のフットボール』1988)

45)　タービン部、燃焼器を主に精密に点検する。(『実務に役立つ非常電源設備の知識』2005)

(3) 后接助动词「－ダ」及其活用形式在句中做谓语。例46)、例47)中的主谓结构都可置换为定中结构「激烈な痛み」「偉大な先祖」,这与「私は学生だ」这样的名词谓语句显然不同,即句中的「激烈」「偉大」是形容词的谓语用法。

46)　椎体骨折による痛みは激烈だった。(『屍鬼』2002)

47)　先祖は偉大だった。(『魔女の結婚』2001)

(4) 与其他词语或词缀结合形成复合词或派生词。日语中词缀「さ」只与形容词结合,其功能是将形容词转化为名词,因此例48)中的「激烈」是形容词性的。例49)中的「精密検査」可以还原为「精密な検査」或「精密に検査する」,显然句中的「精密」也是形容词性的。

48)　この激烈さはやはり女性のものであるでしょう。(『天武と持統』1993)

49)　精密検査を受けた結果、肝臓癌と診断された。(『特別室の夜』2004)

(5) 部分同形词在特殊情况下有做主语或宾语的临时性名词用法,比如「精密」在 BCCWJ 中检索到了例50)和例51)两个做宾语的例句。这两个例句出自同一本译著,由于整个语料库中仅有这2例名词用法,可以推测这是作者个人的语言习惯,而非该词的一般用法。本研

究将这种用法受限、例句极少的名词性用法看作临时的词性转化,不将
其认定为名词。

　　50)　その「命題Ⅳ」でこのミニモ会修道士は遙かに<u>精密を期</u>
<u>し</u>つつ、ヴォールザールに戻る。(髙山宏訳『バルトルシャイティ
ス著作集』1992)

　　51)　何故なら、いかに<u>精密をめざし</u>てもそれが完全なる円
にならないからであって、……(髙山宏訳『バルトルシャイティ
ス著作集』1992)

　　综上所述,这 269 个同形词在日语语料库中主要做定语、状语和谓
语,是较为典型的形容词,从形态特征来看,后接「－ナ」修饰名词的「第
二形容詞」居多,仅有「旧式・新式」等 10 词是后接「－ノ」修饰名词的「第
三形容詞」。尽管部分词语在语料库中检索到了做宾语的用法,但由于
例句数量极少且都属于临时的词性转化,本研究不将它们认定为名词。

5.1.2.3　汉日对比

　　这 269 个同形词在汉语和日语语料库中都只有形容词用法,词性
用法没有差异。它们在『新明解』中被标注为名形兼类词,比语料库调
查结果多出了名词用法。本节从词语结构、词性用法的历时变化等角
度对这 269 词做进一步考察,进而分析『新明解』标注名词的原因。

5.1.2.3.1　词语结构对比分析

　　这 269 个同形词在汉日语中意义基本相同,词语结构未见差异,其
在汉语和日语中的结构关系可以整理为表 5－3。

表 5－3　汉语和日语皆为形容词的同形词结构

词语结构	词例					词数(百分比)
A＋A 并列结构	简洁	平坦	鲜明	凶暴	远大……	212(78.81%)
N＋A 状中结构	病弱	火急	神圣	犀利	性急	5(1.86%)
S＋A 状中结构	不敏	不逊	非凡	无耻		4(1.49%)

续　表

词语结构	词例	词数(百分比)
M+A 状中结构	过激　绝佳　绝妙　莫大	4(1.49%)
A+A 状中结构	哀切　痛切　幸甚	3(1.11%)
A+N 定中结构	大胆　多样　单调　高等　旧式……	21(7.81%)
S+N 定中结构	无限　有利　有力　有名　有限	5(1.86%)
N+N 定中结构	皮相　下等	2(0.74%)
V+N 动宾结构	好色　合法　露骨　随意　知名	5(1.86%)
A+V 状中结构	固有　果断　希有　早熟　直截	5(1.86%)
V+V 并列结构	奔放　放恣　偏颇	3(1.11%)
总计		269(100%)

由表 5-3 可知,269 个同形词中有 228 词的中心成分是形容词性语素,占到总数的 84.76%,其中 A+A 并列结构最多,共有 212 词。此外还有 N+A 状中结构、S+A 状中结构、M+A 状中结构,共计 13 词。“哀切、痛切、幸甚”3 词较为特殊,属于后项语素修饰前项语素的广义 A+A 状中结构(“形补结构”),该结构的中心语素在左侧,依旧是形容词性的。这 228 词受中心成分性质的影响,在汉语和日语中都是形容词。

269 个同形词中有 28 词的中心成分是名词性语素,占到总数的 10.41%。其中 A+N 定中结构最多,共有 21 个,但是它们在实际使用时理解为 N+A 主谓结构更为合理,比如「大胆の人」比起「大きい胆の人」解析为「胆が大きい人」更为合理,此时词语的中心成分是形容词性的,词语本身也就具备了形容词用法。“无限、有限”等 5 词是 S+N 定中结构,其形容词用法与表达存在与否的词缀“有、无”有关。“皮相、下等”2 词是 N+N 定中结构,它们的形容词用法由名词用法派生而来。

最后,269 个同形词中有 13 词的中心成分是动词性语素,占到总数的 4.83%。其中 V+N 动宾结构和 A+V 状中结构各有 5 个,V+V 并列结构有 3 个,这 13 词的形容词用法由动词派生而来。

5.1.2.3.2　词性历时变化考察

　　依据第四章 4.1.1.3.2 的方法,笔者利用《汉语大词典》、『日本国語大辞典』以及多个语料库对这 269 个同形词的词性用法进行了历时调查,发现"伟大、大胆、好色"等 250 词在古代汉语中就已出现,其中"伟大、弱小"等中心成分是形容词性语素的词语在古代汉语中就作为形容词使用,可以推测它们由汉语传到日语后,日语继承了形容词用法,保持了与汉语词性的一致性。"大胆、细心"等中心成分为名词性语素的同形词,"好色、露骨"等中心成分为动词性语素的同形词,在古代汉语中用法与中心成分的性质一致,分别做名词、动词使用,到近代才产生形容词用法,即这些词的形容词用法由名词或动词派生而来,其后由于使用频度降低等原因,名词和动词用法消失,只有形容词用法保留了下来。

　　"高等、旧式、劣等、下等、新式、主要"这 6 个词在古代汉语中就已经出现,但是都作为名词使用,词义与现代义完全不同,而日语现代义的例句年代都早于汉语,可见现代用法源自日语,它们是"回归词"。日语固有词汇中形容词数量有限,因此日本人在翻译西方著作时通过赋予古代汉语新义的方法创制了大量「漢語形容詞」,"下等、旧式"等就是其中的代表性词语。这些新义和新用法重新传入汉语,才使得汉语中也有了形容词用法。

　　"单调、低劣、低俗、敏感、适度、特种、顽强、旺盛、优良、优秀、正规、正确、正式"这 13 词,古代汉语中未检索到例句,『日本国語大辞典』列出的书证表明它们是日语借词。其中,"单调、敏感、适度、特种、正规、正式"这 6 词的中心成分都是名词性的,与一般形容词的结构不符,但是如前文所述,「正式」还可解析为「式が正しい」这样的 N＋A 主谓结构,因此具有形容词用法并不突兀。这些词由日语传入汉语,汉语继承了日语的用法,自然也是形容词。

5.1.2.3.3　『新明解』标注名词的原因分析

　　这 269 个同形词在日语语料库中仅有形容词用法,但『新明解』除了形容词外还默认其有名词用法,显然词典所标词性与语料库调查结果不一致,究其原因依然与日语汉字词汇的特殊性质有关。

首先,日语汉字词汇属于广义的外来词,包含『新明解』在内的多数词典并未依据每个词的实际用法来标注词性,而是默认副词以外的所有汉字词汇都有名词用法,因此尽管这类同形词没有做主语、宾语的句法功能,词典依旧标注名词。本研究主要依据句法功能判定词性,这269个同形词在语料库中未能检索到做主语、宾语的用法,自然就不将其认定为名词,从而与词典的标注产生差异。

其次,日语形容词在做定语修饰名词时,部分词语兼有「特别なもの」「特别のもの」两种形态,『新明解』在判定词性时以形态特征作为首要标准,而后接「一ノ」做定语与名词的形态特征重合,因此兼具上述两种形态特征的「特别」等同形词被赋予了名词和形容词两种词性。

最后来看日语对复合用法中汉字词汇的处理方式。日语汉字词汇除副词外基本都具有与其他词语或词缀结合的复合用法,由于复合用法中它们没有任何形态标记,日本的国语辞典一般默认其为名词性构词语素,即「精密检查」中的「精密」是名词性的,而「精密な检查」中的「精密」是形容词性的。本研究认为复合用法中的词语性质与独立用法时基本一致,即「精密」在「精密检查」和「精密な检查」中用法并无实质差异,两者都是形容词性的,从而与词典的标注产生差异。

综上所述,以形态特征作为词性判定首要标准的『新明解』默认副词以外的所有汉字词汇都有名词用法,但是本研究认为判定词性时句法功能优于形态特征,因此对于语料库中未能检索到名词句法功能的同形词不认定其为名词,从而导致语料库调查结果与词典标注的不一致。

5.2　《现汉》标注为形容词、『新明解』标注为名词的同形词

由第二章表 2-1 可知,《现汉》标注为形容词、『新明解』标注为名词的中日同形词共有 264 个,其中有 177 词在汉日语中意义基本一致,

其在语料库中的词性对应关系可以归纳为表 5-4。

表 5-4　语料库中的词性对应关系

	汉语	日语	词数(百分比)
词典中的词性对应关系	形容词	名词	177(100%)
语料库 调查结果	形容词	名词	48(27.12%)
	形容词	形容词	62(35.03%)
	形容词	名词、形容词	32(18.08%)
	形容词	构词语素	24(13.55%)
	未检索到例句		11(6.22%)

　　由表 5-4 可知,语料库调查结果与词典所标词性一致的同形词有 48 词,占到总数的 27.12%,而语料库调查结果与词典所标词性不一致的同形词有 118 词,占到总数的 66.66%。剩余 11 词(6.62%)在语料库中未能检索到例句,具体又可分为以下两类:(1) 汉语"标注语料库"中检索到了例句,但日语 BCCWJ 中未能检索到例句的同形词(8 个):草昧、翠绿、技痒、倥偬、硗确、新禧、藤本、玄奥。(2) 日语 BCCWJ 中检索到了例句,但汉语"标注语料库"中未能检索到例句的同形词(3 个):背理、沉勇、郁愤。这 11 个同形词在语料库中未能检索到例句,说明它们的使用频度过低,在汉语或日语中已经逐渐被淘汰,进行共时研究的意义不大,因此本研究不将其纳入考察范围。

　　本节按照表 5-4 所示的词性对应关系,分别考察各类中日同形词在语料库中的用法差异,并从词语结构、词性用法的历时变化等角度分析差异产生的原因。

5.2.1　汉语为形容词、日语为名词的同形词

　　《现汉》标注为形容词、『新明解』标注为名词的 177 个中日同形词中有 48 词在语料库中的词性用法与词典所标词性一致,词性用法存在较大差异。本节依据语料库调查数据和具体例句,详细比较它们在语

料库中的用法差异并分析差异产生的原因。

哀愁　悲哀　悲愁　赤诚　匆忙　恩爱　愤懑　感伤　恭敬
欢乐　荒淫　饥饿　艰苦　艰难　健忘　娇羞　近视　径庭
恐慌　快乐　困苦　劳苦　临界　民事　偏执　亲善　热诚
仁爱　荣光　荣华　荣耀　睿智　弱视　失意　特需　疼痛
痛苦　伪善　辛酸　羞耻　虚空　虚无　雅致　忧愁　忧愤
友爱　衷心　主观

5.2.1.1　汉语语料库中的用法

这 48 个同形词在汉语语料库中主要有以下 5 种用法：

(1) 后接"的"做定语修饰名词。

52) 那个悲哀的故事发生的时间和地点已经非常遥远了。
(《呦呦鹿鸣》1998)

53) 他怎么也无法忍住苦涩辛酸的泪水。(《人民日报》2000.
3.14)

54) 我们党的正确的而不动摇的策略,决不是少数人从主观
的愿望出发所能制定出来的。(《北京日报》1993.12.26)

(2) 后接"地"做状语修饰动词、形容词等,但"临界、主观"等 5 个
同形词没有状语功能。

55) 他悲哀地叹气。(《人民日报》1995.6.27)

56) 我异常痛苦地喊了一声。(《生命,女性,爱情》1993)

(3) 在句中做谓语,且常受"很、十分"等程度副词修饰。

57) 她装疯时的心情很痛苦、很复杂。(《梅兰芳先生的革新
精神》1990)

58）可我内心却很<u>痛苦</u>，似乎无所事事。（《生活时报》
1999.3.28）

（4）除了"临界、民事、亲善、特需、衷心、主观"这 6 词外，剩余 42
词有直接做"充满、害怕、忘记"等动词宾语的名词性用法。尽管这些词
在汉语中可以做宾语，但很难单独做主语，亦不能受名量词修饰。为了
区别于普通形容词和名形兼类词，本研究将其归为"具有名词性用法的
形容词"。

59）生活中充满了<u>辛酸</u>。（《人民日报》1992.1.9）
60）各方力量，不怕疲劳，不畏<u>艰难</u>，开展生产自救。（《经济
日报》1991.8.6）

（5）与其他词语或词缀结合形成复合词或派生词。例 61）中，
"艰难"和"困苦"形成并列关系，共同做定语修饰"岁月"，显然是形容
词性的。例 62）中的"不堪"是"痛苦"的补语，表达其程度，类似于
"很痛苦"，因此"痛苦"亦是形容词性的。48 个同形词中，"临界、民
事、特需、主观"以直接做定语修饰名词的复合用法为主，区别于普通
形容词。

61）井冈山的人民在当年<u>艰难</u>困苦的岁月，把什么都献给了
红军。（《人民日报》1999.4.30）
62）你倒是很顺心，月娟却在家里<u>痛苦</u>不堪。（《正是为了爱》
1990）
63）三是股东与公司之间因定向回购引发的<u>民事</u>争议。（《法
制日报》2001.3.14）

综上所述，这 48 个同形词在汉语语料库中主要做定语、状语和谓
语，是典型的形容词。其中有 42 词可以直接做动词的宾语，是"具有名
词性用法的形容词"。"临界、民事、特需、主观"这 4 词只能做定语，没

有状语和谓语功能,根据第三章的判断标准本研究将其归入形容词的附类——属性词。

5.2.1.2　日语语料库中的用法

这48个同形词在日语语料库中主要有以下3种用法:

(1)后接格助词「ガ」「ヲ」做主语和宾语。这48词在日语中主要做「味わう」「舐める」等特定动词的宾语,做主语时前面必须有定语修饰语。

64)第一から第二の節目までは、<u>栄光</u>と<u>悲哀</u>が強烈に織りまざった二十九年だった。(『美智子皇后』1990)

65)<u>悲哀</u>を味わった彼にしてみれば当然の願望である。(『ラヴ・レター』1994)

66)戦争の<u>辛酸</u>をなめた人ほど、平和を渇望している。(『新・人間革命』1998)

(2)后接「ノ」「ニ」「デ」等格助词在句中充当定语、状语等其他句法成分。例67)中的「栄光の証し」无法替换为「証しは栄光だ」这样的主谓结构,因此「栄光」是名词而非形容词。例68)中的「栄光に包まれる」是「栄光が包む」的被动态,例69)中的「栄光」与格助词「で」搭配表达原因,显然这两句中的「栄光」也是名词。

67)その一つ一つが、立ち並ぶ魔宮各々の<u>栄光</u>の証しである。(『天使の自立』1996)

68)私は燦然たる<u>栄光</u>に包まれた。(『どくとるマンボウ医局記』1993)

69)全身が<u>栄光</u>で燃え立つようであった。(『ベールの彼方の生活』2004)

需要补充的是,这48词后接「一ニ」做补语时,多与「満ちる・遭遇する」等动词搭配,如「哀愁・栄光・艱難・偽善・虚無・悲哀・憂愁」

都可以后接「一二」做动词「満ちる」的补语,而「艱苦・飢餓・困苦・羞恥・痛苦」则多与动词「堪える」搭配。

(3) 与其他词语或词缀结合形成复合词或派生词。例 70)中的「近視」提示「手術」的内容,因此是名词性的。词缀「的(てき)」的功能是将名词变为形容词,因此例 71)中的「主観」不是形容词性的,而是名词性的。这 48 个同形词中「主観・民事・臨界」的复合用法比例极高,其中「主観」主要与词缀「的」组合,形成形容词「主観的」,而「民事」「臨界」则如「民事訴訟」「臨界事故」等所示,在复合词中主要作为前项语素使用。

> 70) 近視手術による治療法が近年注目されています。(『目に効く「ルテイン」』2001)
>
> 71) 音楽でいう時間はおよそ主観的な感覚だ。(『ジャズ・ヒストリー』2004)

综上所述,这 48 个同形词在日语语料库中可以做主语和宾语,因此本研究将其归为名词,不过与一般名词稍有不同,它们做宾语或补语时,多与特定的动词搭配,用法较为单一。同时,有部分同形词以复合用法为主,因其单独使用时未能检索到形容词用法,本研究依然将它们归为名词。

5.2.1.3 汉日对比

这 48 个同形词在汉语中是形容词,在日语中是名词,词性用法存在较大差异。由于多数词语在汉语中具有做宾语的名词性用法,因此这些词在汉日语中的主要区别是日语缺少形容词用法。本节从词语结构、词性用法的历时变化等角度对这 48 词做进一步考察,以探明词性产生差异的原因。

5.2.1.3.1 词语结构对比分析

这 48 个同形词在汉日语中尽管意义大致相同,但部分构词语素具有多重性质,因此词语整体的结构存在一定差异,它们在汉语和日语中的结构关系可以整理为表 5-5。

表 5－5　汉语为形容词、日语为名词的同形词结构比较

词语结构	汉语		日语	
	词例	词数（百分比）	词例	词数（百分比）
A＋A 并列结构	艰难 虚空 友爱……	31(64.59%)	艱難 痛苦 悲哀……	18(37.50%)
V＋A 状中结构	劳苦	1(2.08%)	劳苦	1(2.08%)
N＋N 并列结构	径庭	1(2.08%)	哀愁 仁愛 悲愁……	8(16.67%)
A＋N 定中结构	主观 衷心	2(4.17%)	虚無 熱誠 主観……	4(8.33%)
N＋N 定中结构	民事	1(2.08%)	民事	1(2.08%)
V＋V 并列结构	愤懑 恭敬 忧愤	3(6.25%)	飢餓 憤懣 憂憤……	7(14.59%)
A＋V 状中结构	近视 健忘 弱视	3(6.25%)	近視 健忘 弱視	3(6.25%)
V＋N 动宾结构	临界 伪善 失意	3(6.25%)	失意 偽善① 臨界	3(6.25%)
V＋V 状中结构	感伤 偏执	2(4.17%)	感傷 偏執	2(4.17%)
M＋V 状中结构	特需	1(2.08%)	特需	1(2.08%)
总计		48(100%)		48(100%)

　　如表 5－5 所示,这 48 个同形词在汉日语中的词语结构极其复杂。首先来看它们在汉语中的情况。汉语中心成分是形容词性语素的词语多达 32 个,其中有 31 词是 A＋A 并列结构,仅有 1 词是 V＋A 状中结构,它们在汉语中作为形容词使用符合一般语言规律。其次,汉语中心成分是名词性语素的同形词有 4 个,它们是由名词用法派生出了形容词用法,在此过程中语义也发生了变化,具体在后文讨论。最后,汉语中心成分是动词性语素的同形词有 12 个,包括 V＋V 并列结构、A＋V 状中结构以及 V＋V 状中结构等,显然这些词的形容词用法由动词派生而来。

　　再来看这些词在日语中的词语结构关系。日语中心成分是形容词性语素的同形词共有 19 个,其中有 18 词是 A＋A 并列结构,剩余 1 词

---

① “伪善”可以理解为「善を偽る」,因此是 V＋N 动宾结构。

是 V＋A 状中结构。这 19 词在日语中原本也应有形容词用法,然而日语词汇种类多样,描述直观感受时「悲しい」「難しい」等固有的和语形容词更为常用,而「悲哀」「艱難」等同义的汉字词汇则一般用来表达抽象概念。换言之,日语中汉字词汇与和语词汇的不同功能阻止了这些同形词派生形容词用法。日语中心成分是名词性语素的同形词有 13 个,其中有 8 词是 N＋N 并列结构,有 4 词是 A＋N 定中结构,仅有 1 词是 N＋N 定中结构,这些词在日语中作为名词使用符合一般语言规律。日语中心成分是动词性语素的同形词有 16 个,主要为 V＋V 并列结构、A＋V 状中结构以及 V＋V 状中结构。它们在日语中原本是名动兼类词,但是表达动作时同义和语动词更为常用,使得其动词用法的使用频度逐渐降低,最终成为名词。

对比分析这些同形词在汉日语中的词语结构可以发现,中心成分的性质差异是造成同形词词性用法差异的主要原因。依据《现汉》的标注,"饿、慌"等语素都是形容词性的,由此"饥饿、恐慌"在汉语中是 A＋A 并列结构,区别于日语的 V＋V 并列结构。"哀愁、恩爱、虚空、热诚"等词中的"愁、爱、空"等语素在现代汉语中也是形容词性的,在日语中却是名词性的,由于词语整体的词性往往受后项语素的影响,这些词在汉日语中的词性自然不同。然而,同形词中还有部分词语的中心成分是名词性语素和动词性语素,它们在汉语中的形容词用法应该是由名词或动词派生而来,具体在下文探讨。

5.2.1.3.2　词性历时变化考察

依据第四章 4.1.1.3.2 的方法,笔者利用《汉语大词典》、『日本国語大辞典』以及多个语料库对这 48 个同形词的词性用法进行了历时调查,发现"哀愁、痛苦"等 41 词在古代汉语中就已出现,在句中主要做谓语,用法偏向于动词。现代汉语中由于"哀、乐、悲、羞"等表达情感的单音节形容词多数已不再单独使用,因此这 41 个双音节词派生出了做定语和状语的用法,词性亦由动词转变为形容词。这些词语在古代汉语中的动词用法传入了日语,再加上汉字词汇的特殊性质,原本应该是名动兼类词,但是「雅致・艱苦・嬌羞・痛苦・熱誠」等 11 词在日语语料库中的例句都不足 10 例,可以推测,随着使用频度的降低,这些词的动词用法消失,仅有名词用法留存,从而与汉语产生了差异。

"近视、民事"2 词在古代汉语中的意义与现代汉语不同,而日语现代义的例句都要早于汉语,可见是日语先产生了现代义用法再传入了汉语,即这两个词是"回归词"。这两个词在日语中以复合用法为主,汉语受日语影响以直接修饰名词做定语的用法为主,无法做宾语或主语,因此本研究按照句法功能标准将其归入形容词的附类——属性词。

最后,"恐慌、临界、弱视、特需、主观"5 词未能从古代汉语语料库中检索到例句,日语词典和语料库的例句年代都早于汉语,基本可以认定它们是日语借词。这些词在日语中作为名词使用,进入汉语后由于"慌、弱"等语素的形容词性质,且"弱视"在实际使用时是主谓结构"视弱",因而派生出了形容词用法。"主观①、特需、临界"在日语中复合用法比例极高,汉语受日语影响只可修饰名词做定语,本研究将它们归入属性词。

5.2.2　汉语和日语皆为形容词的同形词

《现汉》标注为形容词、『新明解』标注为名词的 177 个中日同形词中有 118 词在语料库中的词性用法与词典所标词性不一致,其中有 62 词在汉语和日语语料库中都是形容词,词性用法没有区别。本节依据语料库调查数据和具体例句,详细考察它们在汉语和日语语料库中的用法特征,并分析『新明解』词性标注与语料库调查结果不一致的原因。

白皙	薄命	必修	别样	博雅	不肖	草本	恻隐	长久
长足	出色	初级	匆匆	大量	电动	恶性	法定	高速
公共	公立	公营	寡言	国产	国立	国营	恒久	坚忍
间接	巨额	巨万	绝好	酷热	……②			

---

① 陳力衛(2001)已经将"主观"作为日语借词列出。

② 由于该类同形词词数较多,此处仅列举一部分词语,其他词语将在"附录"中全部列出。

5.2.2.1 汉语语料库中的用法

汉语语料库中这 62 词主要有以下 5 种用法：

(1) 后接"的"做定语修饰名词。

72) 下午酷热的阳光被圆山遮挡了。(《人民日报》1998.1.10)

73) 吉奇的提议不能不说是一个绝好的主意。(《金链》2000)

(2) "长久、匆匆、出色、神速、适时、永久"这 6 词可以后接"地"做状语修饰动词、形容词。

74) 他带领全排苦干奋斗,出色地完成了任务。(《中国青年报》1992.3.5)

75) 今天三项世界纪录将永久地载入国际举坛史册。(《解放日报》1992.12.22)

(3) "长久、出色、寡言、巨万、神速、晚熟、至上"这 7 词在句中可以做谓语,且常受"很、十分"等程度副词修饰。

76) 他的旋转、托举等各项技术也非常出色。(《中国文化报》1999.11.3)

77) 国家利益至上、人民利益至上、全局利益至上。(《人民日报》1998.10.9)

(4) 与其他词语或词缀结合形成复合词或派生词,但整体而言复合用法所占比例不高。例 78)中的"晚熟"修饰"株",例 79)中的"不肖"修饰"子孙",分别表达两个名词的属性,因此依旧是形容词性的。

78) 上述两种虫苗不能抵抗大剂量晚熟株的感染。(《农业生物技术学报》1996)

79) 我们不能当不肖子孙。(《人民日报》1994.12.30)

(5) 这 62 个同形词中有 36 词在句中主要做定语,无法直接做谓语,且没有状语功能。如例 82)、例 83)所示,其谓语功能需要通过"是……的"句型来实现。同时,这些词一般不受"很、十分"等程度副词修饰,显然与一般形容词有较大区别。本研究依据第三章的判定标准将其归为形容词的附类——属性词。

80) 帝国主义列强向中国勒索了<u>巨额</u>货币财富。(《法制日报》2000.8.26)

81) 伊朗能够依靠<u>国产</u>的装备和船只来使海湾不得安全。(《新华日报》1992.7.26)

82) 秦山核电站的核燃料组件完全是<u>国产</u>的。(《求是》1992)

83) 农民的劳动投入可以是<u>无偿</u>的。(《人民日报》1995.4.20)

综上所述,这 62 个同形词在汉语语料库中有 26 词是具有定语、状语和谓语三种句法功能的典型形容词,还有 36 词是以定语功能为主的属性词。

5.2.2.2 日语语料库中的用法

这 62 个同形词在日语语料库中主要有以下 5 种用法:

(1) 后接「－ノ」做定语修饰名词。例 87)中的「絶好の機会」可以替换为「機会が絶好だ」这样的主谓结构,「絶好」表达的是后续名词「機会」的属性,区别于名词修饰名词的定语用法,依据村木新次郎(2004)的观点,它们属于「第三形容詞」。值得注意的是,如例 88)、例 89)所示,部分同形词在修饰名词时兼有「－ノ」和「－ナ」两种形态,由于句法功能没变且以「－ノ」形态为主,本研究不将其纳入兼类词,而是全部归入「第三形容詞」。

84) 企業向けの市場は<u>国営</u>の保険が独占している。(『ダイヤモンド』2001)

85) 享年二十五、六歳という<u>薄命</u>の人であった。(『秀吉を拒んだ女たち』1996)

86）そして女衒たちは<u>巨万</u>の富を得るのだ。(『女衒』2001)

87）アナは自分が<u>絶好</u>の機会をつかんだのに気づいた。(『奥津城』2001)

88）組合代表にも<u>同等</u>の権利があるはずだ。(『沈まぬ太陽』1999)

89）すべての人は豊かで充実した生活を送る上で<u>同等</u>な権利を有する。(『NGO 先進国スウェーデン』1994)

（2）后接活用词尾「－ニ」做状语修饰动词或形容词,但 62 词中仅有「永久・恒久・神速・適時・間接・長久・同等・別様・唯一」这 9 词具有该功能。

90）ここは<u>永久</u>に光の届かぬ場所。(『真皓き残響』2002)

91）これは幕府を<u>間接</u>に助けてやるようなものだ。(『十五代将軍徳川慶喜』1998)

（3）后接「-ダ」等助动词及其活用形态在句中做谓语。62 词中仅有「出色・絶好・万能・無名」4 词有该功能。

92）松葉は死体の捨て場所としては<u>絶好</u>である。(『野性時代』2004)

93）なるほどgiveは<u>万能</u>だなと思う。(『スヌーピーたちの言葉は泉のように』1996)

（4）「巨額・公営・公共・高速・公立・国営・国産・国立・私営・初級・中級・民営」这 12 词在 BCCWJ 中还检索到了少量做主语、宾语的例句。例 94)中的「国営」「公営」「民営」分别是「<u>国営</u>の研究機関」「<u>公営</u>の研究機関」「<u>民営</u>の研究機関」的缩略形式,尽管它们在句中做主语,但其意义必须通过上下文才能理解,因此本研究将这些用法归为临时转化而非正式的名词用法。

94）昭和 60 年度に研究開発を実施した研究機関数につい
てみると……この結果，昭和 60 年度では，国営が8.8％，公営が
56.6％，民営が33.9％，特殊法人が0.7％を占めている。(『科学技
術白書』1998)

95）公立が荒れていると、どうしても私立に行かせたいと
思いますよね。(『Yahoo！知恵袋』2005)

96）日本の栗が気になりだしてからすっかり国産を中心に
使うようになった。(『名門ホテルのパティスリー』2004)

（5）与其他词语或词缀结合形成复合词或派生词。例 97）、例 98）
中的「万能薬」「公立学校」分别可以替换为「薬は万能だ」和「公立の学
校」，其性质与独立用法时一致，都是形容词性的。这 62 个同形词复合
用法比例都极高，其中有 36 个词的复合用法达到了例句总数 90％以
上，而『新明解』标注名词也与此有关。

97）どんな病気にも効く万能薬だ。(『ドラえもんの秘密』
1993)

98）教師の子供は公立学校に通っている。(『誰が教育を滅
ぼしたか』2001)

综上所述，这 62 个同形词在日语语料库中主要做定语修饰名词，
少部分词语有状语和谓语功能，且未检索到做主语和宾语的用法，因此
从句法功能来看是形容词。从形态特征来看，它们主要后接「－ノ」修饰
名词，根据村木新次郎(2004)的分类，它们属于「第三形容词」。

5.2.2.3　汉日对比

根据语料库调查结果，这 62 个同形词在汉语和日语语料库中都只
有形容词用法，词性用法一致。然而，它们在『新明解』中被标注为名
词，与语料库中的实际用法完全不同，本节从词语结构、词性用法的历
时变化等角度进一步探讨这 62 个同形词的用法特征，进而分析『新明
解』将它们标注为名词的原因。

5.2.2.3.1　词语结构对比分析

　　这 62 个同形词在汉日语中意义基本相同,词语结构未见差异,其在汉语和日语中的结构关系可以整理为表 5-6。

表 5-6　汉语和日语皆为形容词的同形词结构

词语结构	词例	词数(百分比)
A+A 并列结构	博雅　匆匆　公共　僻远　永久······	12(19.36%)
M+A 状中结构	绝好　酷热　神速	3(4.84%)
N+A 状中结构	稀世①	1(1.61%)
A+N 定中结构	薄命　初级　恶性　寡言　浅学······	18(29.02%)
S+N 定中结构	无偿　无上　无名　有形	4(6.45%)
N+N 定中结构	草本　木本　天然	3(4.84%)
V+N 定中结构	出色　至上	2(3.23%)
M+N 定中结构	唯一	1(1.61%)
N+V 状中结构	电动　法定　公营　国营　间接······	12(19.36%)
A+V 状中结构	坚忍　晚熟　新兴	3(4.84%)
M+V 状中结构	必修　莫逆	2(3.23%)
S+V 状中结构	不肖	1(1.61%)
总计		62(100%)

　　由表 5-6 可知,这 62 个同形词中,中心成分是形容词性语素的词语共有 16 个,其中有 12 个是 A+A 并列结构,剩余的为 M+A 状中结构(3 个)和 N+A 状中结构(1 个),它们在汉日语中作为形容词使用符合一般语言规律。

　　其次,中心成分是名词性语素的同形词共有 28 个,其中有 18 词是 A+N 定中结构,其余为 S+N 定中结构(4 个)、N+N 定中结构(3 个)等。一般而言,中心成分的性质决定整个词语的词性,因此这些词原本不应该有形容词用法,然而如"薄命的人"和"命薄的人"所示,"薄命"等

---

①　"稀世"可以理解为"世间稀有",因此是广义的 N+A 状中结构。

A＋N定中结构在实际使用时等同于N＋A主谓结构,其实际的中心成分是形容词性语素A,因此词语整体也变成了形容词。此外,S＋N定中结构的词,其形容词用法与词缀"不、无"的性质有关,而N＋N定中结构的词则是由名词派生形容词用法。

最后,中心成分是动词性语素的同形词有18个,其中有12词是N＋V状中结构,此外还有A＋V状中结构(3个)、V＋N动宾结构(2个)、M＋V状中结构(1个)。这些词在两国语言中都没有动词的意义,从功能来看只能做定语,没有谓语、主语等功能,本研究依据句法功能标准将其归入汉语的属性词和日语的「第三形容詞」,它们属于结构特殊的形容词。

5.2.2.3.2　词性历时变化考察

依据第四章4.1.1.3.2的方法,笔者利用《汉语大词典》、『日本国語大辞典』以及多个语料库对这62个同形词的词性用法进行了历时调查,发现"薄情、绝好"等37词在古代汉语中就已经是形容词,现代汉语和日语的形容词用法都继承自古代汉语。

> 99) 嫁得薄情夫,长抱相思病。(《全唐诗》唐)
> 100) 桑麻外,乳鸠稚燕,别样芳情。(《全宋词》宋)

"大量、恶性"2词尽管在古代汉语中就已出现,但是其古代义与现代义完全不同,而『日本国語大辞典』中现代义例句的年代早于《汉语大词典》和"申报数据库",可以推测日语先衍生了现代义的形容词用法,而后又传回了汉语,即这2词是"回归词"。其后,现代义的形容词用法代替了古代汉语的名词用法,现代汉语仅有形容词用法留存。

最后,"电动、人造"等23词未能在古代汉语中检索到例句,由于其在日语词典和历时语料库中的例句年代都早于汉语,基本可以判定它们是日语借词。这些词在日语中主要做定语且复合用法较多,汉语受日语影响,基本也只有定语用法,因而本研究将它们归入属性词。从结构来看,这些词的中心成分多数是动词性语素,本来难以派生形容词用法,但由于部分词语译自英语,而英语原文是形容词,因而译词尽管从结构来看是动词性的,但用法受原词影响依然是形容词。比如,「間接」最早是作为 indirect 的译词出现在日语词典『改訂增補哲学字彙』中,由于 indirect 是形容词,因此「間接」也是形容词。这些词的词性与结构无关,而与其来源以及被创造出来时的实际用法有关。

5.2.2.3.3 『新明解』的词性标注与语料库调查结果比较

根据语料库调查结果,这 62 个同形词在日语中是形容词,但是在『新明解』中被标注为名词,两者有较大出入,本节探讨词典标注与语料库调查结果存在差异的原因。

首先,词典与语料库的差异与两者不同的词性判定标准有关。『新明解』以形态特征作为判定词性的主要依据,而这 62 个同形词在日语中后接「一ノ」修饰名词,形态特征与名词一致,因此即使没有名词的主语和宾语功能,仍被标注为名词。与此相对,语料库调查将句法功能作为判定词性的首要依据,而这 62 词在日语中都只有定语功能,因此都被归入形容词。

其次,词典与语料库的差异与使用频度有关。"寡言、浅学、稀世"等词在日语语料库中的例句都不足 10 例,使用频度极低,词性判断较为困难,由于未能检索到做主语、宾语的例句,因而被归入了形容词。『新明解』默认汉字词汇具有名词用法,同时它们后接「一ノ」做定语与名词的形态特征一致,因此被标注为名词。

最后,词典与语料库的差异与复合用法有关。"国立、间接"等词在日语中以复合用法为主,但复合用法缺少形态特征,而『新明解』默认复合词中的汉字词汇是名词,因而将这些词标注为名词也在情理之中。

5.2.3　汉语为形容词、日语为名形兼类的同形词

《现汉》标注为形容词、『新明解』标注为名词的 177 个中日同形词中有 118 词在语料库中的词性用法与词典所标词性不一致,其中有 32 词在汉语语料库中是形容词,在日语语料库中是名形兼类词,词性用法存在差异。本节依据语料库调查数据和具体例句,详细考察它们在语料库中的用法差异并分析差异产生的原因。

长寿	赤贫	初步	父系	寒冷	好奇	吉祥	侥幸	精锐
苦痛	褴褛	老龄	明智	母系	贫苦	普遍	漆黑	全盛
仁慈	日常	奢侈	适量	外来	危殆	危笃	危急	虚妄
虚伪	雪白	炎热	严寒	忠诚				

5.2.3.1　汉语语料库中的用法

这 32 个同形词在汉语语料库中主要有以下 5 种用法：

(1) 后接"的"做定语修饰名词。

　　101）埃及最近发现了世界上最<u>长寿</u>的老人。(《人民日报》1995.9.1)

　　102）简单枯燥的数字很难反映出<u>苦痛</u>的情景。(《乱世流离飘泊人》1990)

(2) 后接"地"做状语修饰动词、形容词等，但是"长寿、寒冷、炎热、外来"等词缺少该句法功能。

　　103）他<u>苦痛</u>地笑了笑，眼里还包着一腔泪水。(《寒夜》1990)

　　104）我将<u>忠诚</u>地履行宪法赋予的职责。(《人民日报》1993.4.1)

(3) 在句中做谓语，且常受"很、十分"等程度副词修饰。其中"外来"只有通过句型"是……的"才能实现谓语功能。

　　105）实践证明，吃<u>鱼</u>的孩童更聪明，吃<u>鱼</u>的老人更<u>长寿</u>。(《人民日报》1997.9.1)

　　106）绝大部分地方的年平均气温在 20℃ 以上，气候<u>炎热</u>。(《世界地理》1992)

　　107）炭疽芽孢杆菌的这些性质毕竟是<u>外来</u>的。(《大众科技报》2001.11.4)

(4) 32 个同形词中有 20 词具有直接做动词宾语的名词性用法。"苦痛、忠诚"等可以分别直接做"忍受、遭受"等动词的宾语,但是难以单独做主语,且不能受名量词、数量词修饰,说明它们并未完全名词化。为了将其与普通形容词和名形兼类词区别开来,本研究将它们归入"具有名词性用法的形容词"。

108) 一些国家和地区的人民因此而遭受苦痛和不安。(《光明日报》1999.1.1)

109) 人们对于本民族语言的忠诚和热爱是民族意识和民族心理的一种具体表现。(《文化语言学》1990)

(5) 与其他词语或词缀结合形成复合词或派生词。例 110)中的"忠诚"与"老实"形成并列关系,表达"共产党员"的属性,例 111)中的"长寿"修饰"者"表达其属性,两者都是形容词。

110) 他们最善于区别谁是忠诚老实的共产党员。(《人民日报》2000.12.25)

111) 好莱坞众星里长寿者不少。(《人民日报》1994.2.23)

112) 外来人口已超过本国人口。(《地理》1993)

113) 母系氏族公社时期,五大洲都有人居住。(《世界历史》1991)

综上所述,这 32 个同形词在汉语语料库中多数兼具定语、状语和谓语三项功能,是较为典型的形容词,其中有 20 词是可以直接做动词宾语的"具有名词性用法的形容词"。此外,"初步、父系、老龄、母系、日常、外来"6 词只有定语功能,没有状语和谓语功能,属于形容词的附类——属性词。

5.2.3.2 日语语料库中的用法

这 32 个同形词在日语语料库中主要有以下 6 种用法:

(1) 后接「一ノ」做定语修饰名词。例 114)中的「長寿のサクラ」可

以替换为主谓结构「サクラは長寿だ」,此时「長寿」表达的是「サクラ」的属性,这与名词修饰名词的所属关系或同位关系显然不同,因此「長寿」是形容词。32 个同形词中,「虚妄・奢侈・大度・長寿・普遍」修饰名词时兼有「－ナ」「－ノ」两种形态,但句法功能不变,都是形容词用法。

114) 山形県内では、久保ザクラに次ぐ<u>長寿</u>のサクラである。(『日本の巨樹 115 選』2002)

115) 2 枚の葉が一生涯成長し続ける<u>長寿</u>な植物。(『趣味の園芸』2001)

116) <u>老齢</u>の紳士もいる。(『ロンドンのボヘミアン』2000)

117) その大臣は非常に<u>老齢</u>な人ぞした。(『美食』1998)

(2) 后接「-ダ」等助动词及其活用形态在句中做谓语。例 118)中的「長寿」表达的是主语「日本人」的属性,意思等同于「長寿な日本人」,因此是形容词的谓语用法,而非名词的谓语用法。

118) 日本人は<u>長寿</u>であるし、出生率も低下している。(『平成官僚論』1994)

(3) 后接格助词「ガ」「ヲ」做主语和宾语。从语料库调查数据来看,如「<u>全盛</u>を誇る」「<u>大度</u>を示す」「<u>万全</u>を期す」等所示,这些词以做特定动词的宾语为主,做主语的例句较少。

119) <u>長寿</u>があまねく達せられた将来の日本ではどのようになるのであろうか。(『老年医学 update』2003)

120) 彼女は延宝年間、島原で<u>全盛</u>をほこった四代目薫太夫の衣装に、手描きをほどこした。(『花簪』2002)

(4) 后接「－ノ」做定语修饰名词,但是区别于(1)的定语用法,例 121)、122)中的「長寿」「忠誠」表达的并非是「お祝い」「証」的属性,而是

其具体的内容,且它们较难替换为主谓结构「お祝いが長寿だ」「証は忠誠だ」,因此「長寿」「忠誠」在句中是名词。

　　121) 長寿のお祝いは昔からある。(『冠婚葬祭実用辞典』2001)
　　122) オスマンがアッラーへの忠誠の証を示す。(『流沙の塔』2002)

(5) 后接格助词「－ニ」在句中充当补语等句法成分。例 123)中的「長寿」与「資源にめぐまれた」中的「資源」词性相同,都是「めぐまれた」的对象,因此是名词。同时,由于动词「導いた」带名词做补语,因此例 124)中的「忠誠」与「安定」都是名词。

　　123) 長寿にめぐまれた人がどっさりいる。(『ニッポン発見記』2004)
　　124) あの冷酷さによって彼はロマーニャ地方の乱れを繕い、これを統一し、安定と忠誠に導いた。(『君主論』1998)

(6) 与其他词语或词缀结合形成复合词或派生词。例 125)中的「忠誠心」等同于「忠誠の心」,「忠誠」表达「心」的属性,因此是形容词性。例 126)中的「忠誠表明」等同于动宾结构「忠誠を表明する」,此时「忠誠」是名词性的。

　　125) それを忠誠心と呼ぶ人もいる。(『ダンとアン』2002)
　　126) フセイン大統領が部族勢力からの忠誠表明を頻繁に求めた。(『フセイン・イラク政権の支配構造』2003)

综上所述,这 32 个同形词在日语语料库中既可以做定语、谓语,又可以做主语、宾语,是兼有名词和形容词用法的名形兼类词。不过,从例句占比来看,它们的宾语用法较多,主语用法较少,与典型名词在句法功能上存在一定差异。

5.2.3.3　汉日对比

这 32 个同形词在汉语和日语语料库中的共同点是都有形容词用法,区别是汉语缺少名词用法,由于其中有 20 个词在汉语中有做动词宾语的名词性用法,因此实际上仅有 12 词缺少名词性用法,与日语存在差异。本节从词语结构、词性用法的历时变化等角度进一步探讨这些同形词,分析汉日语词性用法产生差异的原因。

首先来看词语结构,这 32 个同形词在汉日语中意义基本相同,词语结构未见差异,其在汉语和日语中的结构关系可以整理为表 5-7。

表 5-7　汉语为形容词、日语为名形兼类的同形词结构

词语结构	词例	词数(百分比)
A+A 并列结构	寒冷　苦痛　贫苦　奢侈　炎热……	17(53.12%)
A+A 状中结构	赤贫　全盛　严寒	3(9.38%)
N+A 状中结构	漆黑　日常　雪白	3(9.38%)
A+N 定中结构	初步　长寿　老龄　适量	4(12.50%)
N+N 定中结构	父系　褴褛　母系	3(9.38%)
N+V 状中结构	外来	1(3.12%)
V+N 动宾结构	好奇	1(3.12%)
总计		32(100%)

如表 5-7 所示,这些同形词中有 23 词的中心成分是形容词性语素,占到总数的 71.88%,其中 A+A 并列结构 17 个,A+A 状中结构和 N+A 状中结构各 3 个。这 23 词在汉日语中具有形容词用法符合一般语言规律。由于"苦""黑""热"等语素在日语中既可以是形容词性,还可以理解为「苦しさ」「黒の色」「熱さ」等名词性语素,所以也可以派生名词用法。

这些同形词中有 7 词的中心成分是名词性语素,其中 4 词是A+N 定中结构,剩余 3 词为 N+N 并列结构。由于「長寿」等 A+N 定中

结构还可解析为 N＋A 主谓结构,因此可以派生形容词用法。"褴褛"等 N＋N 并列结构的词,其形容词用法由名词转化而来。最后,"外来"和"好奇"2 词的中心成分是动词性语素,它们虽然意义与动词相近但用法单一,多做定语,因此被归入形容词。

再来看词性用法的历时变化。依据第四章 4.1.1.3.2 的方法,笔者利用《汉语大词典》、『日本国語大辞典』以及多个语料库对本节 32 个同形词的词性用法进行了历时调查,发现"寒冷、炎热"等 26 词在古代汉语中就已出现,且以形容词用法为主。它们由汉语传入日语后,继承了形容词用法,同时作为外来词被赋予了名词用法,从而成为名形兼类词。"褴褛"原指破旧衣物,但如今汉语基本只有"衣衫褴褛"一种用法,因用法限制被归入形容词。

剩余"初步、父系、老龄、母系、日常、外来"6 词未能从古代汉语语料库中检索到例句,而『日本国語大辞典』的例句年代早于《汉语大词典》和"申报数据库",基本可以判定它们是日语借词[①]。这些词在日语中无论是独立用法还是复合用法都以定语功能为主,传入汉语后受日语影响在句中也主要做定语,因而被归入属性词。同时,这 6 词在日语中还有「外来患者」「初步の知識」「適当な量」「父の系統」「母の系統」「老齢の人」之义,由属性引申为具有该属性的人或物,从而派生了名词用法。汉语没有上述引申义,自然没有名词用法。

5.2.4　汉语为形容词、日语为构词语素的同形词

《现汉》标注为形容词、『新明解』标注为名词的 177 个中日同形词中有 118 词在语料库中的词性用法与词典所标词性不一致,其中有 24 词在汉语语料库中是形容词,但在日语语料库中是只有复合用法的构词语素,词性用法存在差异。本节依据语料库调查数据和具体例句,详细考察其在语料库中的用法差异并分析差异产生的原因。

不轨　多元　合理　荒芜　积极　棉纺　能动　奇绝　牵强

---

① 　陳力衞(2001)已经将"初步"作为日语借词列出。

勤俭　全般　涉外　适龄　守旧　胎生　特等　特惠　无机
细小　鲜红　消极　欣喜　优等　主动

5.2.4.1　汉语语料库中的用法

这 24 个同形词在汉语语料库中主要有以下 4 种用法：

(1) 后接"的"做定语修饰名词。

　　127) 我们就为这种独特的经济现象，找到了一种比较合理的
解释。(《人民日报》1997.5.20)

　　128) 因此，不可避免地存在一些消极的作用。(《思想政治》
1992)

(2) 后接"地"做状语修饰动词、形容词等，但是 24 词中"涉外、胎
生"等 10 词没有状语功能。

　　129) 这样做，可以合理地利用资源。(《生活时报》1999.1.11)

　　130) 受助者可能消极地对待利他者。(《社会心理学》1990)

(3) 在句中做谓语，且常受"很、十分"等程度副词修饰。但是如例
133)所示，"胎生"等部分同形词必须通过句型"是……的"才可实现谓
语功能。

　　131) 自然资源的利用不合理。(《生物》1992)

　　132) 可是你也不能那么消极，什么也不争了。(《似曾相识燕
归来》1996)

　　133) 鲸是胎生的。(《动物学》1992)

(4) 与其他词语或词缀结合形成复合词或派生词。例 134)中的
"消极"做定语修饰"因素"，表达其属性，因而是形容词性的。此外，"适
龄、胎生"等词在做定语修饰名词时，以直接修饰名词的用法为主，后接

"的"修饰名词的例句较少,这与日语的复合用法基本一致。

> 134)人也是矛盾的统一体,既有积极因素,也有<u>消极</u>因素。(《思想政治教育学原理》1991)
>
> 135)这种<u>合理</u>性是十分有限的。(《艺术文化论》1990)
>
> 136)1997年全国<u>适龄</u>儿童入学率已达到98.7%。(《人民日报》1998.9.9)

综上所述,这24个同形词在汉语语料库中主要做定语、状语和谓语,是典型的形容词,其中"多元、无机、优等"等10词只有定语功能,没有状语和谓语功能,属于形容词的附类——属性词。

5.2.4.2　日语语料库中的用法

日语语料库中,这24个同形词只能与其他词语或词缀结合形成复合词或派生词,缺乏直接充当句法成分的独立用法,因而严格来说只是构词语素,不是词语。

> 137)<u>合理</u>主義に背いた方向に考え方を釘づけにしてしまうんだ。(『日本の軍隊』2003)
>
> 138)行長は<u>消極</u>的な返事をした。(『鉄道写真』2002)
>
> 139)そこに<u>適齢</u>者の方々がおられる。(『国会会議録』2003)

例137)的「<u>合理</u>主義」中,「合理」是「主義」的内容而非性质,因此是名词性的。例138)中的「<u>消極</u>」主要与词缀「的」结合形成复合词,由于「的」的主要功能是将名词变成形容词,因此「消極」是名词性的。最后,例139)中的「<u>適齢</u>」修饰名词性词缀「者」表述其属性,显然是形容词性的。

这24词在日语语料库中作为构词语素,其用法有以下三个特征。首先,「奇絶・欣喜」等词在日语语料库中主要形成「<u>奇絶怪絶</u>」「<u>欣喜雀躍</u>」等四字成语,构词能力不强。其次,「合理・主動・消極・積極」这4词主要与词缀「的」结合形成形容词性的复合词,用法较为单一。最后,多数同形词在语料库中的例句极少,使用频度不高,这可能也是它们只有复合用法的原因所在。

由于这24词只有复合用法,没有形态特征,因此包括『新明解』在内的多数日语词典都将其纳入名词范畴,本研究从功能出发,将其归入构词语素。

5.2.4.3 汉日对比

对比分析这24个同形词在语料库中的词性用法可以发现,在日语中它们主要作为前项语素与其他词语或词缀结合形成复合词,起到修饰后项语素的定语作用。这些词在汉语中都有独立用法,但是主要功能也是做定语,因此汉语和日语的最大区别在于汉语是词而日语是构词语素。本节从词语结构、词性用法的历时变化,以及中日两国对于词与非词的不同判定标准三个角度考察差异产生的原因。

首先来看词语结构。这24个同形词在汉日语中意义基本相同,词语结构未见差异,其在汉语和日语中的结构关系可以整理为表5-8。

表5-8 汉语为形容词、日语为构词语素的同形词结构

词语结构	词例	词数(百分比)
A+A 并列结构	荒芜 奇绝 勤俭 细小	4(16.67%)
A+N 定中结构	多元 全般 适龄 特等 特惠 鲜红① 优等	7(29.16%)
V+N 定中结构	积极 消极	2(8.33%)
S+N 定中结构	不轨 无机	2(8.33%)
V+N 动宾结构	合理 牵强 涉外 守旧	4(16.67%)
N+V 状中结构	棉纺 能动 胎生	3(12.50%)
A+V 状中结构	主动	1(4.17%)
V+V 并列结构	欣喜	1(4.17%)
总计		24(100%)

---

① 这里的"红"是"红色"之义,因此是名词性语素。

如表 5‑8 所示,24 个同形词中有 4 词是 A＋A 并列结构,其中心成分是形容词性语素,它们在汉语中具备形容词用法符合一般语言规律。此外,有 11 词的中心成分是名词性语素,其中 7 个是 A＋N 定中结构,由于"适龄"等还可理解为"年龄合适"这样的 N＋A 主谓结构,因此可以派生形容词用法。剩余 4 词是 V＋N 定中结构(2 个)和 S＋N 定中结构(2 个),它们在汉语中的形容词用法应该与表示否定义的前缀"不、无"的性质有关。最后,有 9 词的中心成分是动词性语素,包括 4 个 V＋N 动宾结构、3 个 N＋V 状中结构、1 个 A＋V 状中结构和 1 个 V＋V 并列结构。这些词在汉语中的形容词用法由动词转化而来,而在日语中随着使用频度的降低,独立用法消失而成为构词语素。

再来看词性用法的历时变化。依据第四章 4.1.1.3.2 的方法,笔者利用《汉语大词典》、『日本国語大辞典』以及多个语料库对本节 24 个同形词的词性用法进行了历时调查,发现"奇绝、欣喜"等 12 词在古代汉语中主要做谓语,从句法功能来看更接近动词,其后在使用过程中它们派生出了定语和状语功能,最终变为形容词。这些词传入日语后,随着使用频度的降低,部分词语独立用法逐渐消失且用法受到限制,多数只在「四字熟語」中出现,最终成为构词语素。与"奇绝"等不同,"多元、积极、棉纺、能动、全般、涉外、适龄、特等、特惠、无机、消极、主动"这 12 词未能从古代汉语语料库中检索到例句,而日语的例句年代都早于汉语,基本可以确定是日语借词[①]。汉语受日语复合用法的影响,只有定语用法,依据句法功能被归入属性词。

最后来看汉语和日语对于词和语素的不同判定标准。日语是黏着语,词与非词的界限较为明晰,能够与格助词等结合充当句法成分的是词,而没有任何形态特征,只能充当复合词构词成分的是语素。比如「同形語」中的「同形」是语素,而「同形の語」中的「同形」则是词。汉语是孤立语,缺少显性形态特征,双音节的词和语素之间的界限模糊。比如"同形词语"与"同形的词语"中"同形"的功能没有差别,汉语一般不会刻意将其区分为语素和词。因此,尽管"适龄"在汉语中也以构成"适

---

① 常晓宏(2014)在附录中已将"主动、积极、消极、多元、能动、无机"作为日语借词列出。

龄儿童"等复合词的复合用法为主,但因句法功能与"适龄的儿童"没有
区别,本研究依旧将其认作词语而非黏着语素。日语则不同,「適齢者」
「積極的」中的「適齢」「積極」没有形态特征,且无法单独充当句法成分,
本研究从日语本身的特点出发只能将它们认定为构词语素而非词语。

5.3　本章小结

　　本章主要考察了具有名词或形容词用法的同形词在汉语和日语中
的词性差异,具体为以下两类:《现汉》标注为形容词、『新明解』标注为
名形兼类的同形词(350 个);《现汉》标注为形容词、『新明解』标注为名
词的同形词(177 个)。本章的考察结果总结如下:

　　首先,《现汉》标注为形容词、『新明解』标注为名形兼类的 350 个同
形词中,有 25 词(7.14%)未能在汉语或日语语料库中检索到例句,本
研究未做详细考察。剩余 325 词中,语料库中的词性用法与词典所标
词性一致,即汉语为形容词、日语为名形兼类的同形词有 56 词,占到总
数的 16.86%。由于它们在汉语中多数也有直接做动词宾语的名词性
用法,因此汉日语中的词性用法没有本质差异。只是这些词在汉语中
罕见主语用法且无法受名量词修饰,本研究为了将其与普通名词以及
名形兼类词区分开,将其归入"具有名词性用法的形容词",从而与日语
产生差异。

　　剩余 325 词中,语料库中的词性用法与词典所标词性不一致的同
形词共有 269 词,占到总数的 76.86%,它们在汉语和日语中都是形容
词,用法没有差异。『新明解』默认副词以外的汉字词汇皆具有名词性,
因此这些词在『新明解』中被标注为名形兼类词,但是日语语料库中未
能检索到做主语和宾语的例句,本研究依据句法功能将它们归入形
容词。

　　其次,《现汉》标注为形容词、『新明解』标注为名词的 177 个同形词
中,有 11 词(6.22%)未能在汉语或日语语料库中检索到例句,本研究

未做详细考察。剩余 166 词中，语料库中的词性用法与词典所标词性一致，即汉语为形容词、日语为名词的同形词有 48 词，占到总数的27.12%。它们在汉日语中的主要用法差异在于日语缺少形容词用法，产生这种差异的原因可以归纳为以下两个方面：(1) 部分词语的构词语素在汉语和日语中性质不同。比如"哀愁、热诚"中的"愁"和"诚"，在日语中是名词性的，而在汉语中则是形容词性的。由于中心成分的性质不同，汉日语中的词性用法自然也就不同。(2) 日语使用频度过低。"匆忙、艰苦、痛苦"等汉语中的常用词在日语语料库中的例句都不足10 例，由于在例句中主要充当主语和宾语而被判定为名词。这些词在日语中也可能有过与汉语相似的用法，但随着使用频度的降低，现代日语仅有名词用法留存了下来，从而与汉语产生差异。

剩余 166 词中，语料库中的词性用法与词典所标词性不一致的同形词有 118 词，占到总数的 66.66%，其中汉语和日语都为形容词的同形词有 62 个，汉语为形容词、日语为名形兼类的同形词有 32 个，汉语为形容词、日语为构词语素的同形词有 24 个。这些词在汉语和日语中的词性用法差异较小，而语料库调查结果与词典所标词性不一致的原因在于两者判定词性时依据的标准不同。『新明解』默认汉字词汇有名词用法，同时这些同形词在日语中多数后接「―ノ」修饰名词，尽管意义和功能都是形容词性的，由于形态与名词一致，以形态特征作为词性判定标准的『新明解』仍将其标为名词。语料库调查以句法功能作为判定词性的首要依据，这些词没有做主语和宾语的功能，仅有定语功能，因此即使形态与名词更为接近，仍被判定为形容词，从而与『新明解』的标注产生差异。

第六章 中日同形词的动形用法差异

本书第五章重点考察了具有名词、形容词用法的中日同形词在两国语言中的词性用法差异,本章沿用前两章的方法,重点考察"繁茂、野生"等具有动词、形容词用法的同形词,具体为以下两类:《现汉》标注为形容词、『新明解』标注为名动兼类的同形词(103 个);《现汉》标注为动形兼类、『新明解』标注为名动兼类的同形词(37 个)。

6.1 《现汉》标注为形容词、『新明解』标注为名动兼类的同形词

由第二章表 2 - 1 可知,《现汉》标注为形容词、『新明解』标注为名动兼类的中日同形词共有 153 个,其中有 103 词在汉日语中意义基本相同,其在语料库中的词性对应关系可以归纳为表 6 - 1。

表 6 - 1 语料库中的词性对应关系

	汉语	日语	词数(百分比)
词典中的词性对应关系	形容词	名词、动词	103(100%)
语料库 调查结果	形容词	名词、动词	75(72.82%)
	形容词	名词	11(10.68%)
	形容词	动词、形容词	13(12.62%)
	未检索到例句		4(3.88%)

由表 6-1 可知,语料库调查结果与词典所标词性一致的同形词有
75 词,占到总数的 72.82％,而与词典所标词性不一致的同形词有 24
词,占到总数的 23.30％。剩余 4 词在语料库中未能检索到例句,其中
"踟蹰"在汉语和日语语料库中都未能检索到例句,"焦心"和"呶呶"在
日语 BCCWJ 中未能检索到例句,"穷乏"在汉语"标注语料库"中未能
检索到例句。这 4 词的使用频度过低,说明其在汉语或日语中已经逐
渐被淘汰,进行共时研究的意义不大,因此本研究不将其纳入考察
范围。

本节按照表 6-1 所示的词性对应关系,具体考察各类中日同形词
在语料库中的用法差异,并从词语结构、词性用法的历时变化等角度分
析差异产生的原因。

6.1.1　汉语为形容词、日语为名动兼类的同形词

《现汉》标注为形容词、『新明解』标注为名动兼类的 103 个同形词
中有 75 词在语料库中的词性用法与词典所标词性一致,它们在汉日语
中词性用法完全不同。本节通过实际数据和具体例句详细比较这些同
形词在语料库中的实际用法差异并分析差异产生的原因。

哀伤　懊恼　跋扈　悲愤　悲观　超绝　迟疑　充足　错乱　烦闷　繁茂
愤激　愤慨　愤怒　固执　合格　混乱　混浊　激愤　急进　急迫　焦虑
焦躁　杰出　紧迫　紧张　惊愕　惊喜　沮丧　倦怠　刻苦　客观……①

6.1.1.1　汉语语料库中的用法

这 75 个同形词在汉语语料库中主要有以下 6 种用法:
(1)后接助词"的"做定语修饰名词。

　　1) 在紧张的气氛下,广东队庄玉庭为本队拿下 1 分。(《人民
日报》2000.5.10)

---

① 由于该类同形词数较多,此处仅列举一部分词语,其他词语将在"附录"中全部列出。

2) 愤怒的学生们在曹贼的卧室点燃了罗纱帐。(《中国青年报》1998.4.25)

3) 他是一个乐观的人,从来不缺少朋友和同志。(《人民日报》1995.3.27)

(2) 后接助词"地"做状语修饰动词或形容词,不过"干燥、混浊、枯槁、适用、衰微、洗练、懈怠、兴隆、一新、优胜、杂沓"这 11 词没有状语功能。

4) 他不敢抬头,只是屏住呼吸静静地、紧张地等待着。(《天幕下的恋情》1992)

5) 海狼和海豹们愤怒地吼叫着。(《黑仔到南极》1991)

6) 这也是我们乐观地宽容自己的一种方式。(《向陌生人招手 3》2001)

(3) 在句中做谓语,且常受"很、十分"等程度副词修饰。

7) 我很紧张,表情好象没有。(《乡村夜话》1997)

8) 专家们的看法则不如商家们那么乐观。(《人民日报》1999.9.6)

(4) 75 个同形词中有 40 词可以直接做"忍受、感到"等动词的宾语,但是难以单独做主语且不能受名量词修饰,还未完全名词化。为了将其与普通形容词和名形兼类词区别开来,本研究将其归入"具有名词性用法的形容词"。

9) 美酒,饮之适量,能舒筋活络,消除疲劳。(《瑶族民俗》1991)

10) 电器的绝缘部分要保持干燥,以免漏电和发生触电事故。(《物理》1992)

11) 这都使我对两国关系的未来充满<u>乐观</u>。(《人民日报》1998.1.14)

(5)"愤怒、适用、一新、执着"等少数同形词还可与副词"正、正在"、助词"着、过"等共现,即具有动词用法。例 12)中,"愤怒"与"着"共现,表示动作正在进行,例 13)中"执着"通过"于"带宾语,例 15)中"一新"直接带宾语,这些显然都是动词用法。从语料库的例句分布来看,形容词用法较多,动词用法较少,本研究将它们归入"具有动词用法的形容词"。

12) 它们<u>愤怒</u>着,挣扎着,企图向北寻求一条生路。(《人民日报》1995.8.1)

13) 这使她们更勇敢,更<u>执着</u>于行动。(《失败者》2001)

14) 该药<u>适用</u>于慢性肝炎,对乙肝有显著疗效。(《北京晚报》1992.5.9)

15) 高水平的演奏为观众<u>一新</u>耳目,带来庆回归欢愉。(《人民日报》1997.5.23)

(6)与其他词语或词缀结合形成复合词或派生词。例 16)中的"紧张"做定语修饰其后的词缀"感",因此是形容词性的。例 17)的"乐观"与"开朗"形成并列关系共同修饰"老先生",显然也是形容词性的。

16) 秋月没有什么特别的<u>紧张</u>感,倒是满心的惆怅。(《生活秀》2001)

17) 眼前就显现出一位鹤发童颜、<u>乐观</u>开朗的老先生。(《人民日报》2001.7.10)

这 75 个同形词在汉语中基本都具有定语、状语和谓语功能,是典型的形容词。其中有 40 词具有直接做动词宾语的用法,是"具有名词性用法的形容词",同时有部分表达心理状况的词语还兼有动词的特征,由于例句较少,本研究将其归入"具有动词用法的形容词"。

6.1.1.2 日语语料库中的用法

这 75 个同形词在日语语料库中主要有以下 6 种用法:

(1) 后接格助词「ガ」「ヲ」做主语和宾语。从语料库的例句分布来看,这些词在日语中主要做宾语,极少单独做主语。做宾语时,如「憤慨をもらす;憤激を引き起こす;驚愕を起こす;緊張を覚える;焦慮を覚える;喜悦を覚える;悲憤を感じる;恐怖を感じる」等所示,一般与特定的知覚动词搭配。此外,「適用」「充足」等词做主语和宾语时,前面往往有修饰语。

18) 緊張が、少しずつ、高まってくる。(『夜の果ての街』1999)

19) 暗い、疲れきった目には苦悩が満ちていた。(『謀反人の娘』2002)

20) 平成 12 年 4 月より健康保険の適用が認められた。(『ベッドサイドの新輸血学』2001)

21) 篤志は若干の緊張を覚えた。(『青い繭の中でみる夢』2004)

22) 詩人はその苦悩を歌っている。(『ラテン語・その形と心』2005)

23) または一括償却資産の損金算入の適用を受けるものは除かれる。(『リース取引』2004)

(2) 后接「-ノ」做定语修饰名词。例 24)中的「混乱」与「中」形成所属关系,例 25)中的「驚愕」表达的是隐含在「声」中的情感,两者的修饰关系都是名词修饰名词的用法,因此「混乱」与「驚愕」都是名词。

24) 混乱の中、捜査会議は終わった。(『丑三つ時から夜明けまで』2005)

25) 不意に男が驚愕の声をあげた。(『ヴァンパイヤー戦争』2005)

（3）部分词语可以后接「ニ」「デ」等格助词,在句中充当状语、补语等其他句法成分。例 26）中的「苦悩」是「満ちる」的对象,两者形成实际的动宾关系,「苦悩」是名词。例 27）中的「緊張」后接格助词「で」做原因状语,无论从形态还是功能来看都是名词用法。

26）これまでの人生は苦悩に満ちたものでした。(『心を解き放たれて』2003)

27）私の首が緊張で硬くなった。(『特別任務』1996)

（4）后接「～する」形成动词,在句中主要做谓语,从带宾语的情况来看,不及物动词居多。

28）亜紀子は、ちょっと緊張した。(『雨の夜、夜行列車に』1990)

29）院は彼女の将来に関する処置に苦悩した。(『「源氏物語」がわかる』1997)

30）この基準を適用する際には次のように考える。(『肺炎』2003)

31）イノニクスの登場が恐竜のイメージを一新した。(『恐竜のすべて』2002)

32）兵士も住民もともに喜び、政治のありようは一新した。(『三国志演義』2002)

（5）除谓语外,部分同形词还以「～した」「～している」等形态在句中做定语,或者以「～して」的形态在句中做状语。75 个同形词中,「憔悴・衰弱・卓越・繁茂」等 11 词在句中做定语或状语时,表达名词或动词的属性或状态,从句法功能和语义来看都与形容词更为接近。

33）若い村娘が卓越した哲学的問題を恋人と話し合う。

（『地軸変更計画』1996）

34）マリィはすっかり<u>憔悴した</u>様子でそう言った。(『上海小夜曲』2001)

35）寅之助が<u>狂喜し</u>て迎えた。(『塙保己一推理帖』2002)

36)「なにそれ!」アヤニが<u>憤慨し</u>て座り込んだ。(『真夏の夜の夢』2005)

（6）与其他词语或词缀结合形成复合词或派生词。例37)中的「乾燥食品」可解析为「乾燥した食品」,例38)中的「乾燥防止」则可解析为「乾燥を防止する」,因此前者是动词性的,而后者则是名词性的。「客観・急進・傑出・卓越・卓絶・超絶・悲観・楽観」这8词以复合用法为主,其中「客観・悲観・楽観」以与词缀「的」结合形成形容词的用法为主。

37）乾燥食品の簡単な食事を済ませる。(『山へ』2001)

38）近藤君は、乾燥防止の固着剤を塗る作業を黙々と手伝ってくれた。(『農業新時代』1994)

综上所述,这75个同形词在日语语料库中可以后接格助词「ガ」「ヲ」做主语和宾语,也可以后接「～する」做谓语,部分词语还可以带宾语,因此是典型的名动兼类词。不过,其中部分同形词作为动词使用时表达的是名词的状态和属性,意义和功能与形容词类似。此外,尽管都是名动兼类词,但是名动使用倾向不同,「哀傷・萎靡・激憤・倦怠・焦燥・焦慮・辛労・悲憤」等词以名词用法为主,相反「驚喜・勤苦・枯槁・親昵」等词以动词用法为主。

6.1.1.3 汉日对比

对比分析这75个同形词在汉语和日语语料库中的用法可知,其在汉语中是较为典型的形容词且多数具有直接做动词宾语的名词性用法,少部分同形词可与"正、着"等副词或助词共现,具有动词特征。日语中这些同形词兼具名词和动词的句法功能和形态特征,但作为名词使用时与汉语基本一致,以做宾语为主。因此,汉日语中最突出的用法差异在于汉语形容词用法与日语动词用法的不对应,本节从语素性质、词语结构、词性用法的历时变化等角度具体考察词性产生差异的原因。

6.1.1.3.1　词语结构对比分析

这 75 个同形词在汉日语中尽管意义基本相同,但由于部分构词语素具有多重性质,因此词语整体的结构存在一定差异,它们在汉语和日语中的结构关系可以整理为表 6‑2。

表 6‑2　汉语为形容词、日语为名动兼类的同形词结构比较

词语结构	汉语		日语	
	词例	词数（百分比）	词例	词数（百分比）
V＋V 并列结构	懊恼 酩酊 兴隆……	23(30.67％)	乾燥 錯乱 繁茂……	38(50.67％)
V＋V 状中结构	愤慨 辛劳 执着……	9(12.00％)	狂喜 執着 適用……	17(22.67％)
A＋V 状中结构	急进 杰出 熟练……	21(28.00％)	急進 緊迫 固執……	15(20.00％)
V＋N 动宾结构	跋扈 合格 专心	3(4.00％)	合格 専心 跋扈	3(4.00％)
N＋V 状中结构	客观	1(1.33％)	客観	1(1.33％)
A＋A 并列结构	干燥 贫穷 衰弱……	17(22.67％)		
N＋N 并列结构	狼狈	1(1.33％)	狼狽	1(1.33％)
总计		75(100％)		75(100％)

首先来看这些同形词在汉语中的结构关系。汉语有 57 词的中心成分是动词性语素,占到总体的 76％。其中 V＋V 并列结构有 23 个,V＋V 状中结构有 9 个,A＋V 状中结构有 21 个,V＋N 动宾结构有 3 个,N＋V 状中结构则只有 1 个。这 57 词在汉语中的形容词用法由动词派生而来。此外,汉语有 17 词的中心成分是形容词性语素,全部都是 A＋A 并列结构,它们具有形容词用法符合一般语言规律。最后,"狼狈"是 N＋N 并列结构,但古代汉语已有谓语用法,现代汉语派生了定语和状语用法,从而成为典型的形容词。

再来看这些同形词在日语中的结构关系。日语有 74 词的中心成分是动词性语素,占到总体的 98.67％,其中 V＋V 并列结构有 38 个,占到总数的一半以上。此外,V＋V 状中结构有 17 个,A＋V 状中结构有 15 个,V＋N 动宾结构有 3 个,而 N＋V 状中结构则只有 1 个。中心成分是动词性的,因此日语具有动词用法符合一般语言规律。只有「狼狽」的中心成分是名词性的,由于「狼狽」还是和语动词「うろたえる(狼狽える)」的"假借字",可以推测其在日语中的动词用法是受和语动词的影响。

综上所述,由于部分同形词的构词语素在汉日语中性质不同,导致其词语结构继而语法性质产生了差异。比如在《现汉》中,"绝"是"独一无二的;没有人能赶上的"之义,而"穷"则是"生活贫困,缺少钱财(跟'富'相对):贫～|改变一～二白的面貌"之义,两者都是形容词性语素。此外,"沉、乱、茂、弱、浊"等语素在汉语中也是形容词性的,因此"干燥、混乱"等词在汉语中是 A＋A 并列结构,词语整体也为形容词。但在日语中「濁・乱・沈・絶・茂・窮」等语素对应的是「濁る・乱れる・沈む・絶つ・茂る・窮する」等和语动词,因此「乾燥」「混乱」等同形词在日语中是 V＋V 并列结构或 V＋V 状中结构,其中心成分是动词性语素,词语整体自然也是动词。

6.1.1.3.2　词性历时变化考察

依据第四章 4.1.1.3.2 的方法,笔者利用《汉语大词典》、『日本国語大辞典』以及多个语料库对本节 75 个同形词进行了历时调查,发现"繁茂、干燥"等 70 词在古代汉语中就已出现,但在古代中多做谓语,用法上更接近不及物动词。它们由汉语传入日语后,作为动词被日语吸收,同时作为外来词汇被赋予名词用法,从而成为名动兼类词。然而这些词在现代汉语中,由于构词语素"错、乱、繁、茂"等已经变为形容词性的语素,词语整体亦由动词变为形容词。

此外,"愤怒、激愤"等词在古代汉语中是不及物动词,在传承过程中派生出了定语、状语功能,以句法功能为词性主要判断依据的现代汉语将其归入了形容词。但是由前文例 12)～例 15)可知,现代汉语中这些词仍有动词用法,根据语法功能较难将其归入某一特定词类。贺阳

(1996)根据"(1)凡能受'很'等程度副词修饰而不能受时间副词'正在'、'在'或'直'修饰的是形容词;(2)凡不能受'很'等程度副词修饰或能受时间副词'正在'、'在'或'直'修饰的是不及物动词"来判定形容词和不及物动词,他认定"激动、惭愧"等为不及物动词,但"<u>激动地欢呼</u>""<u>惭愧地低下了头</u>"等并非动词常见用法。本研究认为这些同形词是不及物动词与形容词的兼类词,虽然《现汉》将其定为形容词,但与"高大、简单"等词不同,因其多数表达心理活动或状态,故兼有动、形两种性质也在情理之中。这样看来,这类同形词词性用法产生差异的原因在于日语延续了古代汉语用法,而现代汉语派生出了形容词用法。

最后,"悲观、紧张、客观、乐观、洗练"这5词尽管古代汉语中就已出现,但是其词义用法与现代相差甚远,日语词典和历时语料库中现代义的例句年代都早于汉语,可见现代用法是日本人翻译西方新概念时创造的新用法。这些新词经由留日学生、报纸期刊等途径重新进入汉语,成为了回归词。其中「客観」「楽観」「悲観」在日语中主要与词缀「的」结合形成「客観的」「楽観的」「悲観的」等形容词性的复合词[①],汉语受日语影响由古代的动词变为了形容词。它们的中心成分都是动词性的,因此日语依然保留了派生动词用法的能力,但整体来看例句不多,因此其在汉日语间的用法差异并不突出。

6.1.2　汉语为形容词、日语为名词的同形词

《现汉》标注为形容词、『新明解』标注为名动兼类的103个同形词中有24词在语料库中的词性用法与词典所标词性不一致,其中11词在汉语中为形容词,而在日语中为名词,词性用法完全不同。本节依据语料库调查数据和具体例句,详细分析其在语料库中的用法差异并考察差异产生的原因。

悲伤　惭愧　持久　持重　纷乱　和乐　节俭　狂热　迂曲　愉悦　忧闷

---

① 陳力衛(2001)已将这3词作为日语借词列出。

6.1.2.1　汉语语料库中的用法

这 11 个同形词在汉语语料库中主要有以下 5 种用法：

(1) 后接"的"做定语修饰名词。

　　39）文学的教育作用是在<u>愉悦</u>的审美过程中自然地实施的。（《文学概论精解》1990）

　　40）世界才会有<u>持久</u>的和平。（《北京日报》1992.6.17）

(2) 后接"地"做状语修饰动词、形容词等。

　　41）表叔<u>愉悦</u>地享受着西南风的沐浴。（《红蝴蝶》1996）

　　42）在全市广大青年中深入、扎实、<u>持久</u>地开展了学习教育活动。（《人民日报》2000.11.13）

(3) 在句中做谓语，且常受"很、十分"等程度副词修饰。

　　43）月色桂树，饮茶夜话，身心何其<u>愉悦</u>。（《结之为圣散之成仙》1999）

　　44）素的肥效较铵盐氮肥缓慢一些，但比较<u>持久</u>。（《化学》1992）

(4) 除了"持久、持重、和乐、迂曲"这 4 词外，剩余 7 词有直接做动词宾语的名词性用法。由于这些词难以单独做主语，也不能受名量词修饰，本研究将它们归入"具有名词性用法的形容词"。

　　45）寻求<u>愉悦</u>是人类最基本的本能欲望和心理冲动之一。（《幻视中的完美》1997）

　　46）她对曼谷发生的事件表示<u>悲伤</u>。（《人民日报》1992.5.21）

(5) 与其他词语或词缀结合形成复合词或派生词。例 47）、例 48）

中的"愉悦"和"持久"分别修饰其后的"感"和"战",表达其属性,因此都是形容词性的。

47) 人们在审美感情中体验到一种<u>愉悦</u>感,不管这种情感本身是喜还是悲。(《文学理论教程》1991)

48) 中国的现代化必须坚持<u>持久</u>战。(《天津日报》1990.2.14)

综上所述,这 11 个同形词在汉语语料库中主要做定语、状语和谓语,是典型的形容词,其中有 7 词可以直接做动词宾语,是"具有名词性用法的形容词"。

6.1.2.2　日语语料库中的用法

这 11 个同形词在日语语料库中主要有以下 4 种用法:

(1) 后接格助词「ガ」「ヲ」,在句中做主语和宾语。由于这 11 词的使用频度较低,因此只有「狂熱・憂悶・愉悦」3 词有做主语的例句,其他都只检索到做宾语的例句。

49) 自身の<u>憂悶</u>が執拗に語られる。(『田辺聖子全集』2005)

50) <u>憂悶</u>をふっきるように、義弘は陣中の床机から立ち上がった。(『島津義弘』1996)

(2) 后接格助词「－ノ」,在句中做定语修饰名词。例 51)中的「<u>憂悶</u>」表达「情」的内容,例 52 中的「<u>愉悦</u>」和「中」形成所属关系,且两者都无法替换为「情は憂悶だ」「中は愉悦だ」这样的主谓结构,因此它们都是名词。

51) いつもにも増して浴びるように呑むのは、<u>憂悶</u>の情のなせる業であろう。(『擾乱 1900』2003)

52) 俺の意識は<u>愉悦</u>の中に溶けていった。(『公爵様的恋のススメ』2005)

（3）后接「ニ」「デ」等格助词,在句中充当补语、状语等其他句法成分。例53)中的「愉悦」是「满ちた」的对象,而非表达动作状态,因此是名词用法。例54)中的「愉悦で」是原因状语,从形态和功能来看也是名词。

53）荷風は、愉悦に満ちたまなざしで、感嘆の声を挙げている。(『荷風とニューヨーク』2002)

54）嫉妬と愉悦で、弟が混乱しているのがおかしかった。(『太陽と月のカタチ』2002)

（4）与其他词语或词缀结合形成复合词或派生词。例55)中的「愉悦」表达「感」的内容,因此是名词性的。例56)中的「持久」修饰「力」,具有「長く持つ力」之义,因此是动词性的。「持久」的名词例句极少,绝大多数都是复合用法,性质接近于「結合専用語基」(黏着语素)。

55）オーケストラが愉悦感に富んだ。(『クラシックCDエッセンシャル・ガイド100』2004)

56）持久力・判断力にチームワークが必要だ。(『ラグビー観戦のヒント』1998)

综上所述,这11个同形词在日语中主要做宾语,偶见定语用法,是功能不全的名词。这11个词使用频度极低,例句在10例以上的只有「狂熱・慙愧・持久・憂悶・愉悦」5词。独立用法只检索到名词用法,因此即使词语结构是动词性的,本研究仍将它们认定为名词。

6.1.2.3 汉日对比

这11个同形词在汉语语料库中是形容词,在日语语料库中是名词,词性用法存在较大差异。由于汉语多数词语具有做动词宾语的名词性用法,因此这些词在汉日语中的最大差异是日语缺少形容词用法。本节从词语结构、词性用法的历时变化等角度对这些词做进一步探讨,以探明词性产生差异的原因。

6.1.2.3.1　词语结构对比分析

这 11 个同形词在汉日语中尽管意义基本相同,但部分构词语素具有多重性质,因此词语整体的结构存在一定差异,它们在汉语和日语中的结构关系可以整理为表 6 - 3。

表 6 - 3　汉语为形容词、日语为名词的同形词结构比较

词语结构	汉语		日语	
	词例	词数(百分比)	词例	词数(百分比)
V+V 并列结构	惭愧 节俭 愉悦 忧闷	4(36.38%)	迂曲 惭愧 悲伤……	8(72.76%)
A+V 状中结构	持久	1(9.08%)	持久①	1(9.08%)
V+N 动宾结构	持重	1(9.08%)	持重	1(9.08%)
A+A 并列结构	悲伤 纷乱 和乐 迂曲	4(36.38%)		
V+A 状中结构	狂热	1(9.08%)		
A+N 定中结构			狂热	1(9.08%)
总计		11(100%)		11(100%)

首先来看这些同形词在汉语中的结构关系。汉语有 6 词的中心成分是动词性语素,它们的形容词用法由动词转化而来。剩余 5 词的中心成分是形容词性语素,它们在汉语中具有形容词用法符合一般语言规律。

再来看这些同形词在日语中的结构关系。日语有 10 词的中心成分是动词性语素,其中 V+V 并列结构有 8 个,A+V 状中结构和 V+N 动宾结构各有 1 个。由于这 10 个词的中心成分是动词性语素,因此日语具有动词用法符合一般语言规律,而『新明解』将其标注为名动兼类词的理由也在于此。这些词在日语语料库中随着使用频度的降低,

---

① "持久"实际是"久持"之义,因此是 A+V 状中结构。

动词用法逐渐消失,最终仅剩名词用法。剩余的「狂熱(物狂おしいほどの熱情)」是 A＋N 定中结构,其中心成分是名词性语素,因此词语本身也是名词。

对比分析这 11 个同形词在汉语和日语中的词语结构,可以发现日语没有以形容词性语素为中心成分的词语,而汉语没有以名词性语素为中心成分的词语,即这 11 词的构词语素性质在两种语言中存在较大差异。比如,"乱、曲、热"等语素在日语中分别与和语动词「乱れる」「曲がる」「熱中する」对应,是动词性语素,而在汉语中则完全是形容词性的,因此"纷乱、迂曲、狂热"等词在汉语中是形容词,在日语『新明解』中被标注为名动兼类词。

6.1.2.3.2　词性历时变化考察

依据第四章 4.1.1.3.2 的方法,笔者利用《汉语大词典》、『日本国語大辞典』以及多个语料库对本节 11 个同形词进行了历时调查,发现除"狂热"外都源自古代汉语,它们在古代汉语中主要做谓语,且不带宾语,因此是不及物动词。现代汉语单音节形容词多数已经没有独立用法,因此需要大量双音节形容词填补这一空缺,于是这些古代汉语中的不及物动词派生出了定语、状语用法,整体由动词转化为形容词。这些词在古代汉语中的谓语用法传入日语,但随着使用频度的下降,动词用法消失,仅有名词用法留存,而「楽しい」「悲しい」等和语形容词填补了语言表达所需的形容词用法。

"狂热"依据『日本国語大辞典』中「語誌」的记载,基本可以确定是日语借词。它在日语中是 A＋N 定中结构,但由于"热"在汉语中是形容词性的,因而该词进入汉语后派生出了形容词用法,即中心成分的不同性质导致了"狂热"在汉日语中的词性差异。

6.1.3　汉语为形容词、日语为动形兼类的同形词

《现汉》标注为形容词、『新明解』标注为名动兼类的 103 个中日同形词中有 24 词在语料库中的词性用法与词典所标词性不一致,其中13 词在汉语中是形容词,而在日语中是动形兼类词,日语比汉语多出动词用法。本节依据语料库调查数据和具体例句,详细考察这 13 词在

语料库中的用法特征并分析日语语料库的调查结果与词典所标词性不一致的原因。

草食　常任　多发　偶发　卵生　内在　潜在　双生　特出
外在　先决　先遣　野生

6.1.3.1　汉语语料库中的用法

这 13 个同形词在汉语语料库中主要有以下 3 种用法：

(1) 后接"的"做定语修饰名词。

　　57）这是个<u>潜在</u>的大市场。(《经济日报》1992.11.20)

　　58）饲养<u>野生</u>的鳄鱼，可不是件容易的事。(《人民日报》2001.9.7)

(2) 通过"是……的"句型在句中做谓语，其中"常任、多发、先决"3 词没有谓语用法。

　　59）这种对产品和劳动力的需求是<u>潜在</u>的。(《人民日报》1998.5.7)

　　60）画眉在我们这地方都是<u>野生</u>的。(《尘埃落定》1998)

(3) 与其他词语或词缀结合形成复合词或派生词。例 61）、例 62）中的"<u>潜在</u>市场""<u>野生</u>动物"基本可以分别与"<u>潜在</u>的市场""<u>野生</u>的动物"互换，从语义关系来看这两者的用法并无区别，因此例句中的"潜在、野生"都是形容词性的。

　　61）总之，民俗风情旅游<u>潜在</u>市场很大。(《西南经济日报》2000.9.15)

　　62）中国依法保护<u>野生</u>动物已经走过了 10 年的历程。(《人民日报》1999.1.6)

这 13 个同形词在汉语语料库中主要做定语,可以通过"是……的"句型实现谓语功能,本研究依据句法功能将它们归入形容词的附类——属性词。

6.1.3.2　日语语料库中的用法

这 13 个同形词在日语语料库中主要有以下 3 种用法:

(1) 后接「−ノ」做定语修饰名词。例 63)、64)中的「潜在」「野生」分别修饰「白ろう病患者」和「山猫」表达其属性,这与「私の本」这样名词修饰名词的用法显然不同,是形容词的定语用法。

> 63) 一万人に二千人も潜在の白ろう病患者がいる。(『国会会議録』1978)
> 64) あの野生の山猫は誇り高い。(『薔薇のマリア』2005)

(2) 后接「～する」形成动词,在句中做谓语,全部为不及物动词。其中「潜在・多発・内在・野生」4 词的动词例句较多,剩余 9 词的动词例句较少,有的仅有 1 例,说明动词用法已经基本消失。

> 65) 共通の焦燥が潜在していた。(『昭和東京私史』1994)
> 66) ヤッシロソウは九州に野生する。(『柳宗民の雑草ノオト』2002)

(3) 与其他词语或词缀结合形成复合词或派生词。例 67)中的「潜在能力」和例 68)中的「野生動物」基本可以和「潜在の能力」「野生の動物」互换。这 13 词在日语中复合用法比例极高,如「潜在意識」「内在分析」「客観評価」等所示,它们形成的复合词中有许多都是中日同形词。

> 67) 脳の潜在能力は無限だ。(『もの忘れを防ぐ朝 1 時間のワークブック』2005)
> 68) こうして野生動物たちとの生活が始まった。(『旭山動物園のつくり方』2005)

这13个同形词在日语语料库中独立使用时主要做定语,表达后续名词的性质,同时可以后接「～する」形成动词,在句中做谓语,依据其句法功能以及形态特征,本研究将其判定为动形兼类词。

6.1.3.3　汉日对比

这13个同形词在汉语和日语语料库中的主要用法都是修饰名词做定语,用法基本一致,唯一的区别是日语还可派生动词用法。本节从词语结构以及词性用法的历时变化角度进一步考察这些同形词,并分析日语具有动词用法的原因。

首先来看这13个同形词在汉日语中的词语结构。这些词在汉日语中意义基本相同,词语结构未见差异,其在汉语和日语中的结构关系可以整理为表6－4。

表6－4　汉语为形容词、日语为动形兼类的同形词结构

词语结构	词例	词数(百分比)
M＋V 状中结构	常任　多发①　偶发　特出　先决　先遣	6(46.15%)
N＋V 状中结构	草食　卵生②　内在　双生　外在　野生	6(46.15%)
V＋V 状中结构	潜在	1(7.70%)
总计		13(100%)

如表6－4所示,这13个同形词的中心成分都是动词性语素,其中M＋V 状中结构、N＋V 状中结构各有6个,剩下"潜在"是 V＋V 状中结构。它们在日语中可以派生动词用法符合一般语言规律。『新明解』依据后接「－ノ」修饰名词的形态特征,以及可以派生动词的词语结构,将它们标为名动兼类词,然而语料库中未能检索到做主语、宾语的用法,本研究依据定语功能将它们归入「第三形容詞」,从而与词典标注的词性产生了差异。

汉语中,M＋V 结构的词语多数被认定为词组,如"先遣"在"先遣

---

① "多发"实际是 A＋V 状中结构,但功能与 M＋V 状中结构完全一致,因此放在一起探讨。
② "草食、双生、卵生"实际意义分别是"食草、生双、生卵",本研究将它们认定为广义的 N＋V 状中结构。

队"中是词,而在诗句"先遣小姑尝"中则是状中结构的短语,而 N＋V
状中结构不符合汉语动词的构词规律,因此这些词在汉语中缺失动词
用法也不难理解。事实上,语料库调查显示有 10 个词在日语中动词用
例也极少,可见汉日语中的实际用法趋于一致。

再来看这 13 个同形词的词性用法的历时变化。依据第四章
4.1.1.3.2 的方法,笔者利用《汉语大词典》、『日本国語大辞典』以及多个
语料库对本节 13 个同形词进行了历时调查,发现"草食、卵生、双生、特
出、野生"5 词在古代汉语中就已出现,主要有谓语和定语两种用法,而
现代汉语仅保留了定语用法。日语如例 69)所示,「野生している」的
「野」,与句中的「東南アジア、インド地方」信息重复,即「野生」作为动
词使用时,仅有「生」在语义上是必须的,汉语为避免信息重复,一般无
此用法。"草食、双生、卵生"3 词的表层结构与现代汉语常见的动词结
构不符,因而无法派生动词用法。"特出"从古代汉语开始就是形容词,
日语因中心成分是动词性语素而派生动词用法。

69) 鶏の祖先は東南アジア、インド地方に野生している4
種の野鶏が家禽化されてできたと考えられています。(『たまご
博物館』2001)

70) 胎生者不殰而卵生者不殈。(《史记》汉)

71) 善曰:夭蟜、黝纠,特出之貌。(《昭明文选》魏晋六朝)

"先遣"在古代汉语中是词组,根据历时调查结果,"先遣队"这样的
现代用法日语先出现,再传入汉语,因此是回归词。由于汉语作为动词
使用时一般被认定为词组而非词语,从而与日语产生差异。

72) 以为可先遣步兵五千,精骑三千,军前发,扬声进道。
(《三国志》晋)

剩余"内在、偶发"等 7 词在古代汉语中未能检索到例句,其现代用
法在日语词典和历时语料库中的例句年代都早于汉语,日语借词的可

能性较大。这些同形词在日语中以直接修饰名词的复合用法为主,汉语受日语影响,也以不带"的"直接修饰名词的用法为主。由于词语结构不相容等问题,日语的动词用法未被汉语吸收,因而汉语缺少动词用法。

6.2 《现汉》标注为动形兼类、『新明解』标注为名动兼类的同形词

由第二章表 2 - 1 可知,《现汉》标注为动形兼类、『新明解』标注为名动兼类的中日同形词共有 92 个,其中仅有 37 词在汉日语中意义基本相同,其在语料库中的词性对应关系可以归纳为表 6 - 5。

表 6 - 5　语料库中的词性对应关系

	汉语	日语	词数(百分比)
词典中的词性对应关系	动词、形容词	名词、动词	37(100%)
语料库 调查结果	动词、形容词	名词、动词	34(91.89%)
	形容词	名词、动词	2(5.41%)
	动词、形容词	动词、形容词	1(2.70%)

由表 6 - 5 可知,语料库调查结果与词典所标词性一致的同形词有 34 个,占到总数的 91.89%,而与词典所标词性不一致的同形词有 3 个,占到总数的 8.11%。本节按照表 6 - 5 所示的词性对应关系,详细考察这 37 个同形词在语料库中的词性用法差异。

6.2.1　汉语为动形兼类、日语为名动兼类的同形词

《现汉》标注为动形兼类、『新明解』标注为名动兼类的 37 个中日同形词中有 34 词在语料库中的词性用法与词典所标词性一致,它们在汉日语中的词性用法存在较大差异。本节依据语料库调查数据和具体例

句,详细比较其在语料库中的用法差异并分析差异产生的原因。

安定　成功　成熟　充实　抽象　动摇　繁荣　分散　粉碎
否定　腐败　概括　感动　孤立　鼓舞　缓和　活跃　困惑
麻痹　密集　努力　平均　确定　沈默　失望　统一　团结
吻合　协调　信托　应用　自足　尊敬　尊重

6.2.1.1　汉语语料库中的用法

这 34 个同形词在汉语中用法较为复杂,具体有以下 7 种用法:

(1) 在句中做谓语,从具体功能来看,既有带宾语的及物动词也有无法带宾语的不及物动词。

73) 为加速社会主义经济建设,促进国际经济文化交流而<u>努力</u>。(《世界地理》1993)

74) 这一切<u>感动</u>了长城顶峰的工作人员。(《河北日报》1991.10.26)

75) 他谦虚,人缘好,<u>尊敬</u>前辈和同辈。(《梅兰芳与中国戏剧》1990)

(2) 后接"的"做定语修饰名词,其中"尊敬的"加在称呼之前以示尊重的用法仅在演讲或书信中使用,此时"尊敬"是形容词。

76) 在场的许多青少年罪犯流下了<u>感动</u>的热泪。(《言语学概要——说话的奥秘》1990)

77) 原谅我吧,<u>尊敬</u>的院长同志。(《解放军报》1990.8.6)

(3) 后接"地"做状语修饰动词、形容词等,34 词中"成熟、动摇、粉碎、缓和、吻合、协调、尊重"这 7 词较难做状语。

78) 老人<u>感动</u>地说:"还是共产党的干部好!"(《人民日报》

1995.7.18)

79) 一个戴着红领巾的孩子向她走来, 尊敬地行了队礼。
(《人民日报》2003.1.28)

(4) 在句中做谓语, 且常受"很、十分"等程度副词修饰, 因而是形容词的谓语用法。

80) 阿寿在事业上很努力, 孜孜不倦。(《潘天寿》1996)
81) 这个说明好像有点抽象。(《光明日报》1999.1.8)

值得注意的是, "失望、成熟"等词在汉语语料库中兼有不及物动词和形容词的双重特点, 因此在做谓语时, 只能通过与它结合的词语(副词、助动词等)的性质来判断其是形容词还是动词。比如, "成熟"在例82)中与时间名词"10 月中下旬"呼应, 提示动作完成的时间, 因此是不及物动词。然而, "成熟"在例83)中同时受程度副词"很"和否定副词"不"的修饰, 因此是形容词。

82) 原来这种枣是酸枣树种的变异, 不仅营养丰富, 口感极佳, 而且成熟期晚, 10 月中下旬成熟。(《人民日报》2000.10.26)
83) 投资环境方面: 投资机制很不成熟。(《农村改革研究》1992)

(5) 34 词中有 30 词可以做"加以、进行、予以、作"等"准谓宾动词"的宾语, 但它们无法受名量词修饰, 可见还未完全名词化。为了将其与动词以及名动兼类词区分开, 本研究将它们归入"具有名词性用法的动词"。

84) 妇女除了从事采集, 还管理氏族内部事务, 她们普遍受到尊敬。(《世界历史》1991)
85) 在实践中, 应当根据案件的具体情况加以确定。(《人民

日报》2001.12.6)

（6）与其他词语或词缀结合形成复合词或派生词。例86）中的"麻痹"是"半身"的谓语,因此是动词,而例87）中的"麻痹"与"侥幸"并列,共同修饰"心理",显然是形容词用法。

86）他患半身麻痹和老年气管炎,视力也减退。(《人民日报》1997.12.22)

87）各级领导一定要保持清醒的头脑,不能有丝毫的麻痹侥幸心理。(《人民日报》1994.9.22)

（7）"应用、信托"2 词在汉语中以直接修饰名词的定语用法为主,而"否定"除直接做定语之外,还可通过"是……的"句型实现谓语功能。这 3 个词除了(1)的动词用法外,还属于形容词的附类——属性词。

88）我们对应用数学有疯狂的热情。(《人民日报》1998.3.26)

89）天津国投与广州物业又签订了一份信托存款协议。(《最高人民法院公报》1999.12.1)

90）但是现实对上述推断作出了否定的回答。(《人民日报》2000.6.2)

91）我认为,回答是否定的。(《农村改革研究》1992)

综上所述,这 34 个同形词在汉语语料库中可以做谓语,部分词语还可带宾语,同时还具备定语和状语功能,本研究将其判定为兼有动词和形容词双重性质的动形兼类词。此外,34 个词中有 30 词可以直接做动词宾语,是"具有名词性用法的动词"。

6.2.1.2　日语语料库中的用法
这 34 个同形词在日语语料库中主要有以下 4 种用法:
（1）后接格助词「ガ」「ヲ」在句中做主语和宾语。

92）大きな感動が心に湧いてくる。(『ヴェンゲーロフの奇跡』2000)

93）親への尊敬が深まる。(『子供にいい親悪い親』1991)

94）涙を流し、心を揺さぶる感動を得ていた。(『田中逸平』2004)

95）彼等は学者にたいする尊敬を要求する。(『司書の教養』2004)

（2）后接「ノ」「ニ」「デ」等格助词在句中充当定语、状语等其他句法成分。例96)中的「感動」与其后的名词「仕方」形成所属关系，例97)、例98)中的「感動」与格助词结合表达原因，三者都是名词用法。

96）同じ音楽を聴いても、感動の仕方は人それぞれです。(『銀の扉』2005)

97）私は不思議な感動に打たれた。(『人生の黄金律』2004)

98）見送る私は感動で胸がいっぱいだった。(『祖国之鐘』2002)

（3）后接「～する」做动词使用，在句中多做谓语。从功能来看，既有及物动词也有不及物动词，还有兼有两种性质的「自他両用動詞」。

99）私はこの取材で初めて感動した。(『戦場特派員』2001)

100）由希も木下を尊敬していた。(『銀盤の妖精達』2005)

101）結婚生活が充実している。(『短篇ベストコレクション』2000)

102）後半の人生を充実するために"私さがし"をする。(『いま、四十代を生きる女へ』1993)

（4）与其他词语或词缀结合形成复合词或派生词。例103)中的「自己尊敬」可解析为「自己を尊敬する」，「尊敬」是动词性的。例104)中的「美的感動」可解析为「美的な感動」，「感動」是名词性的。由于词缀「的」的主要功能是将名词变为形容词,因此例 105)中的「抽象」也是名词性的。34 个同形词中,「概括·抽象·统一·否定」4 词的主要用法是与词缀「的」结合形成形容词性的复合词。

103) その前提として自己尊敬が必要である。(『「非行」は語る』2002)

104) 強烈な美的感動を受ける。(『恐怖病棟』1997)

105) 数というのはもちろん抽象的な概念である。(『チンパンジーの心』2000)

这 34 个同形词在日语中可以做主语和宾语,也可以后接「～する」作为动词使用,是较为典型的名动兼类词。其中,「概括·抽象·统一·否定」4 词动词用法较少,主要用法是与词缀「的」结合形成复合词。

6.2.1.3　汉日对比

对比分析这 34 个同形词在语料库中的词性用法,可知其在汉语和日语中都有动词用法,同时多数词语在汉语中具备名词性用法,与日语的名词用法相对应,因此它们在语料库中的主要区别是日语缺少形容词用法。本节从词语结构、词性用法的历时变化等角度对这些词进一步探讨,以探明词性产生差异的原因。

6.2.1.3.1　词语结构对比分析

这 34 个同形词在汉日语中尽管意义基本相同,但由于部分构词语素具有多重性质,因此词语整体的结构存在一定差异,它们在汉语和日语中的结构关系可以整理为表 6－6。

表 6－6　汉语为动形兼类、日语为名动兼类的同形词结构比较

词语结构	汉语		日语	
	词例	词数 (百分比)	词例	词数 (百分比)
V＋V 并列结构	动摇 腐败 困惑……	11(32.36%)	動揺 腐敗 困惑……	13(38.24%)
V＋V 状中结构	成熟 信托 应用……	8(23.53%)	成熟 信託 応用……	8(23.53%)

续　表

词语结构	汉语		日语	
	词例	词数 （百分比）	词例	词数 （百分比）
A+V 状中结构	孤立　密集　平均	3(8.82%)	安定　孤立　平均 密集	4(11.77%)
M+V 状中结构	概括　确定　自足	3(8.82%)	概括　确定　自足	3(8.82%)
N+V 状中结构	团结　吻合	2(5.89%)	団結①　吻合② 粉碎	3(8.82%)
V+N 动宾结构	成功　抽象　失望	3(8.82%)	成功　抽象　失望	3(8.82%)
A+A 并列结构	安定　充实　繁荣	3(8.82%)		
N+A 状中结构	粉碎	1(2.94%)		
总计		34(100%)		34(100%)

　　由表 6-6 可知,这 34 个同形词在汉日语中的词语结构关系较为复杂。首先来看它们在汉语中的结构关系。汉语有 30 词的中心成分是动词性语素,其中有 11 个 V+V 并列结构,8 个 V+V 状中结构,3个 A+V 状中结构,3 个 M+V 状中结构、3 个 V+N 动宾结构以及 2个 N+V 状中结构。这 30 个同形词在汉语中以动词用法为主,做定语、状语的形容词用法是其派生用法。汉语还有 4 词的中心成分是形容词性语素,其中有 3 个 A+A 并列结构,1 个 N+A 状中结构。对于这 4 词,《现汉》先列出了形容词用法,可见其动词用法由形容词派生而来,它们在汉日语中的用法差异由构词语素的不同性质引起。「定」「繁」「栄」「実」「砕」等语素在日语中分别与「定める」「繁る」「栄える」「実る」「砕く」等和语动词对应,因此是动词性的,而依据《现汉》的标注,它们在汉语中是形容词性的,语素的不同性质导致了词语的词性差异。

　　再来看这些词语在日语中的情况。日语中这 34 个同形词的中心

---

① "团结"是"结团"之义,这里作为广义的 N+V 状中结构理解。

② "吻合"的"吻"为嘴唇之义,作名词解。

成分全部是动词性语素,其中有 13 个 V＋V 并列结构,8 个 V＋V 状中结构,4 个 A＋V 状中结构,此外 M＋V 状中结构、N＋V 状中结构、V＋N 动宾结构各有 3 个。这些同形词在日语中具有动词用法符合一般语言规律,同时由于汉字词汇作为外来词汇进入日语时自动被赋予了名词用法,因此它们在日语中是名动兼类词。

6.2.1.3.2　词性历时变化考察

依据第四章 4.1.1.3.2 的方法,笔者利用《汉语大词典》、『日本国語大辞典』以及多个语料库对本节 34 个同形词进行了历时调查,发现"腐败、鼓舞、尊敬"等 28 词在古代汉语中就已出现,其中"尊敬、尊重"等词自古代起就有带宾语的及物动词用法,可见其形容词用法由动词派生而来。另一方面,"腐败、失望"等词在古代汉语中是只有谓语功能的不及物动词,现代汉语派生了后接"的、地"做定语和状语的新功能,从而成为了动形兼类词。"孤立、充实、繁荣、粉碎、麻痹"这 5 词在古代汉语中是不及物动词,现代汉语派生了形容词用法,其后再由形容词的"使动用法"派生出了及物动词用法。这 28 个同形词由古代汉语传入日语,由于日语吸收汉字词汇时自动赋予其名词用法,因而成为名动兼类词,但现代汉语派生出了形容词用法,使得汉日语之间词性产生差异。

"抽象、否定、概括、缓和、活跃、困惑"这 6 词未能从古代汉语语料库中检索到例句,『日本国語大辞典』和语料库的例句年代都早于汉语,基本可以判定它们是日语借词。其中"缓和、活跃、困惑"3 词传入汉语后,汉语继承了动词用法,同时由于现代汉语中"活、和、困"3 个语素具有形容词性,从而派生了形容词用法。与此相对,"抽象、否定、概括"在日语中主要与词缀「的」结合形成形容词性的复合词,汉语应该受此影响而派生了形容词用法。

6.2.2　其他同形词

《现汉》标注为动形兼类、『新明解』标注为名动兼类的 37 个同形词中,"附属、专断、专制"这 3 词的词性用法与词典所标词性不一致。本节根据语料库调查数据和具体例句,详细分析其在语料库中的用法差异。

6.2.2.1 "专制"和"专断"

6.2.2.1.1 汉语语料库中的用法

汉语语料库中"专断"和"专制"具体有以下 4 种用法:

(1) 后接"的"做定语修饰名词。

106)"无为"主要指的是清除独断的意志和专断的行为。(《人民日报》2000.5.11)

107) 经过拿破仑一段时间的统治,专制的王朝复辟了。(《人民日报》2004.2.14)

(2)"专制"可以后接"地"做状语修饰动词,但例句不多。

108) 希特勒为了挽回败局,曾蛮横专制地下了一道死命令。(《炫目的世界》1987)

(3) 在句中做谓语,可以受"很、十分"等程度副词修饰,但"专断"的谓语用法不多。

109) 小邦越专制,越能维护其分裂的地位。(《人民日报》2004.2.14)

(4) 与其他词语或词缀结合形成复合词或派生词。例 110)中的"专断"与"独行"并列,整体做谓语。例 111)中的"专制"修饰"政体"表达其属性,两者都是形容词性的。

110) 他有权威,但不专断独行,善于吸收和运用别人的智慧。(《人民日报》1995.6.20)

111) 封建专制政体的长期延续使整个社会如一潭死水。(《人民日报》2001.1.2)

　　综上所述，"专断"和"专制"在汉语中具有定语、状语和谓语功能，且可以受程度副词修饰，因而是典型的形容词。

6.2.2.1.2　日语语料库中的用法

　　这2个同形词在日语语料库中具体有以下4种用法：

　　(1) 后接格助词「ガ」「ヲ」做主语和宾语，但前面往往伴有定语修饰语。

　　112) その孤立と専制が生み出す矛盾のはげしさと、それにもとづく絶対主義勢力内部にすら反対派を続出する。(『遠山茂樹著作集』1992)

　　113) こうした問屋の専断をはねかえすほどの力は未だなかった。(『魚河岸は生きている』1990)

　　(2) 后接「ノ」「ニ」「デ」等格助词，在句中充当定语、状语等其他句法成分。

　　114) 専制のレールの上を走って行った。(『志士と官僚』2000)

　　115) 専制にたいするドイツの抵抗運動は何時から存在したのか。(『リッター』1995)

　　116) 私が専断でこの書付けを出した。(『私の行き方』1992)

　　(3) 后接「～する」在句中做谓语，但例句不多。

　　117) 心配なのは、蜀の成漢に勝ったあと、桓温が朝廷を専制しないかということだ。(『小説十八史略』2000)

　　118) 容保は寺域を専断するような振舞いは一度としてせず、会津藩の士卒も丁重に寺僧に接してきていた。(『新選組風雲録』2004)

（4）与其他词语或词缀结合形成复合词或派生词。例119)中的「専制」修饰「主義」表达其内容,因此是名词性的。由于「的」的作用是将名词转化为形容词,因此例120)中的「専断」也是名词性的。

119）実は専制主義の収奪が非常に大きい。(『戦中戦後』2001)

120）職務の権限を超えて、専断的なことを行わない事。(『就業規則の決め方モデル例』2002)

综上所述,这2词在日语中可以做主语和宾语,还可后接「～する」做谓语,因而是名动兼类词。但是,从实际用法来看,它们以复合用法为主,动词例句极少,说明其动词性正在消失。

6.2.2.1.3　汉日对比

比较"专断"和"专制"在汉语和日语语料库中的词性用法可知,两者的共同点是在两国语言中复合用法都占据较大比例,不同点在于独立使用时汉语以形容词用法为主,而日语以名词用法为主,词性用法存在较大差异。

这两词在汉日语中都是 M＋V 状中结构,中心成分都是动词性语素,日语具有动词用法符合一般语言规律,而《现汉》标注动词也在情理之中。笔者利用词典和语料库对这2词进行了历时调查,发现它们在古代汉语中主要作为动词使用,而形容词用法是近代派生出的新用法。由于 M＋V 状中结构前后语素之间的结合关系不够紧密,"景专制河南十四年矣"中的"专制"一般被看作词组而非词语,因而本研究不将其归入动词。总结来说,这两个词在现代汉语中产生了新用法,从而与日语产生了差异。

6.2.2.2　"附属"

与词典所标词性不同,"附属"在汉日语中都是动形兼类词,用法没有差异。

"附属"在汉语语料库中有以下3种用法:

（1）后接助词"的"做定语修饰名词。

121）文化中心<u>附属</u>的视听中心和展览场地还可用作举办国际会议。(《人民日报》1997.10.13)

(2) 后接介词"于"带宾语。

122）最新的一所叫作国际旅馆学校，<u>附属</u>于著名的拉维尼亚山海滨饭店。(《人民日报》1992.2.20)

(3) 与其他词语或词缀结合形成复合词或派生词。"<u>附属</u>机构"实际与"<u>附属的</u>机构"并无区别，即(3)的用法与(1)基本相同，是形容词用法。

123）国际金融公司是世界银行集团<u>附属</u>机构之一。(《人民日报》1996.9.28)

"附属"在汉语中可以通过"于"带宾语，还可以做定语修饰名词表达其属性，从句法功能来看是动词和属性词的兼类词。

"附属"在日语语料库中有以下 3 种用法：

(1) 后接「～する」在句中做谓语。该词不通过「ヲ格」带宾语，因此是不及物动词。

124）病院には仮の収容所が<u>付属</u>していた。(『ノルウェーの汀の物語』1998)

(2) 后接「–ノ」做定语修饰名词。例 125)中的「付属」修饰后续名词「専用ソフト」表达其属性，因而是形容词的定语用法，而非名词的定语用法。

125）音楽ファイルの転送は<u>付属</u>の専用ソフトを使う必要がある。(『サウンド圧縮テクニカルガイド』2004)

（3）与其他词语或词缀结合形成复合词或派生词。「付属病院」可以置换为「付属の病院」或「付属する病院」，其词性用法与独立用法时保持了一致。

126）周子は東京医専を出て医師免許をとり、付属病院にいた。（『雪国大全』2001）

日语中「付属」可以做定语和谓语，无法做主语和宾语，本研究依据句法功能将其判定为动形兼类词。

"附属"在汉日两国语言中都是动形兼类词，词性用法没有区别。由于「付属」后接「－ノ」修饰名词，形态上与名词接近，以形态特征作为词性判定标准的『新明解』将其标注为了名词。"附属"在古代汉语中就已出现，主要作为动词使用，现代汉语和日语的动词用法都源自古代汉语，而形容词用法则都是近代才派生出的新用法。

6.3　本章小结

本章主要探讨了具有动词、形容词用法的中日同形词在汉语和日语中的词性用法差异，具体考察了以下两类：《现汉》标注为形容词、『新明解』标注为名动兼类的同形词（103 个）；《现汉》标注为动形兼类、『新明解』标注为名动兼类的同形词（37 个）。具体考察结果总结如下：

首先，《现汉》标注为形容词、『新明解』标注为名动兼类的 103 个中日同形词中，有 4 词（3.88％）在汉语或日语语料库中未能检索到例句，本研究未做详细考察。剩余 99 词中，语料库中的词性用法与词典所标词性一致的同形词有 75 个，占到总数的 72.82％，这些词在汉日语中最大的用法差异在于汉语形容词用法与日语动词用法的不对应。剩余 99 词中，语料库中的词性用法与词典所标词性不一致的同形词共有 24 个，占到总数的 23.30％，其中有 13 词在汉语中是形容词，而在日语中是动形兼类词,词性用法存在差异,只是日语语料库中动词例句也不多,因此实际差异不大。『新明解』所标词性与语料库调查结果不一致的原因在于两者的词性判定标准不同,语料库以句法功能为主要依据,而『新明解』以形态特征为主要依据。最后还有 11 词在汉语中是形容词,而在日语中是名词,词性用法完全不同。

　　整体来看,这类同形词在汉日语中的最大差异在于汉语形容词性较强,而日语动词性和名词性较强,其原因可以归纳为以下三点:(1) 构词语素性质存在差异。"沉、茂、乱、穷、浊"等语素在汉语中是形容词性的,包含这些语素的"混乱、繁茂"等词语自然也是形容词,但在日语中「沈・茂・乱・窮・濁」等语素对应的是和语动词「沈む・茂る・乱れる・窮する・濁る」,因此包含这些动词性语素的「混乱」「繁茂」等词语自然也是动词。(2) 同形词的词性用法发生了历时变化。这些同形词多数在古代汉语中作为动词使用,日语继承了动词用法,同时作为外来词被赋予名词用法,因而多数同形词是名动兼类词,其中部分词语随着使用频度的下降动词用法消失,变为名词。另一方面,这些同形词在汉语中派生出了定语和状语功能,词性也由动词转化为形容词,从而与日语产生了差异。(3) 日语借词的影响。"偶发、潜在"等汉语为属性词、日语为动形兼类词的同形词多数是日本人翻译西文书籍时创制的新词,这类词在日语中以复合用法为主,动词用法为辅,传入汉语时仅有复合用法保留,动词用法未被引入,从而与日语产生差异。

　　其次,《现汉》标注为动形兼类,『新明解』标注为名动兼类的 37 个中日同形词中,语料库中的词性用法与词典所标词性一致的同形词有 34 个,占到总数的 91.89%,它们在汉语和日语中最大的用法差异是日语缺乏形容词用法。差异产生的原因主要体现在以下 2 个方面:(1) 构词语素的性质存在差异。"定、繁、碎"等语素在汉语中具有动词和形容词两种性质,而在日语中只是动词性的,因而包含这些语素的"充实、确定"等同形词在汉日语中词性不一致。(2) 同形词的词性用法在汉语中发生了历时变化。"腐败、失望"等词在古代汉语中是不及物动词,现代汉语派生了定语和状语功能,从而成为动形兼类词,而"繁荣、麻痹"等词在古代汉语中是不及物动词,现代汉语派生了形容词用法,其后再由形容词的"使动用法"派生出及物动词用法,日语继承古代汉语用法一直是动词,因而两者产生了差异。

最后,37个同形词中语料库中的词性用法与词典所标词性不一致的有3个,占到总数的8.11%。其中"附属"在汉日语中都是动形兼类词,词性用法没有区别。"专断"和"专制"在汉语中是形容词,在日语中是名动兼类词,它们在古代汉语中都是动词,现代汉语派生的形容词用法代替了动词用法,从而与日语产生了差异。

第七章　中日同形动词的
及物性差异研究

中日同形词中名词最多,其次是动词。本书在第四章、第六章的论述中都涉及了同形动词。然而,即使同为动词,其在中日两国语言中的语法功能也不一定完全相同,比如中国日语学习者和日本汉语学习者的作文中就出现了以下偏误。

　　1)経済**を**(が)発展すると同時に公害問題も多くなった。(《中国日语学习者偏误分析》2006)
　　2)我想**享乐**(享受)剩余的短期大学生活。(《日本学生汉语动词使用偏误分析》2003)

这两例偏误显然与动词"发展、享乐"在汉语和日语中带宾语的能力有关。"发展"在汉语中是可以带宾语的及物动词,但在日语中却是无法带宾语的不及物动词。"享乐"则相反,日语可以带宾语,汉语却不可以。例1)是中国日语学习者将汉语用法直接套用至日语,例2)是日本汉语学习者将日语用法直接套用至汉语造成的使用偏误,而明确中日同形动词的及物性差异可以减少这些偏误,也有助于进一步了解汉语和日语在语言特点上的差异。

本章首先论述汉语和日语中及物动词和不及物动词的特点和判定标准,而后利用语料库调查中日同形动词的具体用法,对比分析它们在汉日语中的及物性差异并分析原因。

7.1　中日同形动词及物性对比研究现状

　　中日两国学者在考察同形词的语法功能差异时都注意到了"发展、享乐"等词在两国语言中带宾语情况的不同,但一般都是考察词性差异时顺便提及,罕见深度探讨。整体来看,中日同形动词的及物性对比研究数量有限,以此为论题的研究成果不足 10 篇。

　　国内最早提及同形词及物性差异的是侯仁锋(1997)。该论文将中日同形词的词性差异分为八大类,其中「中国語では他動詞、日本語では自動詞」「中国語では自・他動詞両用、日本語では他動詞用法のみ」两类涉及的就是同形动词的及物性差异。潘钧(2000)按照词性对应关系将同形词分为 13 类,其中"日语—自动词;汉语—他动词"和"日语—自动词;汉语—形容词"涉及了动词的及物性差异。这两篇论文都将动词的及物性差异纳入词性比较的范畴,通过例句描述了现象,但都未对及物性差异本身进行系统性的观察和归纳,因此还有进一步研究的必要。

　　翟艳(2003)对日本汉语学习者作文中出现的动词偏误进行了分类和整理,发现许多偏误由"宾语的冗余"引起,如"我想观光各种各样的地方""我所属排球俱乐部"等,其中"观光、入学"等动宾式复合动词最多。翟艳认为同形动词及物性差异引起的母语负迁移是造成上述偏误的主要原因。

　　许雪华(2009)从《现汉(第五版)》和『新明解(第五版)』中抽取了近 500 个中日同形动词,根据这些词在汉语和日语中及物性是否一致将其分成了九大类,其中及物性存在差异的同形词为以下六类:「日本語では他動詞であり、中国語では自動詞である語」「日本語では他動詞であり、中国語では自他両用動詞である語」「日本語では自動詞であり、中国語では他動詞である語」「日本語では自動詞であり、中国語では自他両用動詞である語」「日本語では自他両用動詞であり、中国語

では自動詞である語」「日本語では自他両用動詞であり、中国語では他動詞である語」。该论文在列出及物性差异相关例句后,将及物性存在差异的原因归为三个方面:1) 汉语和日语及物性判定标准不同;2) 同形词的词义存在差异;3) 同形词的词语结构存在差异。该研究全面考察了同形动词的及物性差异,但是论文主要依据词典标注判定动词的及物性,所得结论与实际用法可能有出入,同时论文重点考察了汉语为及物动词、日语为不及物动词的同形词,未对所有类别进行详细分析,因此还有必要做深入探讨。

何宝年(2012:202—207)全面考察了中日同形词的词性差异,其中「中国語では自動詞で、日本語では名詞とサ変他動詞である」「中国語では自動詞で、日本語では名詞とサ変自他動詞である」等六类同形词涉及及物性差异。该书对上述六类同形词进行了详细考察,并将及物性产生差异的原因归纳为词语结构差异和所带宾语性质不同两个方面。该研究较为全面地考察了同形动词的及物性差异,只是判定及物性的标准不明,且分析原因时将所有同形动词放在一起探讨,有以偏概全的可能性。

日本关于中日同形词的及物性差异研究也以归纳同形动词的及物性对应关系为主要论题,其中最早的研究是石堅和王建康(1983)。该论文所列同形词的语法功能差异中,「自他動詞または他動詞(中国語)↔自動詞(日本語)」「他動詞(中国語)↔自動詞に格(日本語)」等四类涉及了动词的及物性差异。论文在参考词典标注的基础上,还通过能否形成被动态等句法结构特点判定动词的及物性,在研究角度和方法上都为后续研究提供了有益的参考。

鄧美華(2003)对日语中兼有及物和不及物两种性质的 85 个中日同形动词进行了考察,发现"持续、负伤、开会、破损"等部分同形词在汉语中只有不及物动词用法,其中多数是"V＋N"动宾结构。作者认为汉语离合词的特殊性质造成了及物性差异。此外,"根绝、破坏、深化"等同形动词在汉语中只有及物动词用法,而构词语素的不同性质是造成及物性差异的主要原因。该论文从意义、结构等多个角度对及物性存在差异的动词进行了考察,角度新颖,内容翔实,为后续研究提供了范本。

河村静江(2010)对同形动词的及物性差异进行了较为详细的论述。她利用《HSK 词语用法详解》和『明鏡国語辞典』两本词典,抽取了近 300 个同形动词,并依据词典的标注和例句将这些动词分成「日本語・中国語とも自動詞のもの」「日本語では他動詞で中国語では自動詞のもの」「日本語では自動詞で中国語では他動詞のもの」等九大类,并对每类同形词进行了穷尽式列举。在此基础上,论文选取了汉语和日语中都兼有及物和不及物用法的同形动词,利用语料库进行了调查,发现词典标注与语料库实际用法存在差异。该论文首次利用语料库对同形词的及物性进行了验证,指出了依赖词典标注进行对比研究的不足之处,在研究方法上值得借鉴。

总结来看,目前中日同形动词的及物性差异研究基本以综述性论文为主,研究内容停留在及物性对应关系的归纳上,且多数研究依据词典标注确定动词的及物性,未能论及中日两国动词及物性的判定标准。尽管国内多数研究都谈及了中日同形词及物性差异产生的原因,但都是笼统归纳,未见详细分析。本章以汉语和日语中具有动词用法的同形词为调查对象,利用语料库考察其实际用法差异,并从词语结构、语素性质、及物性的历时变化等多个角度探讨差异产生的原因。

7.2 及物动词和不及物动词的判定标准

日本的国语辞典多数给和语动词标注了及物性,『新明解』从第七版开始给汉字动词(サ变动詞)也标注了及物性。然而,与日语和语动词不同,汉字动词的及物性较为复杂,词典标注与实际用法之间可能存在偏差。比如「輸血」「洗車」等 V＋N 结构动词,在『新明解』中都是不及物动词,但语料库中检索到了「血液を輸血する」「ワゴン車を洗車する」这样带宾语的用法,因此日本国语辞典的标注只能作为参考,实际进行对比研究时还应以语料库调查结果为准。

　　汉语与日语不同,除了《HSK 词语用法详解》等少数为留学生编纂的语文词典外,多数词典未标注动词的及物性,《现汉》也不例外。由于《HSK 词语用法详解》收录词数有限,因此汉语动词的及物性需要依据语料库调查结果自行判断。

　　在进行语料库调查之前,首先需要明确动词及物性的判定标准,本节首先归纳汉语和日语中及物动词和不及物动词的主要特征,再结合语料库例句探讨相对统一的动词及物性判定标准。

7.2.1　汉语动词及物性相关研究

　　《马氏文通》(1898)将动词分为"内动字"和"外动字"两类,基本对应现在的"不及物动词"和"及物动词",可见汉语动词的及物和不及物之分早已有之。然而,由于汉语缺少形态变化,词性划分尚且困难,更遑论及物动词和不及物动词的区分,因此这方面研究一度处于停滞状态。直到 20 世纪 80 年代,及物性作为动词的重要性质才受到关注,其后相关讨论日渐增多,其中具有代表性的观点是朱德熙(1982)和胡裕树、范晓(1995)。

　　目前汉语对于动词及物性判定的主流意见是看动词能否带宾语。吕叔湘、朱德熙(1952)在《语法修辞讲话》中指出:"一般地说,有宾语的动词,我们说它是及物的;没有宾语的,我们说它是不及物的",正式将动词的及物性与其带宾语的能力联系起来①。然而,如"去上海""天上飘着云"等词组所示,有些不及物动词也可以带"宾语"。此外,如"他吃过了了""我不了解"等所示,有时及物动词也会省略宾语,因此单凭"能否带宾语"无法对所有动词进行正确判断。

　　朱德熙(1982)提出根据动词所带宾语的种类来区分及物动词和不及物动词。他认为只能带"动量宾语""时量宾语""数量宾语"等"准宾语"的是不及物动词,能带上述三种宾语之外的"真宾语"的则是及物动词。然而这就出现了新的问题,即"去上海"和"天上飘着云"中的"上

---

① 本书参照的是 2004 年商务印书馆出版的《吕叔湘文集(第四卷)》,原书《语法修辞讲话》于 1952 年由上海开明书店出版。

海"和"云"到底是"真宾语"还是"准宾语"？如果这个问题没有答案,那么也就无法判别"飘"和"去"到底是及物动词还是不及物动词。

胡裕树、范晓(1995)提出根据典型句式中动词能否带宾语来区分及物动词和不及物动词,此处的典型句式指"主事主语句(即施事做主语的动词谓语句)",具体判定规则如下:(1) 在主事主语中做谓语时必须带宾语的是及物动词,如:等于、改正、注意等;(2) 在主事主语句中做谓语时无法带宾语的是不及物动词,如:合作、竞赛、休息等;(3) 带宾语和不带宾语时意义不同的是兼属及物不及物的兼类动词,如:"她笑了""她笑他蠢"中的"笑"。

对于及物动词,胡裕树、范晓(1995)还归纳了三种宾语省略的情况:(1) 为了强调突出宾语,将宾语前置,如"他的确谁都不认识"中"认识"的宾语"谁";(2) 通过介词将宾语变为状语等其他成分,如"村长对村里的情况不十分了解"中"村里的情况"由介词"对"提示了出来;(3) 借助语境省略宾语,如"'你替我找大夫?''嗯,我替你找[ ]。'"中,第二句"找"的宾语"大夫"承前省略。上述例句中"认识、理解、找"依然是及物动词,而在判定动词及物性时须特别注意宾语省略的情况。

最后,胡裕树、范晓(1995)还列举了两类非典型的不及物动词。首先,"小王明天来上海"这样带场所名词做宾语的动词是不及物动词。其次,"祥林嫂死了丈夫""这张床能睡三个人"中的"丈夫"和"三个人"表面来看分别是"死"和"睡"的宾语,但是这两个句子并非主事主语句,因此须置换为"祥林嫂的丈夫死了""三个人能睡在这张床上"这样的主事主语句后再判断其及物性,显然"死、睡"都是不及物动词。

7.2.2　日语动词及物性相关研究

日语判别某个动词是及物动词还是不及物动词主要有三种标准,第一种是动词能否带「ヲ格」宾语,能带的是及物动词,不能带的是不及物动词。松下大三郎(1923)、森田良行(1990)等都持该观点。需要注意的是,一般认为「公園を散歩する」中「散歩する」是移动动词用法,与及物动词带宾语有本质区别。

第二种是动词能否形成被动态,三上章是该观点的代表性人物。

三上章(1953)首先根据能否形成被动态,将动词分为「能動詞」和「所動詞」两类,而后又将被动态分为「まともな受身」和「はた迷惑の受身(比如:父に死なれた)」两类,他强调能够形成前者的是及物动词,而能够形成后者的是不及物动词。总结来说,不能形成被动态的「所動詞」和能够形成「はた迷惑の受身」的动词都是不及物动词。

第三种是形态特征,即依据音韵特征结合「有対動詞」的相互转换规则对动词的及物性进行判定,佐久間鼎(1936)和奥津敬一郎(1967)是其中的代表性论著。然而,「変える・変わる」这样的「有対動詞」数量有限,因此无法将所有动词都纳入考察对象,且该方法仅对和语动词有效,对于本研究而言没有太多可借鉴之处。

上述三类标准都围绕和语动词展开,其中应用最广泛的依旧是"动词能否带「ヲ格」宾语"这个标准。目前专门探讨「漢語動詞」及物性的代表性研究有小林英樹(2004)和张志刚(2014)。小林英樹(2004)依据语法意义将动词分为「状態動詞」「変化動詞」「使役変化動詞」「動作動詞」四大类,重点考察了每类动词与名词的搭配关系,由于该书未使用「自動詞」「他動詞」相关概念,而且未将「ニ格動詞」与「ヲ格動詞」分开探讨,对于本研究而言参考价值有限。

张志刚(2014)把「ヲ格を取るか否か(能否带「ヲ格」宾语)」当作判定「漢語動詞」是否为及物动词的首要标准,原则上能够带「ヲ格」宾语的是及物动词,反之不能带「ヲ格」宾语的是不及物动词,而可以同时构成「N₁がN₂をVt(他動詞)」和「N₂がVi(自動詞)」两种句型的动词则是兼类动词(兼有及物和不及物两种性质的动词)。张志刚(2014)还指出能否形成直接被动句可以作为判定动词及物性的补充手段,但他强调通过「ト格」和「ニ格」提示宾语的动词,由于其与名词短语之间的关系不同于「ヲ格」,因而是不及物动词。

7.2.3 本研究的及物性判定标准

7.2.3.1 汉语的判定标准

汉语对于动词及物性的判定规则论述最为详细的是胡裕树、范晓(1995),本研究参考其观点并结合语料库调查的实际情况,按照如下规则区分汉语中的及物动词和不及物动词。

（1）在主事主语句中，能够直接带宾语的动词为及物动词，包括因语境或表达需要而省略了宾语的动词。

（2）不能直接带宾语的动词都是不及物动词，此外还包括以下两种情况：(1)"来上海"类带处所宾语的"来、去"等移动动词归入不及物动词；(2)"死了丈夫"类的非主事主语句，"那里发生了一起事故"类的存现句中的"死、发生"等也归入不及物动词。

（3）"笑"这样带宾语和不带宾语时意义不同的动词是"兼类动词"①。

（4）为了与日语的判定标准尽可能统一，本研究将"减少、增加"等带宾语和不带宾语时意义相同的动词也判为兼类动词。例3)中的"减少"带"开支"做宾语，显然是及物动词，而例4)中的"减少"未带宾语，且该句较难被改写为"海南野生动物的物种正逐年被减少"这样的被动形式，因而是不及物动词。本研究将"减少"这样的动词也归入"兼类动词"，与日语的「自他両用動詞」相对应。

　　3）基层也要注意精兵简政，减少开支。(《人民日报》1997.3.3)

　　4）海南野生动物的物种正逐年减少。(《中国青年报》1991.6.4)

7.2.3.2　日语的判定标准

日语区分及物动词和不及物动词的主流意见是能否带「ヲ格」宾语，張志剛(2014)在论述「漢語動詞」的及物性时采用的就是该标准。本研究参考该标准并结合语料库调查的实际情况，按照以下四条规则区分日语中的及物动词和不及物动词。

（1）能带「ヲ格」的是及物动词，不能带「ヲ格」的是不及物动词，但是「散歩する」等表示移动的动词除外。

（2）「出席」「反対」等通过「ニ格」带宾语的动词，由于其对宾语的作用与「ヲ格」并不完全相同，本研究将其归为不及物动词。

---

① "兼类动词"是指兼有及物和不及物两种性质的动词，日语称为「自他両用動詞」。

(3)「後悔する」「憂慮する」等既可以通过「ヲ格」带宾语,还可以通过「卜格」带句子的动词,由于后者表达引用,与动词的及物性无关,本研究将其归为及物动词而非兼类动词。

(4)「増加する」「減少する」等可以形成「N₁がN₂をVt(他動詞)」和「N₂がVi(自動詞)」两种句型的是兼有及物和不及物两种性质的兼类动词。

笔者依据上述判定标准在语料库中对具有动词用法且词义基本相同的近 1 500 个中日同形词进行了调查,结果显示同形动词中及物性存在差异的词有 147 个,具体可以分为以下四大类:(1) 汉语为不及物动词、日语为及物动词的同形词(29 词);(2) 汉语为不及物动词、日语为兼类动词的同形词(44 词);(3) 汉语为兼类动词、日语为不及物动词的同形词(24 词);(4) 汉语为及物动词、日语为不及物动词的同形词(50 词)①。下文结合语料库例句,分别探讨这四类同形词。

7.3 汉语为不及物动词、日语为及物动词的同形词

词义相近的中日同形动词中汉语为不及物动词、日语为及物动词的同形词有 29 个。这些同形词在汉语中都是无法直接带宾语的不及物动词,但它们在日语中可以带宾语,还可形成被动态,是典型的及物动词。

为了更好地描写中日同形动词的及物性差异并阐明及物性差异产生的原因,本节按照词语结构分类探讨这 29 词,具体结构关系如表 7 - 1 所示。

---

① 除了这四类外,还有两类及物性不对应的情况:汉语为兼类动词、日语为及物动词;汉语为及物动词、日语为兼类动词,但由于每类都仅有一两个词,因此本研究不做详细考察。

表 7-1　汉语为不及物动词、日语为及物动词的同形词结构

词语结构	词例								词数
V＋N 动宾结构	除名　创刊　分类　复刊　划策　挥毫　免职　染色 探险　投稿　享乐　消毒　斩首　整形　执笔								15
V＋V 并列结构	辩护　放牧　分娩　兼备　酌量　请愿								6
V＋V 状中结构	并用　合计　合葬　累计								4
N＋V 状中结构	除外①　寸断　自给　实习								4

由表 7-1 可知,这类同形词中 V＋N 动宾结构最多,其次是V＋V 并列结构,以下以这两大类词为中心具体考察它们的及物性差异并分析原因。

7.3.1　V＋N 动宾结构

汉语为不及物动词、日语为及物动词的 29 个同形词中有 15 个 V＋N 动宾结构,这些词在汉语里无法直接带宾语,但是在日语中可以直接带宾语,而且能形成被动句。

5) 邻居还在被窝里,她却忙着给猪消毒、喂食。(《人民日报》1995.3.11)

6) 切り傷は、傷口を消毒し、きれいなガーゼでおおっておくだけのほうが治りが早いようです。(『家庭の医学』2005)

7) 緊急手術台では、すでに患者がイソジン液で消毒されて藍褐色に染まった胸部を晒していた。(『ミッドナイトブルー』2003)

8) 于是,我就向它的副刊投稿了。(《芳草》2000.6)

9) その話し合った結果を再び『人生手帖』に投稿する。(『「つきあい」の戦後史』2005)

---

① "除外"在日语中可以解析为短语「外に除く」,因此实际是 N＋V 状中结构,但表层是 V＋N 动宾结构。

10) それに対するアドバイスなどが<u>投稿されて</u>いる。(『ア
スクル』2001)

这 15 个同形词在汉语和日语中的及物性差异与 V＋N 动宾结构
动词在汉日语中带宾语的不同限制有关。首先来看这类词在日语中带
宾语的情况,「画策・除名・消毒・享楽・斬首・整形・染色・探険・
分類・免職」10 词,如「不適任者を除名する」「傷口を消毒する」等所
示,它们所带宾语(「不適任者」「傷口」)与构词语素 N(「名」「毒」)之间
可以形成「不適任者の名」「傷口の毒」这样的定中结构短语,小林英樹
(2004)将其归为「所属関係」。此外,「創刊・投稿・復刊」3 词,如「雑
誌を創刊する」「『一橋文芸』を復刊する」所示,其所带宾语(「雑誌」「一
橋文芸」)属于构词语素 N(「刊」「稿」)的某一类,小林英樹(2004)将其
归为「包摂関係」。最后,「揮豪」「執筆」2 词,如「碑文を揮毫する」「論
文を執筆する」所示,动词所带宾语(「碑文」「論文」)与构词语素 N
(「豪」「筆」)之间没有明显联系。

张志剛(2014)认为 V＋N 动宾结构动词在日语中能否带宾语,主
要与 N 的性质有关。他将名词性语素 N 分为「1 項名詞(一价名詞)」
和「0 項名詞(零价名詞)」,如果 N 是「1 項名詞」,因其本身意义不够完
整,需要补充相关信息,于是 V＋N 动词可以带宾语。比如「名」是一价
名词,「除名」就是及物动词。反之,如果 N 是零价名词,因其意义完
整,无须补充其他信息,于是包含 N 的 V＋N 动词往往是不及物动词。
不过,此时如果 V 是三价动词,即使 N 是零价名词,包含 N 的 V＋N
动词仍可带宾语。比如「注水」中的「注ぐ(タンクに水を注ぐ)」是三价
动词,因此虽然「水」是零价名词,「注水」依然可以带宾语。

根据张志剛(2014)的理论,「発電する」「読書する」等词,因「発す
る」「読む」是二价动词,「電」「書」是零价名词,应该都是不及物动词,但
是从日语 BCCWJ 语料库中检索到了例 11)、例 12)的带宾语的用法。

11) 平均して 1 日当たり 240 円～250 円分の電気を<u>発電し</u>
ています。(「もみじだより」2008)

12）友人もなく、自分の世界にこもり、聖書を<u>読書</u>する一方、17 世紀オランダ絵画やバルビゾン派の作品にひかれる。（『Yahoo! ブログ』2008）

本书认为日语中 V＋N 动宾结构动词是否带宾语，与句子中是否有信息要补充有关，当句子针对构词语素 V 或 N 需要补充说明时，就会突破 V＋N 结构动词不带宾语的限制，将需要补充的信息以宾语形式提示出来。

再来看这些词在汉语中带宾语的情况。观察例句可以发现，汉语虽然不能直接带宾语，但是相当于宾语的成分可以通过多种方式提示出来。首先是介词结构，如例 5）中"给猪<u>消毒</u>"的"猪"从深层结构来说是"消毒"的宾语，由于汉语 V＋N 结构不带宾语的限制较难打破，因此直接带宾语的"消毒猪"较难成立，而相当于宾语的成分通过介词"给"提示了出来。同理，例 6）的「傷口を<u>消毒し</u>」，一般翻译为"给伤口<u>消毒</u>"，而不是"消毒伤口"。

其次，<u>这些</u>词在汉语中多数为离合词，可以在前后项语素间插入相当于宾语的成分。如"免职"除了"把他免职"外，还可以说成"免他的职"，"斩首"在古代也有"斩其首"的用法，而日语无法拆分词语，只能以「職員を免職する」「人を斬首する」这样带宾语的形式来补充相关内容。"除名、免职、斩首"3 词形成的被动句也间接证明了这种隐含的动宾关系，例 14）中的"公司党委"是"免职"的施事，"一位总经理助理"是"免职"的受事，由于汉语中"公司党委免职一位总经理助理"较难成立，只能通过被动句或在 V 和 N 中间插入名词的方法实现提示受事的目的。

13）部队被<u>除名</u>战士的档案由何部门管理？（《解放军报》1991.8.11）

14）公司一位总经理助理由于做出了违背企业规定、损害企业利益的事，被公司党委<u>免职</u>。（《人民日报》2002.3.9）

再次,汉语中相当于宾语的成分还可以出现在句首。例 15)、例 16)中的"该书、蜘蛛丝"从意义上来看分别是动词"执笔、染色"的宾语,但是汉语中它们不能直接出现在动词之后,只能出现在句首。

15) 该书由首都医科大学及附属医院卓有成就的三十二位院士、教授执笔。(《人民日报》2000.7.24)

16) 蜘蛛丝可延伸百分之十八而不断裂,且容易染色。(《人民日报》1991.9.17)

最后,如例 17)、例 18)所示,"挥毫、执笔"无法分别直接与"政论文章、光辉题词"搭配,其后需要补充"撰写、写下"等动词才可以带宾语,与例 19)的「文章を執筆した」形成对照。

17) 在半个多世纪的革命生涯中,他亲自执笔撰写了大量政论文章。(《人民日报》1993.2.24)

18) 邓小平同志挥毫写下"太极拳好"的光辉题词。(《人民日报》2000.12.15)

19) この文章を執筆した昭和三十八年は、まだ新幹線開通前であった。(『秀十郎夜話』1994)

除了带宾语的不同限制外,汉日语本身的句法结构差异也是造成这些同形词及物性产生差异的原因之一。汉语是 SVO(主谓宾)结构,V＋N 动宾结构动词在汉语中若再带宾语,则形成"VN＋O"结构,V连续带了两个宾语,由于多数 V 不是三价动词,因此句子较难成立。即这 15 个词在汉语中即使在意义上能带宾语,这些宾语也无法直接出现在动词之后,本研究将其认定为不及物动词。日语是 SOV(主宾谓)结构,V＋N 动词若再带宾语则形成"O＋VN"结构,这显然比"VN＋O"结构更加稳定,因此比汉语容易接受。翟艳(2003)以日本留学生为对象进行了问卷调查,发现多数日本学生意识不到动宾式复合动词无法带宾语,所以会出现"我想观光各种各样的地方""我入学关西外大一年多了"等偏误,这也证实日语中 V＋N 动宾结构动词带宾语的随意性。

综上所述,V＋N 动宾结构动词在汉语中一般较难直接带宾语,即使存在类似于宾语的成分,也都是通过后接介词、宾语前置等方法提示出来,因而是不及物动词。日语对 V＋N 动词带宾语的限制不严,当句子需要对构词语素 V 或 N 进行补充说明时,就会突破限制,将需要补充的信息通过「ヲ格」提示出来,因而是及物动词。

7.3.2　V＋V 并列结构

汉语为不及物动词、日语为及物动词的 29 个同形词中,有 6 个 V＋V 并列结构:辩护、放牧、分娩、兼备、请愿、酌量。如例 20)～例 22)所示它们在汉语中不带宾语,但在日语中一般都带宾语使用。

20) 他揭露反革命的血腥罪行,为公社事业辩护。(《世界历史》1991)

21) ぼくは彼を弁護しない。(『北方からきた愚者』2005)

22) 天江吉兵衛は、林蔵から弁護されているのに近かった。(『火宅の坂』2001)

对于 V＋V 并列结构动词而言,影响其及物性的唯一因素是构词语素本身的及物性。构成这 6 个同形词的 12 个动词性语素在日语中对应的和语动词分别是「弁ずる/護る」「放す/飼う(意読)」「分ける/生む(意読)」「兼ねる/備わる・備える」「請う/願う」「つぐ(意読)/量る」,除了「備」是兼类动词外,其余 11 个都是及物动词,因此除「兼備」外其余 5 个词在日语中都是及物动词。「兼備」的「備」虽然是兼类动词,根据影山太郎(1993)提出的「他動性調和の原則」,V＋V 并列结构中的及物性动词语素一般只能跟及物动词或者「非能格自動詞(「歩く・走る」等主语是施事的不及物动词)」结合,不能跟「非対格自動詞(「枯れる・壊れる」等主语是受事的不及物动词)」结合。由于「備わる」是「非対格自動詞」,所以及物动词「兼ねる」只能跟同为及物动词的

「備える」结合形成及物动词「兼備する」。动词语素本身的及物性决定了这6个词在日语中必然是及物动词。

　　汉语中构成这6个动词的12个语素性质较为复杂。首先"放牧"一词，"放"是"放养"之意，而"牧"是"放养(牲口)"之意，在"牧羊""牧马"中，"牧"是及物的，而在"放牧"中，"牧"隐含宾语"牲口"，"放牧"不再带宾语。同样，"分娩"中的"娩"为"生小孩、生幼畜"之意，已经包含宾语成分。"分娩"在古代汉语中有带宾语的例子，但在现代汉语中作为书面语未能检索到任何带宾语的例句，本研究将其归入为不及物动词。综上所述，"放牧"和"分娩"因为"牧"和"娩"字义中包含宾语，因而变为不及物动词。

　　23) 蔡老娘道："对当家的老爹说，讨喜钱，分娩了一位哥儿。"（《金瓶梅》元明）

　　24) 母狐怀孕60天后分娩，每次产5～8仔。（《动物奇趣》1996）

　　"请愿"在《现汉》中的释义为"采取集体行动要求政府或主管当局满足某些愿望，或改变某种政策措施"，此时"愿"理解为"愿望"更为恰当，"请愿"则解析为"请求满足愿望"，即可以看作广义的动宾结构，自然无法再带宾语。"酌量"在《现汉》中的释义为"斟酌；估量"，显然是并列结构，但是由于"量"除了表达估量的"liáng"外，也可理解为表达数量的"liàng"，此时"酌量"变为动宾结构，不能再带宾语。"请愿、酌量"主要因为在汉语中可以解析为动宾结构，导致无法带宾语，从而与日语产生分歧。

　　"辩护"在汉语中如例20)所示，"为公社事业辩护"可以替换为"为公社事业辩(解)"，却不能替换为"为公社事业护"，即汉语词义的核心是"辩"。日语如例21)的「彼を弁護しない」所示，宾语都是表示人物的名词，将宾语分别与两个动词语素搭配，可以发现「彼を護る」成立，而「彼を弁ずる」不成立，由此可见与宾语相关的语素是「護」，而不是「弁」，即日语的词义核心偏向「護る」。由于汉语中"辩"是不及物的，而日语「護」是及物的,因而"辩护"在汉日语中的及物性不同。

如前文所述,"兼备"在日语中受「他動性調和の原則」限制,是及物动词,但是汉语"兼备"表示"同时具备"之义,此时"兼"是"全、都"之义,"备"则偏向于表达存在的状态动词,汉语如"德才兼备、文武兼备"等所示,自古代起名词成分就出现在"兼备"之前,本研究将其认定为不及物动词。

综上所述,V+V 并列结构动词在汉日语中的及物性差异与构词语素本身的及物性差异、词语结构的不同理解等因素有关。

7.3.3　V+V 状中结构

汉语为不及物动词、日语为及物动词的 29 个同形词中,有 4 个V+V 状中结构:并用、合计、累计、总计,如例 25)～例 27)所示,它们在汉语中不带宾语,但在日语中一般都带宾语使用。

25) 他手脚<u>并用</u>,爬上高坡,全身已湿透。(《人民日报》1998.6.2)

26) 飲みすぎたり、数種の感冒薬を<u>併用し</u>たりしてはいけません。(『家庭の医学』2005)

27) 単位制と学年制というものが<u>併用され</u>ている。(『国会会議録』1993)

这 4 个同形词在日语中可分别解析为「併せて用いる」「合わせて計算する」「かさねて計算する」「まとめて計算する」,其后项语素是中心成分,决定整个动词的及物性。由于「用いる」「計算する」都是及物性的,因此这 4 个词在日语中都为及物动词。汉语中"用、计"也是及物性的,原则上来说也应该是及物动词,它们不能带宾语与其他因素有关。

首先,汉语的"并用"常与"手脚""眼耳"等身体部位的词同时出现,整体做状语修饰后续动作。如果改成"并用手脚","并用"变成词组,意义也发生了变化,可见"并用"在汉语中的特殊用法让其成为不及物动词。"合计、累计、总计"中"计"的对象一般都出现在动词之前,例28)中的"全国的电视发射台、转播台"就是"计"的对象,而其后的"已达80座"是结果补语。这3个词在汉语中若其后直接出现宾语,那动词之前必然要出现施事,但是多数情况下施事往往不明了或者是可以省略的信息。姚灯镇(1994)比较了汉语和日语主语承前省略现象,指出日语主语承前省略比起汉语来要灵活得多。即"合计、累计、总计"在日语中直接省略施事句子仍可成立,而汉语较难在施事完全不出现的情况下做到主语省略,所以只能将宾语成分变成表层主语置于句子开头,这种用法固定下来后实际就成了不及物动词。

28) 到了1971年,全国的电视发射台、转播台<u>总计</u>已达80座。(《中国电视史》1991)

总结来说,这4个同形词在汉语中用法特殊,从而失去了及物动词用法,与日语产生了差异。

7.3.4 N+V 状中结构

汉语为不及物动词、日语为及物动词的29个同形词中,有4个N+V状中结构:除外、寸断、自给、实习,如例29)～例31)所示,它们在汉语中不带宾语,但在日语中一般都带宾语使用。

29) 国家法律、行政法规另有规定的<u>除外</u>。(《新华月报》1993.2)
30) 未遂は、付和随行者を<u>除外して</u>成立する。(『概説刑法』2003)
31) 彼の名前も一切の留保なしに、容疑者リストから<u>除外</u><u>される</u>べきであります。(『法月綸太郎の冒険』1995)

这4个词在日语中可以分别解析为「外に除く」「きれぎれに断ち切る」「自力で給する」「実地や実物にあたって習う」,后项语素V是中心成分,由于「除く」「断ち切る」「給する」「習う」都是及物性的,因此这 4 个动词在日语中都是及物动词。

在汉语中,这 4 个词的构词语素及其结构关系与日语略有不同。首先"除外"中"外"是补语,"除外"是 V＋N 动补结构,但是形态上与 V＋N 动宾结构没有区别,因此虽然"除"是及物的,但是"外"的存在阻止了它直接带宾语,而相当于"除外"宾语的部分一般通过介词"把"提示出来。

"寸断"在汉语中基本只有"肝肠寸断"这一种用法,此时"断"是"断裂"之义,是不及物的。「断つ」在日语中只有及物动词用法,表达"切断"之义,因此「寸断」在日语中是及物动词,"断"在汉日语中的不同性质造成了及物性差异。

"自给"的"给"在汉日语中都是及物的,日语带宾语使用符合一般语言规律,但是汉语自古代开始就以"织席自给""耕渔以自给"这样不带宾语的形式使用,现代如例 32)所示,以宾语前置的用法为主,而真正的施事被省略,本研究因其没有直接带宾语的功能将其判为不及物动词。

32) 如今粮食已能自给,棉花自给有余并有出口。(《地理(高中下册)》1993)

最后,"实习"是"实地学习"之意,由于"学"是及物动词,所以"实习"在汉语中本应该也是及物动词,但是汉语一般不突出"实习"的内容,只强调实习的地点,"习"的内容则隐含在上下文中。比如,例 33)由"水产高中"可以推测出实习的内容与水产有关,但汉语没有"实习水产"这种表达,"实习"在汉语中的特殊表达习惯使其成为不及物动词。

33) 几乎所有的日本水产高中学生都在这里实习。(《人民日报》2001.2.18)

总结来说,汉语中"除外"表层结构类似 V+N 动宾结构,因而无法带宾语,"寸断、自给、实习"因词义限制及表达习惯而无法带宾语,日语没有上述限制,因而两者产生差异。

7.4　汉语为不及物动词、日语为兼类动词的同形词

词义相近的中日同形动词中汉语为不及物动词、日语为兼类动词的词语有 44 个。这些同形词在汉语中都无法直接带宾语,在日语中一般不带宾语使用,但语料库也检索到了带宾语使用的例句,因而将其归入兼类动词。

为了更好地分析同形动词及物性差异的原因,本节按照词语结构分类探讨这 44 词,具体结构关系如表 7-2 所示。

表 7-2　汉语为不及物动词、日语为兼类动词的同形词结构

词语结构	词例								词数
V+N 结构①	保温	闭会	辞职	出资	发电	发病	放电	负伤	37
	加压	减速	减压	减刑	解毒	绝缘	开庭	离职	
	落第	纳税	冒险	排卵	杀菌	受益	施肥	输血	
	调味	脱水	退学	退职	脱毛	脱脂	谢罪	营业	
	整地	植树	整枝	组阁	着色				
V+V 并列结构	破碎	破损	交配	休止	运行				5
N+V 主谓结构	骨折								1
N+V 状中结构	辈出								1
总数									44

由表 7-2 可知这 44 个同形动词中 V+N 结构最多,占到整体的

---

① V+N 结构词语多数为动宾结构,少数为动补结构,而"开庭"等在汉语中实际上是倒置的主谓结构,但这些词在汉日语中及物性不同的原因极为相似,因此放在一起探讨。

84％,本节以 V＋N 结构为中心考察这些同形词的及物性差异。

7.4.1　V＋N 结构

　　汉语为不及物动词、日语为兼类动词的同形词中 V＋N 结构有 37 个,它们在汉语中都无法带宾语,在日语中尽管也以不带宾语的不及物用法为主,但都检索到了通过「ヲ格」带宾语的例句,因而本研究将其归入兼类动词。

　　　　34) 投票结果,多数人反对,戴高乐只好辞职。(《当代世界史》1991)

　　　　35) 有 3 200 多人因公牺牲,5.7 万多人光荣负伤。(《人民日报》1997.12.12)

　　　　36) 事実を証言したため、教育長はついに辞職した。(『創竜伝』1990)

　　　　37) カーソンは、五二年漁業局を辞職し、予想以上の荒波にこぎだした。(『帝国と市民』2003)

　　　　38) 連兵士の一人が死亡、四人が負傷した。(『シベリアの生と死』1993)

　　　　39) 彼本人も片腕を負傷したらしい。(『物語近代哲学史』2004)

　　这些同形词在汉日语中最大的用法差异在于汉语无法带宾语而日语具有带宾语的能力,以下分类探讨差异产生的原因。

　　首先来看“闭会、变形、开园、开业、减产、解体”等词在汉日语中的用法差异。这些词在汉语中是「非对格自动词」,即 N 与 V 之间实际形成主谓关系,如“开园”实际是“园开”之义,“蜕皮”则是“皮蜕”之义,因而它们在汉语中无法带宾语,是标准的不及物动词。日语则不然,V＋N 结构动词在日语中既可以理解为倒置的主谓结构也可理解为动宾结构,而能否带宾语主要与构词语素 V 有关。比如「開園」可形成「(園を)開ける」「(園が)開く」两种对应关系,「園」只能决定与其结合的名词必须是「園」相关的场所,能否带宾语取决于语素「開」的性质。例41)中的「開園」是「(園が)開く」之义,而在例42)中变成了「(園を)開ける」之义,因而前者是不及物动词,后者是及物动词。

40) 第 21 届冰灯游园会 1 月 1 日在哈尔滨兆麟公园正式<u>开园</u>。(《人民日报》1995.1.3)

41) 1 日(火)に県営権現堂公園が一部<u>開園し</u>ます。(『広報くりはし』2008)

42) 開拓使は、東京府内三ヵ所に<u>開拓使官園を開園した</u>。(『青いバラ』2001)

43) 6 世纪末到 7 世纪初,阿拉伯的氏族制度开始<u>解体</u>。(《世界历史》1991)

44) 91 年にはソ連が<u>解体し</u>、92 年には中国と韓国が国交を結んだ。(『「北」の公安警察』2003)

45) アメリカは占領中、<u>内務省を解体しました</u>。(『個人情報を守るために』2001)

再来看"保温、辞职、充电、输血、谢罪"等词在汉日语中的用法差异。这些词的前后项语素形成「温度を保つ」「職を辞める」等动宾结构,因而是标准的「非能格自動詞」。汉语受动宾结构影响,不能直接带宾语。日语由于 V＋N 结构无法带宾语的限制不严,可以根据上下文需要,通过「ヲ格」对「N」进行补充,如例 47)对「罪」的具体内容进行了补充,而例 48)对需要充电的物体进行了补充。汉语则如例 46)所示,一般通过"向……"等介宾结构补充相关内容。

46) 父母还得卖田当物,备了两桌酒,买了香烛向严家<u>谢罪</u>。(《瓦砾滩》1991)

47) ワイツゼッカーは過去に犯した<u>罪を謝罪した</u>。(『20 世紀を動かしたあの名言』2003)

48) <u>電池を充電する</u>には、電池を電源につなぎます。(『日常で役立つ物理学』2005)

除了构词语素性质和 V＋N 结构动词带宾语的不同限制外,这些同形词在汉日语中的及物性差异还与日语中「漢語」的性质有关。如例 50)、例 51)所示,「電流を放電し」「献血血液を輸血し」的宾语「電流」「献血血液」与构词语素「電」「血」信息重复,不符合语言的经济性原则,但日语「漢語」词汇化程度高,允许这样的结构存在。与此相对,"放电电流""输血献血血液"不符合汉语的表达习惯,即汉语无法带信息重复的宾语,从而与日语产生差异。

49) バッテリーが完全に<u>放電している</u>。(『ロードライダー』2005)

50) 8アンペアの電流を<u>放電し</u>続けると5時間で放電終止電圧となる。(『小型水力発電機製作ガイドブック』1997)

51) 献血血液を<u>輸血し</u>たためにHIV感染がおこることがあります。(『専門医が語るエイズの知識』2000)

结合 7.3.1 的内容,笔者发现多数同形 V＋N 动词在汉语中很难直接带宾语,而日语却多数可以带宾语。張志剛(2014)认为这与构词语素 V 和 N 各自在日语中的配价关系有关,如果 N 是 1 价名词,或者 V 是 3 价动词,就可以带宾语。但是通过语料库调查可以发现有许多例外,如「消毒」「殺菌」等词中 N 都是 0 价名词,「消す」「殺す」都是 2 价动词,按照其规则应该无法带宾语,但这两个动词都可以带宾语使用,可见張志剛(2014)归纳的 V＋N 动词带宾语的规则不适用于所有动词。

笔者利用语料库对本节中出现的所有 V＋N 结构动词进行了调查,发现日语中几乎所有的 V＋N 动词都能带宾语,以下结合语料库例句探讨日语能带宾语的主要原因。

首先,日语是 SOV 结构,即使 V＋N 动词带宾语,形成的也是"S＋O＋VN"结构,比汉语的"S＋VN＋O"结构更稳定。实际上,「車を洗車する」「血液を輸血する」等日语短语由于宾语 O 与名词性语素

N信息重复,与语言的经济性原则相悖,只是「洗車する」「輸血する」等「漢語動詞」在实际使用时可以变成「洗う」「輸する」这样的偏义动词,从而突破了 V＋N 结构本身不能带宾语的限制。

其次,日语能带宾语与「漢語」的性质有关。现代汉语中的双音节动词多由古代短语转化而来,其中多数 V＋N 动词在古代汉语中是动宾短语,结构并不稳定,可以通过拆分 V＋N 结构补充相关信息。同时,由于汉语严格遵从经济性原则,同一信息不可重复出现,导致不带宾语是主流用法。与此相对,日语「漢語動詞」的词汇化程度很高,有时受文体的影响需要使用「漢語動詞」来替代「和語動詞」,此时 N 的含义往往被忽略,V 发挥主要作用,「マイカーを洗車し」等组合应运而生。

52) 2 人でマイカーを洗車しました。(『Yahoo! ブログ』2008)

最后,V＋N 动词能带宾语与日本人对于 V＋N 结构不可再带宾语的意识不强有关。翟艳(2003:14)指出日本留学生的作文中出现了较多"我想观光各种各样的地方""我入学关西外大一年多了"这样动宾结构动词直接带宾语的偏误,而"在询问有关动宾组合的词法结构时,68.2%的学生选择 V＋N 式,但其中却有 86.7%的学生表示不知道在这样的词后不能再加宾语"(翟艳,2003:16)。这也侧面反映日本人对「漢語」的结构有一定认知,但对于结构与句法规则之间的联系却知之甚少,而日语 V＋N 动宾结构可随意带宾语也正好说明了这一点。

7.4.2　V＋V 并列结构

由表 7－2 可知,汉语为不及物动词、日语为兼类动词的同形词中有 5 个是 V＋V 并列结构:交配、破碎、破损、休止、运行,它们在汉语中都无法带宾语,在日语中既可以带宾语使用也可以单独做谓语。

53) 火车只能夜间运行。(《传记文学》2001.3)

54) 有的风机的风管已破损,严重泄漏。(《风机水泵的节能改造》1997)

55) 特急が最高時速 120 km で運行している。(『旅』2003)

56) 平川地区で循環バスを運行しています。(『広報そでがうら』2008)

57) 死亡時の直前に骨や柔組織が破損した形跡はない。(『ミイラ解体』1999)

58) 着陸時、ジーグラーも機首車輪を破損した。(『「音の壁」を突破せよ 』2005)

V+V 并列结构动词的及物性主要受前后项构词语素的性质影响,而「運・休・止・交・破・砕・損」等构词语素在日语中兼有及物和不及物双重性质,因此动词整体也是兼类词。

然而,这些构词语素在汉日语中性质有所不同。首先,"运行"中的"运"在日语中有「運転する」的含义,由此派生了「電車を運行する」的用法,而根据《现汉》的释义,"运"在"运行"中是"物体的位置不断变化"之义,为不及物动词,自然也就无法像日语那样带宾语。同理,"休止"中的"休","交配"中的"交"和"配"在汉语中都是不及物动词,且"休止"只有"永不休止"这一种用法,因语素性质和用法限制,"交配"和"休止"在汉语中都是不及物动词。

最后,"破损"和"破碎"在汉语中其语义重心在"破"上,实际形成V+V 动补结构,即"损"和"碎"表达的是"破"的程度,词语整体表达状态而非动作,自然为不及物动词。然而,它们在日语中是 V+V 并列结构,且构词语素「破」「損」「砕」对应的和语动词「破る・破く」「損ずる・損する」「砕く・砕ける」都兼有及物和不及物两种性质,因而词语整体是兼类动词。

综上所述,这 5 词的及物性差异与构词语素在汉语和日语中的不同性质有关,汉语偏向不及物性质,而日语兼有及物和不及物两种性质,从而导致动词整体的及物性产生了差异。

7.4.3 其他结构

如表 7-2 所示,汉语为不及物动词、日语为兼类动词的同形词中"骨折"是 N+V 主谓结构,其在汉日语中的具体用法如下:

59) 姬友右胸第五根肋骨<u>骨折</u>。(《法律文书选评》1980)

60) 泥酔した武士が落馬して<u>骨折</u>したとする。(『日本型資本主義』2003)

61) 首藤喜代は、折悪しく脚を<u>骨折</u>して入院中だった。(『カルメンお美』1988)

"骨折"在汉语中是 N+V 主谓结构,无法再带宾语,但在日语中可以解析为「骨が折れる」「骨を折る」两种结构,前者和汉语一样无法带宾语,后者等同于 V+N 动宾结构,但日语为了补充「骨」的相关信息可以直接带宾语,例 61)中的「脚」就是为了补充「骨」所在的部位而带的宾语。

最后,"辈出"是 N+V 状中结构,其在汉日语中的具体用法如下:

62) 经历过风风雨雨的几十年,一代又一代新人<u>辈出</u>。(《美术研究》1997)

63) その時代には非常時に強い指導者が<u>輩出</u>した。(『この一粒の「知恵の種」』)

64) 2001)代々政治家や実業家を<u>輩出</u>している名門の出だ。(『恋刃』2005)

N+V 状中结构的中心成分是后项语素,由于「出」在日语中具有及物和不及物两种性质(「出る・出す」),因此「輩出」整体也是兼类动词。汉语从古代开始就只有"人才<u>辈出</u>"这样较为单一的用法,"出"为"出现"之义,"辈出"为不及物动词。

7.5　汉语为兼类动词、日语为
不及物动词的同形词

　　词义相近的中日同形动词中汉语为兼类动词、日语为不及物动词的词语有 24 个。这些同形词在汉语中既可以带宾语使用也可以不带宾语使用,但在日语中都不通过「ヲ格」带宾语,本研究将其归为不及物动词。

　　为了更好地描写这些同形词的及物性差异并阐明差异产生的原因,本节按照词语结构分类探讨这 24 词,具体结构关系如表 7 - 3 所示。

表 7 - 3　汉语为兼类动词、日语为不及物动词的同形词结构

词语结构	词例							词数
V+V 状中结构	成立 磨灭	发展 屈从	繁殖 渗透	和解 突进	居留 振动	决别	迈进	12
V+V 并列结构	重复	传染	分裂	混杂	灭亡	逃避	邂逅	7
A+V 状中结构	激化	紧缩	热衷					3
N+V 状中结构	类似	瓦解						2

　　由表 7 - 3 可知,这类同形词中 V＋V 状中结构最多,其次是 V＋V 并列结构,以下重点探讨这两类词在汉日语中的及物性差异。

7.5.1　V＋V 状中结构

　　如表 7 - 3 所示,汉语为兼类动词、日语为不及物动词的同形词中 V＋V 状中结构有 12 个,根据其实际用法还可以分为两类,其中「居留」「屈从」等词在日语中通过「ニ格」带名词性成分,本研究将其称为「ニ格自动词」,而「震动」「成立」等词则是完全无法带名词性成分的普通不及物动词。

首先,「居留・屈従・滲透・突進・邁進」这5词在日语中通过「二格」提示名词性成分,而「決別」「和解」2词则通过「卜格」提示名词性成分,它们在功能上有别于「ヲ格他動詞」,因此本研究将它们判为不及物动词。这些同形词在汉语中既可以由介词引出宾语,也可以直接带宾语,因而本研究将它们归为兼类动词。

65)哲学研究<u>滲透</u>于各具体学科之中。(《人民日报》2000.8.17)

66)更新教育观念,在数学教学中<u>滲透</u>思想教育。(《山西科技报》2000.6.15)

67)ルッターの教説は都市および農村の中産社会層やより下層の職人・農民層に<u>滲透し</u>てきた。(『世界経済史』1994)

68)那天,他是喝着小茅台和储造明<u>訣別</u>的。(《上海新贵族》1992)

69)在我们诀别草原二十年之后,我们突然发现往事真的完了。(《金牧场》1992)

70)僕は、夢子と<u>訣別</u>しました。(『緑幻想』1993)

V+V状中结构由后项语素性质决定动词整体的及物性,而这7词的后项语素在汉日语中性质有所不同,因而动词整体的及物性也不同。首先,<u>这些</u>语素在日语中对应的「留まる」「従う」「進む」等和语动词本身就是通过「二格」与名词性成分结合,因而动词整体也是「二格自動詞」。「和解」「滲透」在日语中对应和语动词「解け合う」「滲み透る」,这两个词通过「二格」或「卜格」与名词性成分结合,因而「和解」「滲透」也具备了上述用法。汉语中这7个词原本都需要通过介词带宾语,但是在使用过程中省略介词直接带宾语的用法逐渐普及,目前两种用法同时存在,本研究依据实际例句将其归为兼类动词,以示与日语的区别。

另一方面,「振動・成立・発展・繁殖・摩滅」这5词在日语中一般无法直接与名词性成分结合,是典型的不及物动词。汉语以"发展"

为代表,既可以带宾语也可以不带宾语使用,因而是兼类动词。如例74)和例78)所示,日语的「使役態(使动用法)」对应汉语的及物动词用法。

71) 人的声带振动发出声音。(《现代语音基础知识》1990)

72) 气流振动声带后,从鼻孔通过,若堵住鼻孔就发不成鼻音。(《现代汉语》1983)

73) 部屋が僅かに振動した。(『文藝』2003 年冬号)

74) これらすべての原理は、草や樹木の葉を息で振動させて鳴らす、ご存知「草笛」である。(『スロー・ミュージックで行こう』2005)

75) 我国农区秸秆养牛业迅速发展。(《人民日报》1992.12.1)

76) 广东注重发展特色短线旅游。(《人民日报》1992.3.10)

77) 現実路線で進めば、経済は発展するだろう。(『ユートピアの消滅』2000)

78) のちのイスラーム文明は、壮麗な書道文化を発展させた。(『ムハンマド』)

这 5 词在汉日语中最大的差异在于日语缺少及物动词用法,而这依然与构词语素的性质有关。V+V 状中结构动词一般由后项语素性质决定其及物性,由于"动、立、灭、展、殖"等语素在汉语中兼有及物和不及物两种性质,因此动词整体也是兼类动词。日语中这些语素对应「動く・動かす」「立つ・立てる」「のべる・のばす」「ふえる・ふやす」「滅びる・滅ぼす」等兼类语素,原本也可以派生及物动词用法,然而依据影山太郎(1993)提出的「他動性調和の原則」,及物性动词语素一般与同类语素或「非能格自動詞」结合,较难与「非作格自動詞」结合。由于这 5 词的前项语素「成る」「発つ」「繁る」等都是「非作格自動詞」,因此只能与「動く」「立つ」「のべる」「ふえる・」「滅びる」结合形成不及物动词。

最后从历时变化角度来探讨一下这 5 个同形词。笔者利用《汉语

大辞典》、『日本国語大辞典』以及多个语料库对这5个同形动词进行了
历时调查,发现"成立、繁殖、磨灭、振动"4词在古代汉语中就已出现且
古代只有不及物动词用法,可以推测古代汉语的不及物动词用法传入
日语后一直沿用至今,而近代汉语由使动用法派生了及物动词用法,从
而与日语产生差异。"发展"则是日语借词,日语的不及物用法传入汉
语后,由使动用法派生了及物动词用法,而日语由于动词「使役態」的存
在未能直接派生及物动词用法,从而与汉语产生差异。

7.5.2　V+V 并列结构

如表7-3所示,汉语为兼类动词、日语为不及物动词的同形动词
中有7个V+V并列结构:重复、传染、分裂、混杂、灭亡、逃避、邂逅。
其中「邂逅」在日语中主要通过「ニ格」带名词性成分,因而是「ニ格自動
詞」,汉语中"邂逅"既可以由介词"与"引出宾语,也可以直接带宾语,本
研究将其归为兼类动词。

> 79) 二十七岁的陆游,在这里邂逅他的前妻唐琬。(《人民日
> 报》1998.4.18)
> 80) 在那里,她与一名日本外交官邂逅。(《人民日报》
> 1998.5.24)
> 81) こうして、霊視者は画家に邂逅します。(『シュタイナー
> 芸術と美学』1987)

剩余6词在日语中都是无法带宾语的不及物动词,在汉语中既可
以带宾语也可以不带宾语使用,因而是兼类动词。

> 82) 5世纪时,西罗马帝国灭亡。(《基督教欧洲发展的一面
> 镜子》1992)
> 83) 唐朝的苏定方渡海灭亡了百济。(《海洋中国》1997)
> 84) 鎌倉幕府が滅亡しました。(『旧暦はくらしの羅針盤』
> 2002)

85) 1185 年、源氏は壇ノ浦の戦いで平家を<u>滅亡</u>させた。
(『土地の文明』2005)

一般而言,V＋V 并列结构动词由前后项语素的性质共同决定动词整体的及物性。这 6 词的构词语素"灭、亡、分、裂"等在汉语中都兼有及物和不及物双重性质,因而它们在汉语中作为兼类动词使用符合一般语言规律。日语中这 6 词的前项和后项语素「雑・複・染・裂・亡」分别对应「雑じる・雑ぜる」「重なる・重ねる」「染める・染まる」「裂く・裂ける」「亡くなる・亡くす」等兼类动词,因而这些词在日语中原本也应该有及物用法,如今只有不及物用法,应该是受到其他因素的制约。

为了调查日语没有及物动词用法的原因,笔者利用《汉语大辞典》、『日本国語大辞典』以及多个语料库对这 6 词进行了历时调查,发现它们全部源自古代汉语,其中"混杂、重复"和"灭亡"在古代汉语中是不及物动词,它们由汉语传入日语后保留了原来的用法,而汉语在近代派生了使动用法,从而与日语产生差异。剩余的"分裂、传染、逃避"在古代汉语中已经有带宾语的及物动词用法,现代日语中及物动词用法消失,从而与汉语产生差异。永澤済(2007)认为现代日语中部分「漢語動詞」有从兼类动词向不及物动词转化的趋势,其中最具代表性的例子就是"分裂",它原本是兼类动词,后在使用过程中及物性用法被淘汰,仅有不及物动词用法留存。永澤済还指出使动助动词「－させる」的存在是导致这些动词及物性用法最终消失的最大"祸首"。

7.5.3　其他结构

如表 7 - 3 所示,汉语为兼类动词、日语为不及物动词的同形动词中还有 3 个 A＋V 状中结构以及 2 个 N＋V 状中结构,其中心成分都是后项语素,本节将其放在一起探讨。

首先,"热衷、类似"在汉语中既可以通过介词"于"带宾语,也可省略介词直接带宾语,本研究将其归入兼类动词。它们在日语中受后项语素「中(あた)る」「似る」的影响,主要通过「に格」带宾语,实际用法与汉语没有区别,汉日语中的及物性差异由不同的判定标准引起。

86) 博维热衷于"感觉辐射"的造型研究。(《光明日报》2001.6.7)

87) 胡先生还热衷社会活动。(《人民日报》2000.12.9)

88) 彼は原稿を読むことに熱中した。(『真夜中の女』1997)

"紧缩、激化、瓦解"在汉语中可以带宾语,也可以不带宾语,而日语则完全无法带宾语。

89) 德、意、日法西斯联盟至此开始瓦解。(《中国革命史》1991)

90) 中国队成功拦网 65 次,瓦解了俄队的攻势。(《人民日报》1998.11.12)

91) 徳川幕府は音を立てて瓦解して行く。(『井上伝蔵とその時代』2004)

92) 織田信長が田楽狭間で今川義元を討ちとり、大敵を一挙に瓦解させたような展開がおこらないとはいえなかった。(『風流武辺』2002)

这 3 个词的后项语素"化、解、缩"在汉语和日语中都兼有及物和不及物两种性质,汉语作为兼类动词使用符合一般语言规律。如例 93) 和例 94)所示,这 3 个词在日语中原本也有及物动词用法,只是如永澤済(2007)所言,日语因「―させる」的普及使得部分「漢語動詞」从兼类动词转化为不及物动词,这 3 个动词就是其中的代表,即日语的历时变化导致汉日语中及物性产生了差异。

93) 又諸経費を緊縮して消極方針を執るなどで、苦しいながらも細々と続刊し得られるからである。(宮武外骨『一円本流行の害毒と其裏面談』1928)

94）その内的矛盾を<u>激化し</u>たのか。（宮本百合子『冬を越す
蕾』1934）

7.6　汉语为及物动词、日语为
不及物动词的同形词

词义相近的中日同形动词中汉语为及物动词、日语为不及物动
词的词语有 50 个，其中有 48 词在日语中通过「二格」提示名词性成
分，剩余 2 词在日语中无法带宾语，本节将其分为"日语「二格自動
詞」"和"日语普通不及物动词"两类，分别考察它们在汉日语中的及
物性差异。

为了更好地调查这些同形动词及物性产生差异的原因，本节对这
50 词的结构关系进行了分析，具体情况如表 7 - 4 所示。

表 7 - 4　汉语为及物动词、日语为不及物动词的同形词结构

词语结构	词例							词数
V+V 状中结构	报复 附会 介入 驯化	参加 感谢 进驻 迎合	参与 感应 抗议 赞成	出征 归顺 潜入 战胜	反驳 回答 适合 赞同	反击 解答 适应 震撼	反抗 接近 通晓 追随	28
V+V 并列结构	拜谒 违反	搭乘 忍耐	到达 顺应	登攀 谒见①	服从	符合	违背	11
V+N 动宾结构	出席	垂涎	加盟	列席	留意	就任	升任	7
N+V 状中结构	波及	盲从	命中					3
A+N 定中结构	同意							1
总数								50

---

① 注意"谒见"中的"见"不是"看"，而是"拜会"之义，因此是 V+V 并列结构。

7.6.1 日语「二格自動詞」

首先来看 48 个「二格自動詞」在汉日语中的具体用法。这些同形词在汉语中可以直接带宾语,是典型的及物动词,然而在日语中如「労働義務に違反している」「研修会に参加し」等所示,并非无法与名词性成分直接结合,只是不通过「ヲ格」而是通过「二格」提示相关内容,可见汉日语中的用法没有实质性区别。

95）谁反对四项基本原则,谁就<u>违反</u>了宪法。(《思想政治》1992)

96）本市的十五个民族三千多人<u>参加</u>了运动会。(《天津日报》1990.6.19)

97）他坚决<u>服从</u>党的领导,听从党的指挥。(《贺龙传》1993)

98）労務の提供を中断することは、労働契約上の労働者の基本的義務＝労働義務に<u>違反し</u>ています。(『労働法入門』2003)

99）その間、金氏はある研修会に<u>参加し</u>た。(『日韓 2000 年の真実』1997)

100）軍人は国家の命令に<u>服従す</u>るべきだ。(『韓国スター＆ムービー』2004)

从动词结构来看,"接近、战胜"等 28 词是 V＋V 状中结构,而"到达、违背"等 11 词是 V＋V 并列结构,这 39 个词的及物性都与构词语素,尤其是后项语素的及物性有关。这些同形词的后项语素在日语中对应的和语动词分别是「背く」「応じる」「達する」「謁（まみえる」「抗う」「通じる」等典型的「二格自動詞」,而以这些语素为中心成分的动词自然也是「二格自動詞」。

"加盟、就任"等 7 词是 V＋N 动宾结构,而"波及、盲从、命中"3 词是 N＋V 状中结构,这 10 词的中心成分是"从、加、就、中"等动词性语素,它们在日语中对应的和语动词「従う」「加わる」「就く」「中る」都是典型的「二格自動詞」,因此这 10 个同形词在日语中自然也是「二格自動詞」。"同意"是 A＋N 定中结构,原意是"同样的意思",但作为动词,词义接近「賛成する」,日语中与之相关的词语都为「二格自動詞」,因此"同意"也为「二格自動詞」。

综上所述,这些同形词在日语中受构词语素性质的影响,只能通过「二格」提示名词性成分,因其不能通过「ヲ格」带名词性成分,本研究将其判为不及物动词,但实际用法与汉语并无差异。

《汉语动词用法词典》(1999)将"宾语"分为名词宾语、受事宾语、结果宾语、对象宾语、工具宾语、方式宾语、处所宾语、目的宾语、致使宾语等 14 大类。本节中的"反抗、服从"等动词带的是"对象宾语",而"参加、到达"等动词带的是"处所宾语",日语「二格自動詞」带的名词性成分基本与这两类宾语对应,与"受事宾语"在意义上有区别。然而,汉语缺少形态标记,即使意义不同,形态上也无法体现出来,因此这些词依旧被纳入及物动词范畴,从而与日语产生了差异。

7.6.2　日语普通不及物动词

"驯化、震撼"在汉语中是可以直接带宾语的典型及物动词,而日语中"驯化"的例句不多,"震撼"则多以「使役態」的形式出现,因而被归入不及物动词。

101)（人类）先驯化了狗、山羊,其次驯化了猪、牛、驴、马。(《世界历史》1991)

102) 那喊声凄惨、悲凉,震撼着所有在场的人。(《天津日报》1991.5.17)

103) 四季の明確な日本の気候に馴化した鳥は、フィンチのように……。(『ザ・インコ＆オウム』2000)

104) そたちは疲れがとれたのか、あるいは高度に順化したへか、彼らの食欲は次第に元通りにをていた。(『冒険』1998)

105) その急速な拡大は冬宮を震撼させた。(『西洋世界の歴史』1999)

首先，「馴化」在日语中可以不带宾语单独使用，表达适应环境后拥有某种特质之义。但更多情况下，「馴」一般被「順」代替，表达顺从之义，由于对应的和语动词「順(したが)う」是「二格自動詞」，因而「馴化」是不及物动词。汉语如例 101)所示，表达人工驯养之义，因此是及物动词。

"震撼"是 V＋V 并列结构，"撼"是及物动词语素，因此汉语是及物动词。日语中「震」对应兼类动词语素「震わす/震える」，而「撼」对应及物动词语素「うごかす」，因此在日语中本应该也是及物动词，实际上在『青空文庫』上检索到了早期带宾语的用法。

105) 砲弾は吾々を「震撼」してゐます。(『芝居と僕』1937)

由于「撼」并非日语常用汉字，因此「震撼」的性质主要受「震」影响，而现代日语中不及物动词「震える」使用频度远高于及物动词「震わす」，「震撼」整体受其影响也变为不及物动词。然而，该词由古代汉语传入日语时就以及物动词用法为主，现代日语为了维持其实际含义，只能以「震撼させる」这样的「使役態」出现。

综合来看，"驯化"在汉日语中的及物性差异由"驯"字在两国语言中的不同性质引起，而"震撼"则是因其在日语中的及物性发生了历时变化导致两者产生差异。

7.7　本章小结

本章利用语料库对比分析了词义相近的 147 个中日同形动词在汉语和日语中带宾语的情况，按照具体的对应关系可以分为以下四类:汉语为不及物动词、日语为及物动词(29 词);汉语为不及物动词、日语为兼类动词(44 词);汉语为兼类动词、日语为不及物动词(24 词);汉语为及物动词、日语为不及物动词(50 词)。这些动词的及物性差异与构词

语素性质、词性用法的历时变化等因素有关,具体归纳如下:

首先,汉语为不及物动词、日语为及物动词或兼类动词的同形词多数是 V＋N 结构。汉语是 SVO 结构,由于"S＋VN＋O"较难实现,所以 V＋N 结构动词在汉语中基本无法再带宾语,都是不及物动词。日语是 SOV 结构,"S＋O＋VN"较容易实现,且日语汉字词汇的词汇化程度高,因此「車を洗車する」「血液を輸血する」等短语在日语中依然可以成立。此外,由于日本人对于 V＋N 结构动词不能带宾语的意识不强,因此 N 或 V 需要补充信息时,就会通过带宾语的形式来实现,此时宾语 O 与名词性语素 N 之间多数形成所属关系或包含关系。

其次,汉语为兼类动词、日语为不及物动词的同形词,其用法差异首先与语素性质有关。"发展、繁殖"等 V＋V 状中结构的动词由后项语素决定词语的性质,由于"展"和"殖"等语素在汉语中兼有及物和不及物双重性质,因此它们在汉语中为兼类动词符合一般语言规律。这些语素在日语中尽管也兼有及物和不及物双重性质,但依据影山太郎(1993)提出的「他動性調和の原則」,「繁」「発」等「非作格自動詞」较难与「殖やす」「展(延)ばす」等及物动词语素结合,只能与「殖える」「展(延)べる」等不及物动词语素结合,动词整体也成了不及物动词。此外,"紧缩、瓦解"等动词在日语中原本也有及物动词用法,由于日语中部分「自他両用漢語動詞(兼类动词)」整体有向不及物动词转化的倾向,再加上「使役動詞——させる」的存在,使得这些动词的及物用法逐渐消失,仅剩下不及物用法,动词及物性的历时变化造成了汉日语中的差异。

最后,汉语为及物动词,日语为不及物动词的同形词在日语中多为「二格自動詞」,其及物性差异与实际用法无关,而是与汉语和日语不同的及物性判定标准有关。日语依据带名词性成分时的格助词差异将动词分为「ヲ格動詞」和「二格動詞」,前者为典型的及物动词,而后者一般被认定为不及物动词。汉语尽管对动词所带宾语进行了区分,由于没有形态差异,因此日语的「ヲ格動詞」和「二格動詞」在汉语中没有区别,都被纳入及物动词,由此与日语产生差异。

第八章　结论与展望

本书第一章概述了近四十年来的中日同形词研究概况,第二章归纳了中日同形词在《现汉》和『新明解』中的对应关系并选定了调查对象,第三章则确定了汉日语中同形词词性的判定标准。第四章至第六章依据语料库的调查数据详细考察了具有名词、动词或形容词用法的同形词在汉语和日语中的词性用法差异并从词语结构、语素性质、词性的历时变化等多个角度分析了差异产生的原因。第七章则重点考察了中日同形动词在汉日语中带宾语情况的异同并分析了及物性产生差异的原因。

本章依据前七章的考察结果,首先归纳词典的词性标注与语料库调查结果之间存在的主要差异,而后总结这些同形词在汉语和日语语料库中的词性用法差异,进而从宏观层面概括上述差异产生的原因,最后反思本研究的不足之处并提出后续的研究课题。

8.1　词典标注与语料库调查结果对比分析

8.1.1　词典中的词性对应关系

在第二章中,笔者对照《现汉》与『新明解』共抽取了 11 649 个中日同形词,并按照词典的标注归纳了词性对应关系,进而从中选择了七组词义接近、词性存在差异的中日同形词作为语料库调查的对象。这七组同形词在词典中的词性对应关系如表 8-1 所示。

表 8-1　词典中的词性对应关系

对应关系	词典标注的词性		词数(百分比)
	《现汉》	『新明解』	
词性部分一致 (2 446) (89.73%)	动词	名词、动词	1 870(68.60%)
	形容词	名词、形容词	350(12.84%)
	名词、动词	名词	103(3.78%)
	名词	名词、动词	86(3.15%)
	动词、形容词	名词、动词	37(1.36%)
词性不一致 (280) (10.27%)	形容词	名词	177(6.49%)
	形容词	名词、动词	103(3.78%)
总计			2 726(100%)

由表 8-1 可知,依据词典标注的词性,这 2 726 个同形词在汉日语中词性全都存在差异,其中词性部分一致的词有 2 446 个,词性完全不同的词有 280 个。

8.1.2　语料库中的词性对应关系

本书第四至第六章利用汉语"标注语料库"和日语 BCCWJ 语料库对表 8-1 的 2 726 个同形词进行了调查,发现有 174 词在语料库中无法检索到例句,具体可分为以下三类:(1) 汉语"标注语料库"和日语 BCCWJ 语料库中都未能检索到例句的同形词(14 个):笔削、除服、反噬等;(2) 汉语"标注语料库"中检索到了例句,但日语 BCCWJ 中未能检索到例句的同形词(76 个):暴死、笔答、背约等;(3) 日语 BCCWJ 中检索到了例句、汉语"标注语料库"中未能检索到例句的同形词(84 个):拔锚、爆笑、笔算等。[①] 这些同形词在语料库中没有例句,说明其使用频度过低,在汉语或日语中已经处于被淘汰的边缘,进行共时研究

---

① 由于词数较多,此处仅列举一部分词语,其他词语将在"附录"中全部列出。

的意义不大,本研究未做详细考察。剩余 2 552 个同形词在汉语和日语语料库中的词性对应关系可以归纳为表 8-2。

表 8-2 语料库中的词性对应关系

对应关系	语料库调查结果		词数(百分比)
	汉语	日语	
词性一致 (467 个) (18.30%)	形容词	形容词	331(12.97%)
	名词、动词	名词、动词	79(3.10%)
	动词	动词	42(1.64%)
	名词	名词	14(0.55%)
	动词、形容词	动词、形容词	1(0.04%)
词性部分一致 (1 833 个) (71.83%)	动词	名词、动词	1 561(61.17%)
	形容词	名词、形容词	88(3.45%)
	名词、动词	名词	68(2.66%)
	名词	名词、动词	55(2.16%)
	动词、形容词	名词、动词	34(1.33%)
	形容词	动词、形容词	27(1.06%)
词性不一致 (252 个) (9.87%)	形容词	名词、动词	77(3.02%)
	动词	名词	71(2.78%)
	形容词	名词	59(2.31%)
	动词/形容词	构词语素	45(1.76%)
总计			2 552(100%)

由表 8-2 可知,在汉语和日语语料库中词性完全一致的同形词有 467 个,占到总数的 18.30%,其中汉语和日语都为形容词的同形词最多,共有 331 个,其次是汉语和日语都为名动兼类的同形词,共有 79 个。语料库中词性部分一致的同形词有 1 833 个,占到总数的 71.83%,其中汉语为动词、日语为名动兼类的同形词最多,共有 1 561 个,其次是汉语为形容词、日语为名形兼类的同形词,共有 88 个。语料

库中词性完全不一致的同形词共有 252 个,占到总数的 9.87%,其中汉语为形容词、日语为名动兼类的同形词最多,共有 77 个,其次是汉语为动词、日语为名词的同形词,共有 71 个。总体来看,这些同形词在汉语和日语语料库中最大的用法差异在于日语的名词性强于汉语,而汉语的动词性和形容词性强于日语。

8.1.3　对比分析及原因总结

对比分析这 2 726 个同形词在表 8-1 与表 8-2 中的对应关系可以发现,词典的标注与语料库调查结果最大的区别在于表 8-2 中存在 467 个词性完全一致的同形词。此外,相较于表 8-1,表 8-2 出现了一些新的对应关系,如汉语为动词、日语为名词的同形词(71 个),汉语形容词、日语为动形兼类的同形词(27 个),以及汉语为动词或形容词、日语为构词语素的同形词(45 个)。具体而言,除去没有检索到例句的 174 个,剩余 2 552 个同形词中词典所标词性与语料库调查结果不一致的词语有 660 个,占到总数的 25.86%,显然两者存在较大偏差,究其原因主要与以下四个方面有关:

首先,由于『新明解』默认副词以外所有的汉字词汇都具有名词性,因此所有「サ変動詞」「形容動詞」在『新明解』中都被标注为名动兼类词或名形兼类词。然而,「匹敵する」「簡単だ」等部分同形词未能在语料库中检索到做主语和宾语的例句,从句法功能来看是单纯的动词或形容词而非兼类词。即『新明解』未根据实际用法对每个汉字词汇做出标注导致词典比语料库多出了名词词性。

其次,语料库与『新明解』判定词性的标准不同。包含『新明解』在内的多数日本国语辞典主要依据形态特征来判定词性,比如「絶好」「間接」等词尽管只有定语功能,但由于后接「一ノ」而非「一ナ」修饰名词,形态上接近名词,因此被『新明解』标为名词。语料库调查主要依据句法功能来判定词性,由于「絶好」「間接」等在语料库中仅检索到做定语的例句,未能检索到做宾语和主语的例句,因此本研究将其归为形容词,从而与词典标注产生差异。

再次,《现汉》对兼类词的判定标准较为严格。《现汉》主要依据词义是否发生了变化来判断兼类词,因此即使部分动词、形容词已经具备名词的所有功能,因其词义未发生改变,《现汉》一般不标注为名词。语料库调查严格依据句法功能和广义的形态特征(即与其他词的结合能力)来判定词性,因此"浪费、期待"等《现汉》仅标注动词的词语,由于已经具备主语、宾语功能且可以受名量词修饰,本研究将其归为名动兼类词,从而与《现汉》的标注产生差异。

最后,对于词性较难判断的词语,《现汉》偏向于根据词义判定词性,语料库调查为了统一标准,依然依据句法功能判定词性。比如"国有、在野"等词《现汉》标注为动词,然而语料库仅检索到做定语的例句,做谓语的例句极其有限且需要特定句式配合,因此本研究将其判定为形容词的附类——属性词,从而与《现汉》的标注产生龃龉。

8.2 同形词词性差异原因分析

如表 8-2 所示,尽管 2 552 个同形词中有 467 词在汉日语中词性完全一致,但词性存在差异的同形词多达 2 085 个,其中词性部分一致的词有 1 833 个,而词性完全不一致的词有 252 个。本节依据第四章至第六章的考察内容,从同形词的结构差异、词性的历时变化、日语汉字词汇的特殊性质等方面归纳这些同形词在汉日语中词性存在差异的原因。

8.2.1 词语结构及构词语素性质差异

本书第四章至第六章在具体考察中日同形词的词性用法差异时,对所有调查对象的结构关系进行了分析,尽管多数词语在汉日语中结构相同,但也有近 300 个词的结构关系存在差异,这种差异主要由构词语素的性质差异引起,以下具体分析。

首先,"婚约、诗作、体操"等词除了 N+N 定中结构外,由于日语是

SOV 结构,因此还可解析为 N＋V 宾动结构,然而这与汉语的构词规律不符,因此汉语只能解析为 N＋N 定中结构。日语由于兼有上述两种结构,因而是名动兼类词,而汉语则只有名词用法。

其次,"降水、逆风"等词在汉语中可以解析为 V＋N 动宾结构和 V＋N 定中结构,因此是名动兼类词。日语中"降水、逆风"若解析为动词则分别是「水が降る」的 N＋V 主谓结构和「風に逆らう」的 N＋V 动补结构,两者都较难转化为 V＋N 结构,因此实际使用时只能理解为 V＋N 定中结构,词语本身自然也只有名词用法。

最后,"沉、绝、乱、茂、穷、浊"等语素在汉语中常作为形容词性语素使用,因此"干燥、混乱"等词一般解析为 A＋A 并列结构,词语整体也为形容词。但在日语中这些语素对应「沈む」「絶つ」「乱れる」「茂る」「窮する」「濁る」等和语动词,包含这些语素的同形词在日语中自然也为动词,从而区别于汉语的形容词用法。

8.2.2　同形词词性的历时变化

本书除了考察同形词的共时差异外,还利用《汉语大词典》、『日本国語大辞典』以及多个历时语料库对所有 2 552 个同形词进行了历时调查,发现多数同形词在古代汉语中已经出现,但是古代汉语的词义、词性与现代汉语和日语并不完全一致,部分同形词的词性用法发生了较大变化,这也是导致它们词性产生差异的重要原因。

首先来看汉语的历时变化。"繁茂、愤怒、曲折"等同形词在现代汉语中是形容词,但在古代汉语中是只有谓语功能的不及物动词。"曲折的小路""愤怒地离开"等做定语、状语的用法是近代才出现的新功能,也就是说,这些词由古代汉语的动词转化为现代汉语的形容词。然而这些同形词传入日语后,日语继承了古代汉语的不及物动词用法,且一直未曾发生变化,因此汉日语之间词性产生差异。此外"痴情、英雄"等词在古代汉语中是名词,现代汉语派生了定语用法,从而比日语多出了形容词用法。

其次来看日语的历时变化。"抽签、渎职、永诀"等同形词,其中心成分是动词性语素,在古代汉语中作为动词使用。但是这些词传入日语后使用频度逐渐降低,现代日语中动词用法则完全消失,仅留名词用法,词性差异由此产生。"红叶、因由"等同形词在古代汉语中是名词,进入日语后,受和语动词「因る」「もみづ」等的影响派生了动词用法,从而区别于汉语的名词用法。

最后来看日语借词对同形词词性的影响。根据历时调查结果,有近 300 个词在古代汉语中未能检索到例句,而『日本国語大辞典』及语料库的例句年代都早于汉语,基本可以判定它们是日语借词。这些词语在传入汉语时,部分用法未被接纳从而与日语产生差异。比如"内在、间接、直接"等同形词是日本人翻译西文书籍时创制的「和製漢語」,由于其中心成分是动词性的,因此日语也有动词用法。但是实际使用时日语以直接修饰名词的复合用法为主,该用法传入汉语后衍生为不带"的"直接修饰名词的定语用法,根据句法功能本研究将其归为属性词。这些词在日语中的动词用法由于不符合汉语表达习惯而未被吸收引进,因而汉语相较于日语缺少了动词用法。

8.2.3　日语汉字词汇的特殊性质

由表 8-2 可知,词性存在差异的中日同形词中以下四类词数最多:汉语为动词、日语为名动兼类的同形词(1 561 个);汉语为形容词、日语为名形兼类的同形词(88 个);汉语为形容词、日语为名动兼类的同形词(77 个);汉语为动词、日语为名词的同形词(71 个)。同形词在汉日语中最大的词性差异在于日语的名词性较强,而汉语的动词性或形容词性较强,这与汉字词汇在日语中的特殊性质有关。

日语汉字词汇一般指源自汉语的词汇以及日本人模仿汉语词汇而创制的「和製漢語」,其本质是从汉语吸收的外来词。汉字词汇最初进入日语时一般作为名词被吸收,其后在融入日语的过程中,通过与格助词、助动词等结合,才派生出了动词、形容词用法。西尾寅弥(1961)认为汉字词汇的动词用法由名词派生而来,而其他日本学者一般也都认为汉字词汇先有名词性(体言)后有动词、形容词性(用言)。基于这样的认知,除少数副词外,几乎所有的汉字词汇在日语中都具有做主语或宾语的句法功能,从而整体呈现出较强的名词性。

汉语与日语不同,"催促、建设、重视"等"具有名词性用法的动词","悲哀、淳朴、孤独"等"具有名词性用法的形容词"其本质仍是动词和形容词,而名词是其派生用法,即使是被归入名动兼类的"回答、选择"等同形词,本研究认为其第一词性仍是动词,这与日语的派生关系刚好相反。总结来说,汉字词汇在汉语和日语中的不同地位和性质,使得同形词在日语中的名词性整体上强于汉语。

8.2.4 汉日语兼类词判定标准不同

由本书第四章的考察结果可知,汉语中有大量"具有名词性用法的动词",它们除了动词的句法功能外,还可做"准谓宾动词"的宾语,与无法直接做宾语、主语的动词在句法功能上存在区别。但是,它们较难直接做主语,且不受名量词修饰,与典型的名词亦有所不同。本研究旨在描写语言事实,由于这类词与名动兼类词和纯粹的动词在功能上都存在差异,因此笔者将它们归为"具有名词性用法的动词"以示区别,从而使调查结果更为客观。

日语与汉语不同,有较为完善的词类活用体系,名词不仅有做主语、宾语的句法功能,还有与「ガ」「ヲ」等格助词结合的形态特征,而动词和形容词则拥有更为规则的形态变化体系,因此只要功能与形态特征一致,不管例句数量多少,一般都会承认其词性,即只要同形词具有动词和名词、形容词和名词两种词类的句法功能,且具有相应的形态特征就必须判定为兼类词。由此"观测、平静"等汉语中"具有名词性用法的动词"或"具有名词性用法的形容词"在日语中都是兼类词。

总结来说,汉语由于没有显性形态特征,只能靠句法功能判定词性,但由于多数词语兼有多个功能,为了避免词性分类变得混乱无序,必须限制兼类词的数量,因此许多兼有名词部分功能的词语未被纳入兼类词。日语汉字词汇本身就具有较强的名词性,且做主语、宾语时有显性形态特征,因此多数词汇被纳入兼类词范畴,从而与汉语产生差异。

8.2.5 词类本身的复杂性

本书根据语料库例句尽量客观地对同形词在汉日语中的词性差异进行了描写,然而由于部分同形词例句较少或者以复合用法为主,还有少部分同形词兼有多个词类特点,因此实际上很难对所有同形词的词性做出准确判断,而词性判断过程中的偏差也会引起词性差异。

首先,有许多同形词尽管在汉日语中有着相同的结构关系,但词性用法却不同。比如「永訣」「自薦」「免税」等词语在日语语料库中只检索到做主语和宾语的用法,因此被判定为名词。与此相对,「救命」「建国」等词语在日语语料库中除名词外,还检索到了少量动词例句,因此被判定为名动兼类词。然而实际上这两类词的中心成分都是动词性语素,原则上都有派生动词用法的能力,两者在日语中的词性差异更多是一种偶然。

其次,同为兼类词,其内部情况复杂,用法并不完全一致。「無視」「研究」「選挙」在日语中都是名动兼类词,然而「無視」的动词例句较多,「選挙」的名词例句较多,「研究」则名动用法相当,这三词呈现出的名动兼类词内部的复杂性正好是整个词类系统复杂性的缩影。

最后,词类与词类之间的界限模糊,导致词性难以判断。汉语的不及物动词与形容词由于都可以做定语和谓语,仅凭句法功能较难将两者区分开,比如"愤怒"在汉语中如"他正愤怒""愤怒地离开了"所示,兼有动词和形容词两种词类的特征,但是语料库中的例句以形容词为主,动词例句极少,究竟将其判为形容词还是动形兼类词较难抉择,而不同的判断就会导致不同的结论。

8.3 中日同形动词及物性差异原因分析

本书第七章利用语料库调查了词义相近的中日同形动词在汉语和日语中带宾语情况的异同,发现有近 150 个词用法存在差异,其中

数量最多的是汉语为及物动词、日语为不及物动词(50 词)的同形
词,其次是汉语为不及物动词、日语为兼类动词(44 词)的同形词。
这些词的及物性差异主要与构词语素的性质、V＋N 动词在汉日语
中带宾语的不同限制、动词及物性的历时变化等因素有关,具体归纳
如下:

首先,汉语为不及物动词、日语为及物动词或兼类动词的同形词多
数是 V＋N 动宾结构。汉语是 SVO 结构语言,"S＋VN＋O"结构较难
实现,所以 V＋N 结构动词在汉语中基本无法再直接带宾语,都是不及
物动词。日语是 SOV 结构语言,"S＋O＋VN"结构较容易实现,且日
语「漢語動詞」词汇化程度高,因此「車を洗車する」「血液を輸血する」
等短语在日语中依然可以成立。同时,由于日本人对于 V＋N 结构动
词不能再带宾语的意识不强,在需要对 N 或 V 进行补充时,就会以宾
语的形式来实现,此时宾语 O 与名词性语素 N 之间多数形成「所属関
係」和「包摂関係」。

其次,汉语为兼类动词,日语为不及物动词的同形词,其用法差
异主要与语素性质有关。"发展、繁殖"等 V＋V 状中结构动词由后
项语素决定词语的性质,"展、殖"等在汉语中兼有及物和不及物双重
性质,因此它们在汉语中是兼类动词。这些语素在日语中尽管也是
兼类动词,但依据影山太郎(1993)提出的「他動性調和の原則」,及物
性质的语素较难与「非作格自動詞」结合,由于前项语素「発」「繁」是
「非作格自動詞」,因此只能选择与「延(展)べる」「殖える」结合形成
不及物动词。"紧缩、瓦解"等动词在日语中原本也有及物动词用法,
由于日语中「自他両用漢語動詞」整体有向不及物动词转化的倾向,
再加上「使役動詞——させる」的存在,使得这些动词的及物用法逐
渐消失,现代日语只有不及物用法留存,及物性的历时变化造成了汉
日语中的差异。

最后,汉语为及物动词、日语为不及物动词的同形词在日语中多为
「ニ格自動詞」,其及物性差异与实际用法无关,而是与汉语和日语不同
的判定标准有关。日语依据带名词性成分时的格助词差异将动词分为
「ヲ格動詞」和「ニ格動詞」,前者为典型的及物动词,而后者一般被认定

为不及物动词。汉语尽管对动词所带宾语进行了区分,由于没有形态差异,因此日语的「ヲ格動詞」和「ニ格動詞」在汉语中没有区别,都被归入及物动词,由此与日语产生差异。

8.4 反思与展望

本书利用语料库考察了 2 726 个中日同形词在汉语和日语中的词性用法差异,并从语素的共时差异和词性的历时变化两个角度分析了词性产生差异的原因。由于语料庞大,词性判定由人工进行难免存在主观偏差,因此还有许多不足之处有待改进,本节重点反思本书存在的问题,并明确今后研究的大致方向。

首先,本书只考察了具有名词、动词和形容词用法的中日同形词,考察范围不够全面。中日同形词中还有"绝对、全然"等副词,"当然、相对"等兼有多个词性的兼类词,本书因篇幅限制未对其进行考察。对这些同形词的考察除了明确其词性用法差异外,还有助于了解兼类词相互之间的转化关系并为中日词汇交流提供新的思路,笔者会将其作为今后的课题。

其次,本研究以词义基本相同的同形同义词作为调查对象,对于词义存在一定差异的同形近义词、词义完全不同的同形异义词未做考察,然而对于这些同形词的考察可以明确词义与词性之间的联动关系,进而佐证本研究的结论,因此也应纳入今后的研究范围。

再次,本研究只考察了在《现汉》和『新明解』中词性存在差异的词,对于在两本词典中词性标注一致的词语未做考察,然而从考察结果来看,词性标注不一致的同形词未必用法不同,同理词性标注一致的同形词用法未必一致。因此对于在《现汉》和『新明解』中词性标注相同的中日同形词,尤其是兼类词,也有必要利用语料库对其词性用法进行验证,从而使中日同形词词性对比研究的结果更为全面、充实。

最后，根据词性历时变化的考察结果，"典型、愤怒"等词语在汉语中词性用法发生了变化，而"激化、送别"等词语在日语中词性用法发生了变化，整体来看汉语的变化在于词性的转化，日语的变化在于部分用法的消失，本研究目前仅罗列了上述语言现象，对于变化的原因未做深入分析，因此探明该变化背后的语言机制亦是今后的攻坚方向。

附录　语料库中的词性对应关系

第四章　中日同形词的名动用法差异

4.1　《现汉》标注为动词、『新明解』标注为名动兼类的同形词

4.1.1　汉语为动词、日语为名动兼类的同形词(1 561)[①]

(1) 汉语为动词、日语为名动兼类的同形词(824)

圧倒	阿諛	行脚	安眠	囲繞	移送	遺贈	依存	一任
移動	委任	違背	違反	意訳	違約	慰労	引火	隠居
允許	印行	引退	隠匿	隠忍	湮滅	羽化	鬱積	雲散
運送	影印	詠嘆	越境	謁見	閲覧	延期	延焼	遠足
謳歌	横死	応戦	応訴	押送	応諾	往返	応募	汚損
加圧	開演	回帰	改元	懐古	解雇	悔悟	開講	会合
懐柔	外出	解除	解職	開設	開戦	凱旋	懐胎	開廷
介入	開幕	解約	瓦解	画策	客死	隔絶	獲得	確保
撹乱	確立	下降	臥床	加速	割愛	割譲	合葬	闊歩
刮目	化膿	加盟	姦淫	完工	感光	刊行	観賞	完成
歓送	閑談	乾杯	干犯	感奮	緘黙	勧誘	慣用	観覧
帰依	議決	揮毫	稀釈	帰順	起床	寄生	起草	偽造

[①]　语表按照日文发音(五十音图)排序。

喫驚	詰問	屹立	議定	跪拝	起爆	揮発	欺瞞	逆行
求愛	休学	休憩	躬行	休耕	糾合	求婚	求職	休戦
泣訴	及第	起用	仰臥	強攻	凝視	共存	協同	強弁
翹望	享有	協力	協和	玉砕	挙行	居住	挙証	挙兵
居留	帰来	起立	近似	緊縮	吟誦	均霑	均分	駆除
屈従	掘進	屈服	口伝	具備	具有	愚弄	君臨	慶賀
迎合	掲示	形成	継続	傾注	警備	敬服	激化	激賞
激増	撃破	激変	下獄	決意	結婚	結盟	決裂	解毒
厳禁	建言	顕現	献策	検視	顕示	堅持	堅守	謙譲
減少	懸垂	減速	還俗	減退	兼任	兼備	幻滅	顕揚
航海	後悔	降格	興起	降級	行使	口述	向上	亢進
行進	交戦	膠着	公転	叩頭	購買	降臨	講和	酷似
告知	固辞	誇示	護持	互生	護送	雇用	昏睡	懇請
根絶	懇談	混同	在位	再嫁	採血	再婚	採択	再版
採用	錯雑	錯綜	策動	冊立	鎖国	嗟嘆	参加	散会
三思	惨死	斬首	山積	参戦	参禅	酸敗	散歩	参与
磁化	自裁	死産	自首	自乗	辞職	持続	失火	失禁
失言	実現	実行	失笑	失踪	叱咤	櫛比	執筆	失明
失恋	自転	支配	思慕	指名	死滅	酌量	謝罪	謝絶
弱化	充溢	就学	収監	集結	重婚	終止	収受	重出
就寝	従属	修道	就任	重版	襲用	周遊	収容	収攬
終了	受戒	縮小	熟睡	熟知	受刑	受検	受洗	受胎
出演	出家	出現	出航	出国	出仕	出征	出生	出席
出廷	出発	出兵	出没	出奔	出猟	取得	守備	受粉
受理	樹立	順延	巡演	竣工	巡幸	巡察	遵守	逡巡
殉職	蠢動	順応	上映	上演	昇格	消散	情死	焼灼
召集	招集	上昇	消退	昇天	昇任	笑納	称揚	抄録
除外	除去	贖罪	触発	助長	侍立	自律	神化	進撃
進言	伸縮	心酔	進退	進駐	進発	心服	信奉	尽力
推移	垂涎	随喜	随順	吹奏	推戴	推知	垂範	衰亡

寸断	静観	盛行	省察	精製	生長	成長	制定	征討
精読	整備	静養	成立	析出	世襲	絶縁	接近	席捲
接合	窃取	絶食	説法	絶滅	節約	設立	遷延	占拠
専攻	潜行	洗車	戦勝	禅譲	染色	漸進	宣誓	宣戦
洗濯	選定	遷都	潜入	選任	専任	占領	増加	総括
創刊	相関	増強	総計	創始	喪失	叢生	増設	早退
贈答	遭難	挿入	造反	総攬	創立	組閣	即位	促進
簇生	卒業	尊崇	存続	忖度	退位	退化	退学	退却
退場	褪色	退職	対陣	対生	退席	代替	退廷	帯電
退避	代筆	蛇行	堕胎	脱臼	奪権	脱稿	奪取	脱色
達成	脱皮	脱帽	脱漏	堕落	断交	端座	嘆賞	誕生
断絶	遅延	知悉	着眼	着陸	着火	中耕	中興	注視
中止	沖積	中断	駐屯	誅戮	中立	長駆	朝見	聴講
朝貢	長逝	長生	徴発	徴募	眺望	調味	凋落	跳梁
直訳	直言	直轄	直航	佇立	沈降	陳情	沈酔	沈没
沈湎	追加	追懐	追随	追想	追悼	墜落	通暁	通航
通行	通商	痛惜	通電	通読	通分	提供	締結	逓減
停止	逓送	逓増	停滞	停泊	締約	鼎立	溺愛	適応
適合	撤退	撤兵	転院	添加	転学	伝写	転生	転戦
転調	填補	投映	韜晦	騰貴	統御	登極	盗掘	凍結
洞見	投降	統合	登載	謄写	投宿	搭乗	登場	当選
逃走	統率	到達	倒置	登頂	投擲	盗伐	登攀	逃亡
瞠目	盗用	倒立	逗留	答礼	独断	読経	督戦	特派
吐血	怒号	吐瀉	徒長	独行	突進	突発	吐露	遁世
内定	内服	南下	軟禁	入院	入学	入寇	入獄	入定
入選	任命	熱中	念仏	納税	売淫	廃棄	廃止	輩出
敗訴	敗走	倍増	敗退	拝読	敗亡	敗北	背離	破顔
波及	拍手	搏動	爆破	剥落	派遣	破砕	破産	派生
把捉	発汗	発狂	発散	発車	発情	跋渉	抜擢	発病
発表	発布	発憤	伐木	破滅	破裂	挽回	汎濫	肥育

否決　比肩　飛散　避暑　飛翔　避難　百出　標示　漂泊
漂白　表明　蠻蹙　頻発　品評　封殺　風聞　風靡　付加
俯瞰　複合　復讐　服従　復職　輻輳　服毒　復命　覆滅
服喪　服薬　服用　符合　腐熟　負傷　布陣　附設　付着
浮沈　復活　復刊　復古　物色　沸騰　赴任　浮遊　噴射
分担　分娩　閉会　並行　並進　並存　併吞　併発　閉幕
併用　並立　瞥見　返還　偏食　変心　変節　弁明　奉還
傍観　蜂起　忘却　縫合　奉告　放散　亡失　包蔵　放任
放屁　放牧　亡命　飽和　保温　捕獲　北上　步行　輔佐
保持　発願　勃起　没収　没落　輔弼　匍匐　保有　翻刻
奔流　邁進　埋設　抹殺　摩滅　磨耗　蔓延　密封　密閉
無視　謀反　明察　命中　明滅　瞑目　滅失　免除　盲従
猛進　妄動　目撃　目測　黙祷　黙読　黙認　問診　約分
誘拐　遊学　優先　誘発　幽閉　遊牧　遊楽　遊覧　遊離
遊歴　癒合　熔解　揚水　夭折　予期　抑止　予断　予知
予定　雷同　落伍　落成　落選　落第　落馬　濫用　力戦
離合　離婚　離職　立脚　力行　離任　留学　流行　流伝
留任　流離　凌駕　療治　輪唱　輪生　隣接　林立　累計
類似　流布　流浪　冷蔵　隷属　冷凍　列挙　列席　連座
連続　恋慕　露営　和解　惑乱

(2) 汉语为"具有名词性用法的动词"、日语为名动兼类的同形词
(737)

愛護　愛惜　哀悼　愛撫　悪化　圧縮　圧迫　暗殺　按摩
威嚇　遺棄　維持　遺失　慰藉　移植　遺伝　慰問　遺留
印刷　引証　運営　運行　運用　営業　壊死　越冬　閲読
閲兵　厭悪　演算　援助　遠征　演奏　延長　演練　殴打
嘔吐　応答　嗚咽　汚染　改革　懐疑　解禁　回顧　邂逅
開墾　解散　概算　回収　改正　解析　解説　改選　改善
改組　開拓　慨嘆　改訂　開発　改版　改編　解剖　改良
拡充　学習　革新　拡大　角逐　拡張　格闘　確認　攪拌

隔離	加工	化合	架設	火葬	割拠	合唱	合奏	合併
加熱	灌漑	管轄	監禁	歓迎	完結	歓呼	監察	観察
換算	監視	感謝	寛恕	緩衝	観照	鑑賞	観測	款待
貫徹	感応	間伐	鑑別	管理	関連	忌諱	企画	危惧
棄権	奇襲	起訴	帰属	毀損	祈禱	虐待	逆転	救援
救済	休止	吸収	救助	休眠	休養	教化	強化	競技
挟撃	教唆	享受	供述	匡正	矯正	強制	競争	驚嘆
教導	脅迫	共鳴	享楽	許可	局限	拒絶	許諾	曲解
禁止	空襲	苦行	苦戦	駆逐	訓練	経営	警戒	迎撃
軽視	傾斜	慶祝	継承	敬重	傾聴	軽侮	軽蔑	敬慕
痙攣	激戦	激励	結紮	決戦	決闘	決別	減圧	牽引
減員	検疫	嫌悪	減刑	検索	減産	研修	献身	牽制
建設	建造	検定	限定	研磨	減免	耕耘	公演	更改
強姦	抗議	拘禁	行軍	合計	攻撃	航行	考査	交際
哄笑	公示	考証	交渉	合成	公訴	抗争	構築	更迭
好転	公認	交配	交尾	講評	公布	抗弁	拷問	交遊
拘留	考慮	考量	互換	呼吸	告発	骨折	固定	混淆
混合	混雑	混戦	根治	昏迷	猜疑	採掘	再現	採光
採鉱	採種	採集	再審	催促	裁定	栽培	削減	搾取
殺害	殺菌	殺傷	殺戮	参観	懺悔	惨殺	参照	蚕食
賛成	讃嘆	賛同	惨敗	賛美	自慰	自営	自衛	支援
識別	自給	自決	思考	自習	自省	質疑	執行	失策
実施	実習	叱責	実測	嫉妬	指導	施肥	死亡	写実
遮蔽	赦免	手淫	充血	重視	収集	修正	修繕	収蔵
習得	修復	重複	修補	重用	蹂躙	受益	祝賀	縮減
粛清	首肯	取捨	受精	腫脹	出血	出資	出版	授粉
狩猟	馴化	循環	潤色	巡邏	試用	飼養	使用	昇華
消化	浄化	紹介	償還	昇降	称賛	勝訴	醸造	商談
消長	消毒	蒸発	消費	譲歩	消耗	懲懲	蒸留	植樹
嘱目	処罰	除名	自立	思慮	進化	深化	侵害	震撼

審議	呻吟	振興	審査	診察	斟酌	侵食	申請	診断
伸張	滲透	振動	信任	侵犯	信頼	審理	侵略	診療
推敲	推算	推薦	推測	衰退	推断	推理	崇敬	崇拝
図解	声援	請願	整形	性交	制裁	制止	整枝	斉唱
生殖	製図	精選	清掃	製造	生存	整地	掣肘	征伐
製版	整流	接見	絶交	切削	接種	切除	接待	折衷
接吻	絶望	施与	選挙	専修	洗滌	宣伝	煽動	蠕動
選抜	潜伏	闡明	殲滅	宣揚	占用	戦慄	増援	憎悪
創建	総合	捜査	操作	捜索	早産	増産	操縦	増進
創製	創造	争奪	装丁	掃蕩	増補	造林	争論	測定
束縛	測量	狙撃	阻止	咀嚼	訴訟	措置	疎通	損壊
体現	対峙	代謝	胎動	逮捕	代理	対立	対流	兌換
唾棄	妥協	脱脂	脱水	脱毛	弾圧	探求	探険	探査
探索	鍛造	断定	談判	談論	置換	蓄積	窒息	着色
仲裁	注射	中傷	鋳造	中毒	注目	寵愛	超越	懲戒
徴集	徴収	嘲笑	聴診	調整	調節	彫琢	懲罰	徴兵
徴用	嘲弄	貯蔵	治療	沈思	陳列	追憶	追撃	痛撃
通信	偵察	訂正	停戦	停留	敵視	摘録	電解	転換
転載	展示	伝授	伝染	伝送	点綴	転売	展望	電離
同意	動員	統轄	登記	投稿	洞察	淘汰	統治	討伐
逃避	投票	倒伏	答弁	冬眠	陶冶	討論	独裁	特赦
独唱	独占	独奏	屠殺	土葬	吶喊	頓悟	内省	難産
認可	妊娠	忍耐	任免	任用	熱愛	捏造	燃焼	拝謁
排除	賠償	培養	排卵	破壊	迫害	剥奪	剥離	爆裂
播種	破損	発育	発芽	発揮	発掘	発行	発射	発展
発電	発問	反撃	反攻	反抗	反射	繁殖	反芻	反省
伴奏	判定	販売	反駁	判別	叛乱	美化	庇護	飛行
悲嘆	非難	否認	批判	誹謗	罷免	評議	表決	描写
表彰	剽窃	評定	表白	標榜	貧血	撫育	封鎖	諷刺
孵化	付会	普及	輻射	復習	複製	誣告	扶助	扶植

侮辱	敷設	復興	扶養	分割	粉飾	奮戦	扮装	奮闘
分泌	分布	分類	分裂	蔑視	別離	偏愛	変異	弁解
変革	変換	弁護	変更	編纂	弁識	変遷	偏重	便秘
弁別	弁論	包囲	防衛	萌芽	妨害	防御	砲撃	奉献
冒険	防護	咆哮	彷徨	謀殺	防止	放逐	膨脹	放電
防備	報復	補給	捕殺	保釈	補習	補償	捕食	補正
補足	保存	勃興	埋伏	漫罵	密談	脈動	魅惑	明示
瞑想	明断	命名	滅亡	免職	面談	摸索	模写	黙許
模倣	問答	野営	揶揄	優遇	融合	遊説	優待	憂慮
輸液	輸血	養育	溶解	養殖	熔融	抑制	予習	予選
予測	予防	予約	来訪	羅列	理解	離間	履行	律動
立論	略取	略奪	留意	流産	流通	利用	凌辱	療養
旅行	緑化	輪姦	輪廻	類推	累積	冷却	連結	連載
朗誦	壟断	漏電	労働	篭絡	論争	論弁	歪曲	

4.1.2 汉语为动词、日语为名词的同形词(71)

(1) 汉语为动词、日语为名词的同形词(45)

遺尿	永訣	永別	演武	押韻	欧化	化育	回春	回生
擱筆	感恩	寛宥	献款	軽信	狐疑	混一	斎戒	査収
自薦	失陥	自刎	祝祷	守成	食言	親臨	節食	奏楽
造血	増収	送別	速算	脱俗	抽籤	痛哭	停職	奠都
浣職	納涼	駁論	弥縫	放歌	補血	妄断	問罪	連累

(2) 汉语为"具有名词性用法的动词"、日语为名词的同形词(26)

遺精	勧戒	間作	疑懼	挙例	降職	梗塞	猜忌	嗤笑
失血	重唱	修訂	鍾愛	商議	植皮	水蝕	請託	対質
治水	篆刻	風食	復辟	防疫	密謀	免税	輪作	

4.1.3 汉语和日语皆为动词的同形词(42)

圧伏	畏縮	雲集	甘心	勧説	嬉戯	企及	毀傷	仰視
禁絶	欽慕	景仰	厳令	座視	四顧	耳語	私蔵	雀躍
懾伏	聳立	臣服	整除	潜心	想見	体認	長嘆	沈吟
通観	拝謝	盤踞	匹敵	弥漫	擯斥	服膺	附載	屏息

漫步　蒙塵　揚言　落髮　流露　諒察

4.1.4　汉语和日语皆为名动兼类的同形词(40)

臆測　解釈　回想　会談　解答　回答　会話　仮想　渇望
歌舞　環流　記述　期待　起伏　供給　苦笑　啓発　講演
産出　招待　叙述　署名　進展　選択　齟齬　体験　対照
嘆息　調査　展覧　統計　憧憬　等分　突破　分析　冷笑
連想　浪費　論述　論戦

4.1.5　汉语为形容词、日语为动形兼类的同形词(14)

記名　現存　公有　在職　私有　常設　常備　殖民　速成
代用　敵対　特製　特約　粘着

4.1.6　汉语为动词、日语为构词语素的同形词(21)

改進　煥発　校勘　抗拒　耕種　採納　座談　旋転　探測
挺進　転借　伝動　独創　俯仰　覆没　附和　変通　弁駁
褒貶　理髪　臨戦

4.2　《现汉》标注为名词、『新明解』标注为名动兼类的同形词

4.2.1　汉语为名词、日语为名动兼类的同形词(55)

意見　位置　飲食　因由　概観　会議　概説　概論　学問
雁行　願望　偽証　行列　曲筆　訓令　契約　決議　原因
見聞　高下　豪語　広告　紅葉　婚姻　婚約　讒言　志向
詩作　指南　証言　勝負　乗務　人選　炊事　正装　誓約
戦争　総和　体操　忠言　底止　電話　同感　特集　独白
媒介　媒妁　比例　分冊　傍証　明証　盟約　落雷　類別
例証

4.2.2　汉语和日语皆为名动兼类的同形词(14)

起因　起居　血書　故障　睡眠　誓願　直覚　伯仲　反訴
付言　貿易　遺言　礼遇　冷遇

4.2.3　汉语和日语皆为名词的同形词(14)

軍装　形状　軽装　口供　重奏　出納　図説　増刊　速写
内勤　内助　美食　附註　要略

4.3 《现汉》标注为名动兼类、『新明解』标注为名词的同形词

4.3.1 汉语为名动兼类、日语为名词的同形词(68)

哀歌	悪戦	隠逸	陰謀	閲歴	怨恨	恩典	間隔	疑心
逆風	急電	強国	距離	訓詁	結尾	口臭	降水	行旅
根源	撮要	参謀	失地	実録	修辞	主筆	滋養	初犯
初版	深交	趣向	成書	蔵書	塑像	卒中	題字	題簽
断層	知命	彫塑	定員	定価	定額	定稿	定時	提要
天賦	同窓	塗炭	敗軍	罰金	福利	負債	俘虜	編目
妄言	亡国	無告	妄語	予算	来信	濫觴	立夏	立秋
立春	立冬	例外	連理	賄賂				

4.3.2 汉语和日语皆为名动兼类的同形词(25)

確証	起源	犠牲	共犯	経歴	再犯	釈義	住持	主謀
障碍	先駆	創意	損失	尊称	大便	中風	追肥	摘要
悲歌	比喩	紛争	蔑称	烙印	労役	労力		

第五章　中日同形词的名形用法差异

5.1 《现汉》标注为形容词、『新明解』标注为名形兼类的同形词

5.1.1 汉语为形容词、日语为名形兼类的同形词(56)

(1) 汉语为普通形容词、日语为名形兼类的同形词(54)

安逸	安全	安泰	安楽	横暴	華美	畸形	恭順	怯懦
空虚	健康	公正	公平	傲慢	孤独	残酷	詳細	深奥
神秘	清閑	誠実	静謐	専横	大度	太平	中空	貞潔
低能	繁華	煩瑣	万全	繁忙	悲惨	悲痛	必要	平等
不安	富貴	不快	富強	不振	不満	不利	不和	平静
豊饒	凡俗	無私	無知	無能	明細	憂鬱	懶惰	隆盛

（2）汉语为"属性词"、日语为名形兼类的同形词(2)

親愛　　不法

5.1.2　汉语和日语皆为形容词的同形词(269)

（1）汉语为普通形容词、日语为形容词的同形词(259)

哀切	婀娜	偉大	異樣	陰鬱	淫蕩	淫猥	鋭敏	英明
遠大	艷麗	旺盛	温厚	温良	温和	晦渋	果敢	火急
過激	果断	豁達	活発	華麗	頑強	簡潔	頑固	甘美
簡便	簡明	簡略	稀少	奇抜	機敏	奇妙	希有	急速
狭隘	凶悪	強健	強固	強硬	狭小	強大	狭長	狂暴
凶暴	倨傲	虚弱	巨大	緊急	均等	緊要	空疎	愚昧
軽捷	軽率	軽佻	軽薄	軽微	激越	激烈	険悪	狷介
厳酷	厳正	険阻	顕著	玄妙	高遠	高雅	広闊	狡猾
厚顔	傲岸	剛毅	高潔	剛健	好色	幸甚	豪壮	荒誕
剛直	豪放	合法	巧妙	孤高	古拙	懇切	細心	犀利
残忍	湿潤	弱小	洒脱	醜悪	柔順	周密	重要	秀麗
純一	純真	純朴	純良	冗長	詳密	熾烈	新奇	尋常
神聖	新鮮	迅速	真率	深長	慎重	親密	辛辣	随意
崇高	正確	正規	性急	精巧	凄惨	脆弱	正式	正常
悽愴	盛大	精密	精妙	精良	清涼	清冽	清廉	晴朗
絶佳	絶妙	切要	専一	繊弱	鮮明	善良	鮮麗	壮健
早熟	聡明	壮麗	壮烈	率直	粗暴	粗野	尊貴	大胆
対等	多様	短小	単調	端麗	遅鈍	緻密	知名	忠実
稠密	忠勇	直截	著名	沈鬱	珍奇	陳腐	痛切	通俗
低俗	鄭重	低劣	低廉	適度	典雅	同一	同様	特殊
独特	貪婪	柔弱	熱烈	濃艷	博学	薄弱	薄情	莫大
繁雑	微弱	微小	微賤	悲愴	悲壮	皮相	卑俗	非凡
美妙	剽悍	病弱	肥沃	美麗	卑劣	敏感	敏捷	頻繁
浮華	複雑	不遜	不敏	平滑	平淡	平坦	平板	平凡
偏頗	放恣	豊潤	厖大	暴戻	木訥	奔放	凡庸	無恥
明快	明晰	綿密	蒙昧	野蛮	雄偉	悠遠	勇敢	悠久

雄勁　雄渾　幽寂　優秀　幽邃　雄大　勇武　有名　勇猛
有利　優良　有力　妖艶　幼稚　流麗　遼遠　良好　咨嗇
冷酷　霊妙　怜悧　廉潔　老練　露骨　矮小

(2) 汉语为"属性词"、日语为形容词的同形词(10)

下等　旧式　高等　固有　主要　新式　特種　無限　有限
劣等

5.2　《现汉》标注为形容词、『新明解』标注为名词的同形词

5.2.1　汉语为形容词、日语为名词的同形词(48)

(1) 汉语为普通形容词、日语为名词的同形词(44)

哀愁　栄華　栄光　叡智　栄耀　恩愛　快楽　雅致　艱苦
感傷　艱難　歓楽　飢餓　偽善　恭敬　恐慌　嬌羞　虚無
近視　径庭　健忘　荒淫　虚空　困苦　失意　羞恥　弱視
仁愛　辛酸　親善　赤誠　忽忙　衷心　痛苦　疼痛　熱誠
悲哀　悲愁　憤懣　偏執　友愛　憂愁　憂憤　労苦

(2) 汉语为"属性词"、日语为名词的同形词(4)

主観　特需　民事　臨界

5.2.2　汉语和日语皆为形容词的同形词(62)

(1) 汉语为普通形容词、日语为形容词的同形词(26)

永久　寡言　稀世　巨万　堅忍　恒久　酷熱　至上　出色
少壮　諸多　神速　絶好　浅学　惻隠　匆匆　長久　適時
博雅　莫逆　白皙　薄命　晩熟　不肖　僻遠　無上

(2) 汉语为"属性词"、日语为形容词的同形词(36)

悪性　異姓　間接　巨額　原始　公営　公共　高速　公立
国営　国産　国立　私営　少量　初級　新興　人造　草本
大量　中級　長足　電動　天然　同等　特級　万能　必修
別様　法定　民営　無償　無名　木本　唯一　有形　良性

5.2.3　汉语为形容词、日语为名形兼类的同形词(32)

(1) 汉语为普通形容词、日语为名形兼类的同形词(26)

炎熱　寒冷　危急　危殆　危篤　吉祥　僥倖　虚偽　虚妄

苦痛　厳寒　好奇　漆黒　奢侈　仁慈　精鋭　赤貧　雪白全盛
忠誠　長寿　適量　貧苦　普遍　明知　襤褸

（2）汉语为"属性词"、日语为名形兼类的同形词（6）

外来　初歩　日常　父系　母系　老齢

5.2.4　汉语为形容词、日语为构词语素的同形词（24）

（1）汉语为普通形容词、日语为构词语素的同形词（14）

奇絶　欣喜　勤倹　牽強　荒蕪　合理　細小　守旧　主動
消極　積極　鮮紅　全般　不軌

（2）汉语为"属性词"、日语为构词语素的同形词（10）

涉外　胎生　多元　適齢　特恵　特等　能動　無機　綿紡
優等

第六章　中日同形词的动形用法差异

6.1　《现汉》标注为形容词、『新明解』标注为名动兼类的同形词

6.1.1　汉语为形容词、日语为名动兼类的同形词（75）

哀傷　一新　萎靡　懊悩　乾燥　完備　喜悦　客観　急進
急迫　驚愕　狂喜　驚喜　恐懼　恐怖　曲折　勤苦　緊張
緊迫　苦悩　激憤　懈怠　傑出　謙遜　倦怠　合格　興隆
枯槁　刻苦　固執　混濁　困憊　混乱　錯乱　雑踏　灼熱
充足　執着　熟練　憔悴　焦燥　消沈　焦慮　親昵　辛労
衰弱　衰微　生動　専心　洗練　沮喪　頽廃　卓越　卓絶
遅疑　超絶　沈滞　適用　跋扈　繁茂　煩悶　悲観　悲憤
疲労　貧窮　紊乱　憤慨　憤激　憤怒　酩酊　優越　優勝
楽観　狼狽　湾曲

6.1.2　汉语为形容词、日语为名词的同形词（11）

迂曲　狂熱　慙愧　持久　持重　節倹　悲傷　紛乱　憂悶

愉悦　和楽

6.1.3　汉语为形容词、日语为动形兼类的同形词（13）

外在　偶発　常任　先決　潜在　多発　内在　野生　先遣
草食　双生　特出　卵生

6.2　《现汉》标注为动形兼类、『新明解』标注为名动兼类的同形词

6.2.1　汉语为动形兼类、日语为名动兼类的同形词（34）

安定　応用　概括　確定　活躍　感動　緩和　協調　鼓舞
孤立　困惑　自足　失望　充実　信託　成功　成熟　尊敬
尊重　団結　抽象　沈黙　統一　動揺　努力　繁栄　否定
腐敗　吻合　粉砕　分散　平均　麻痺　密集

6.2.2　其他同形词（3）

専制　専断　付属

语料库中未检索到例句的同形词（174）

(1) 汉语和日语都未检索到例句的同形词（14）

磽確　蹢躅　寓目　繁縛　試筆　熟思　除服　草昧　謫居
反噬　藩屏　筆削　窯変　縷述

(2) 日语 BCCWJ 未检索到例句的同形词（76）

悪変　引航　湮没　運算　醞醸　黄熟　応診　臆断　介意
開豁　該博　滑翔　頑健　灌腸　技癢　驕慢　掛冠　凝滞
敬仰　迎接　玄奥　験算　侘傺　高燥　高慢　怙恃　充塞
策応　溯源　雑糅　撒播　式微　試航　昇官　焦心　新嬉
信服　翠緑　積怨　雪冤　相識　探察　着筆　諦視　展翅
倒叙　藤本　禿頭　呶呶　吞噬　背約　博識　溌墨　反側
非議　筆答　諷諫　諷喩　復円　復業　斧鑿　分蘖　分溜
平分　暴死　豊沃　摩損　鳴謝　目送　目睹　扼腕　来由
領取　臨摸　廉直　魯鈍

(3)汉语"标注语料库"未检索到例句的同形词（84）

蝟集　鬱憤　永眠　延納　開映　改竄　潰乱　雅馴　完勝

完敗	寄食	帰省	窮乏	競売	凶猛	訓諭	恵贈	懸隔
謙称	建白	厳命	狡獪	広博	古朴	左遷	左袒	蹉跌
私淑	辞任	醜陋	上蔟	嘱望	深邃	親炙	推服	精算
精到	惜敗	節減	斥候	摂生	善処	践祚	然諾	訴願
祖述	退勤	対決	他薦	脱肛	探勝	馳駆	誅求	中正
長考	沈勇	追贈	同門	特売	徒渉	入寂	売春	背理
爆笑	抜錨	繁縟	微行	筆算	貧賤	蕪雑	侮蔑	弁難
冒涜	朴直	卜居	問責	誘掖	幽遠	要撃	膺懲	羸弱
流会	留別	論難						

参考文献

一、论文及著作

(1) 中文文献

常晓宏.2014.鲁迅作品中的日语借词[M].天津:南开大学出版社.

陈望道.1958.中国文法革新论丛[M].上海:中华书局.

崔亚蕾.2019.功能主义翻译理论视域下的《邓小平文选》同形词日译研究[D].天津:天津外国语大学.

董秀芳.2002.词汇化:汉语双音词的衍生和发展[M].成都:四川民族出版社.

杜朝科.2009.《现代汉语词典》(第五版)兼类词研究[D].保定:河北大学.

樊慧颖,刘凡夫.2012.从文化互动看中日同形词"银行"的生成[J].解放军外国语学院学报,(2):26-28.

范淑玲.1995.日汉"同形词"的不同之比较[J].山东大学学报(哲学社会科学版),(4):101-104.

费晓东.2019.中日同形词听觉加工机制研究[J].现代外语,(6):792-804.

高名凯.1953.关于汉语的词类分别[J].中国语文,(10):13-16.

关宜平.2009.从"视线"的翻译看汉日"同形同义"名词间的差异[J].厦门理工学院学报,(1):103-107.

郭常义.1993.中日同形语词义差异的文化历史渊源[J].外语研究,(1):25-28.

郭殿福.1996.同形异义词分类教学法[C]//俞约法.外语语言教学研究.哈尔滨:黑龙江人民出版社:374-380.

郭锐.2002.现代汉语词类研究[M].北京:商务印书馆.

郭小艳.2007.从"勾当"一词看日汉文的同形异义[J].宜春学院学报,(12):179-180.

何宝年.2012.中日同形词研究[M].南京:东南大学出版社.

何培忠,冯建新.1986.中日同形词浅说[M].北京:商务印书馆.

贺阳.1996.形名兼类的计量考察[C]//胡明扬.词类问题考察.北京:北京语言文化
　　大学出版社:157－167.

侯仁锋.1997.同形語の品詞の相違についての考察[C]//北京日本学研究中心.日
　　本学研究6.北京:经济科学出版社:78－88.

侯仁锋.1998.容易误用的日汉同形词举例[J].日语知识,(10):26－30.

胡明扬.1996.动名兼类的计量考察[C]//胡明扬.词类问题考察.北京:北京语言文
　　化大学出版社:258－285.

胡裕树,范晓.1995.动词研究[M].郑州:河南大学出版社.

黄伯荣,廖序东.2017.现代汉语(增订六版)[M].北京:高等教育出版社.

火兴彩.2014.日汉同形动词对比研究及对日汉语教学[D].兰州:西北师范大学.

雷莉,鲜丽霞.2014.《现代汉语词典》与《现代汉语规范词典》词性标注差异研究[J].
　　电子科技大学学报(社科版),(6):68－72.

黎锦熙.1924.新著国语文法[M].上海:商务印书馆.

黎锦熙.2007.新著国语文法(重印版)[M].长沙:湖南教育出版社.

黎静.2003.日本留学生心理词典的词汇通达[D].北京:北京语言大学.

李冰.2009.日本学习者汉语词汇习得研究[D].广州:中山大学.

李枫.2014.《现代汉语词典(第6版)》新增词语研究[D].长春:吉林大学.

李进守.1983.中日两国同形词的对比研究[J].日语学习与研究,(1):8－11.

李菊光.1988.试论对日本留学生的词汇教学[J].南京师大学报(社会科学版),(3):
　　85－88.

李梓嫣.2017.日语母语者汉日同形词习得情况研究[D].北京:北京外国语大学.

梁爽.2014.社会科学领域中汉日同形异义词的翻译处理研究[D].长沙:湖南大学.

梁新娟.2005.浅谈中日同形词"写真"[J].日语知识,(10):25.

鲁晓琨.1990.中日同形近义词辨析方法刍议[J].外语学刊,(2):49－53.

吕叔湘,朱德熙.1952.语法修辞讲话[M].上海:开明书店.

吕叔湘.1979.汉语语法分析问题[M].北京:商务印书馆.

吕叔湘.2004.吕叔湘文集(第四卷)[M].北京:商务印书馆.

马建忠.1898.马氏文通[M].上海:商务印书馆.

马建忠.1983.马氏文通(重印版)[M].北京:商务印书馆.

潘钧.1995.中日同形词词义差异原因浅析[J].日语学习与研究,(3):19－23.

潘钧.2000.关于中日同形词语法差异的一次考察[C]//北京大学日本文化研究所.日本语言文化论集 2.北京:北京出版社:180 - 194.

潘彦彩.2011.《现代汉语词典》(第 5 版)词类标注指瑕[J].语文知识,(1):29 - 31.

曲维.1995.中日同形词的比较研究[J].辽宁师范大学学报,(6):34 - 37.

商洪博.2006.日汉同形词比较分析[D].北京:对外经济贸易大学.

沈家煊.2012."名动词"的反思:问题和对策[J].世界汉语教学,(1):3 - 17.

施建军,徐一平,谯燕.2012.汉日语同形副词研究[M].北京:学苑出版社.

施建军.2013.中日同形词共时比较研究的现状及存在的课题[J].东北亚外语研究,(1):4 - 9.

施建军,洪洁.2013.汉日同形词意义用法的对比方法研究[J].外语教学与研究,(4):531 - 542.

施建军,许雪华.2014.再论中日两国语言中的同形词问题[J].解放军外国语学院学报,(6):132 - 139.

施建军,谯燕.2016.中日同形词意义用法距离的计量研究[J].解放军外国语学院学报,(4):76 - 84.

施建军.2019.中日现代语言同形词汇研究[M].北京:北京大学出版社.

石定栩.2011.名词和名词性成分[M].北京:北京大学出版社.

宋春菊.2003.从词义的角度试论汉日同形词的异同[J].湖南社会科学,(3):133 - 135.

宋亚云.2008.汉语名词和动词向形容词转变的历史考察[D].北京:中国社会科学院.

孙安然.2017.汉日同形近义词语义色彩研究及教学建议[J].开封教育学院学报,(12):40 - 42.

谭景春.1998.名形词类转变的语义基础及相关问题[J].中国语文,(5):368 - 377.

万玲华.2004.中日同字词比较研究[D].上海:华东师范大学.

汪丽影.2011.日语汉字词及中国学习者习得研究[D].南京:南京大学.

王晖.2006.《现代汉语词典》(第 5 版)词类标注得失刍议[J].东方论坛,(3):60 - 62.

王磊.2008.中日同形语的文体差[J].文教资料,(10):49 - 52.

王力.1954.中国语法理论[M].北京:中华书局.

王力.1984.王力文集第一卷:中国语法理论[M].济南:山东教育出版社.

王蜀豫.2001.中日词汇对比研究[M].成都:四川文艺出版社.

王忻.2006.中国日语学习者偏误分析[M].北京:外语教学与研究出版社.

王月婷.2008.中国日语学习者的误用分析[D].大连:辽宁师范大学.

王峥峥.2016.日本新闻报道中同形异义词的翻译[D].太原:山西大学.

王专.2012.《现代汉语词典》(第5版)属性词标注失误及相关思考[J].语文知识,(3):
　　109 - 111.

文炼,胡附.1954.谈词的分类(下)[J].中国语文,(3):10 - 13.

吴骁婷.2010.日本学生汉语词语偏误分析及教学对策[D].上海:复旦大学.

香坂顺一.1980.日中両国の同形語について[J].日语学习与研究,(2):7 - 11.

修刚,米原千秋.2016.中日政治文献"同形词"的翻译[J].天津外国语大学学报,(4):
　　1 - 7.

徐冰,洪杰.1994.中日文"同形词"的误译问题[J].外国问题研究,(4):49 - 51.

徐琦.2007.中日同形词与认知分析[D].重庆:西南大学.

徐枢,谭景春.2006.关于《现代汉语词典(第5版)》词类标注的说明[J].中国语
　　文,(1):74 - 86.

许雪华.2009.日中同形词的比较分析[D].上海:华东师范大学.

许雪华. 2020.基于语料库的汉日同形词词性对比研究[J].外语学刊,(1):37 - 41.

薛梦姣. 2014.中国日语学习者サ变二字同形词的误用分析[D].苏州:苏州大学.

杨虹.2009.现代汉语形式动词研究[D].上海:上海师范大学.

姚灯镇.1994.日汉主语承前省略的比较[J].日语学习与研究,(1):46 - 52.

翟东娜.2000.浅析汉日同形词的褒贬色彩与社会文化因素[J].日语学习与研究,(2):
　　32 - 35.

翟艳.2003.日本学生汉语动词使用偏误分析[D].北京:北京语言大学.

张国宪.2000.现代汉语形容词的典型特征[J].中国语文,(5):447 - 458.

张艺臻.2019.基于语料库的中日同形近义词对比分类方法研究[D].北京:北京外
　　国语大学.

赵福全.1980.日汉同形词的错情剖析[J].教学研究,(4):40 - 44.

赵福堂.1982.《汉日词典》编辑工作中的对译问题[J].日语学习与研究,(3):
　　36 - 39.

赵福堂.1983.关于中日同形词的比较研究[J].日语学习与研究,(4):94 - 96.

郑献芹.2010.《现代汉语词典》(第5版)标注词性的几个相关问题[J].语文学刊,(7):
　　78 - 81.

郑艳.2015.清末中日法律用语的交流与借用[D].北京:北京外国语大学.

朱斌.1998.真准谓宾动词[J].汉语学习,(6):54 - 57.

朱德熙,卢甲文,马真.1961.关于动词形容词"名物化"的问题[J].北京大学学报,(4):51–64.

朱德熙.1982.语法讲义[M].北京:商务印书馆.

朱德熙.1985.现代书面汉语里的虚化动词和名动词[J].北京大学学报(哲学社会科学版),(5):1–6.

朱京伟.2005.日语词汇学教程[M].北京:外语教学与研究出版社.

庄倩.2014.中国高校日语专业学生中日同形近义词产出难易度影响因素研究[D].南京:南京大学.

佐藤芳之.2010.日汉同形异义词研究[D].北京:北京大学.

佐治圭三,唐磊,张琳.1992.日语病句详解[M].北京:北京出版社.

WILLIAMS E. 1981. On the notions "lexical related" and "head of a word"[J]. Linguistic Inquiry, (12):245–274.

(2) 日文文献

相原茂.1997.謎解き中国語文法[M].東京:講談社.

荒川清秀.1979.中国語と漢語──文化庁『中国語と対応する漢語』の評を兼ねて[J].愛知大学文学論叢,62(1):361–388.

荒川清秀.1988.複合漢語の日中比較[J].日本語学,7(5):56–67.

荒川清秀.2002.日中漢語語基の比較[J].国語学,53(1):84–96.

荒屋勧.1983.日中同形語[J].大東文化大学紀要,21(1):17–29.

庵功雄.2008.漢語サ変動詞の自他に関する一考察[J].一橋大学留学生センター紀要,11(1):47–63.

庵功雄,宮部真由美.2013.二字漢語動名詞の使用実態に関する報告[J].一橋大学国際教育センター紀要,4(1):97–108.

池上禎造.1954.漢語の品詞性[J].国語国文,23(11):620–629.

遠藤紹徳.1989.中日翻訳表現文法[M].東京:バベル・プレス.

王暁.2005.中日同形語の翻訳[J].経営研究,19(1):21–35.

王燦娟.2013.品詞と意味における二重誤用されやすい日中同形語に関する研究[D].福岡:九州大学.

王承雲.1998.同形異義語における中国語と日本語の対照研究[J].人文科教育研究,25(1):143–152.

大河内康憲.1983.中文日訳の諸問題:とくに日中同形語について[M].大阪:日中語対照研究会.

大河内康憲.1992.日本語と中国語の同形語[C]//大河内康憲.日本語と中国語の
　　対照研究論文集(下).東京:くろしお出版:179-215.
大塚秀明.1990.日中同形語について[J].筑波大学外国語教育論集,12(1):
　　327-337.
大西智之.2006.日中同形異義語三則[J].帝塚山大学人文科学部紀要,20(1):
　　43-49.
大西智之.2008.日中同形異義語三則[J].帝塚山大学人文科学部紀要,24(1):
　　1-9.
奥津敬一郎.1967.自動化・他動化および両極化転形[J].国語学,70(3):46-66.
影山太郎.1993.文法と語形成[M].東京:ひつじ書房:23-29.
影山太郎,沈力.2012.語彙と品詞・日中理論言語学の新展望3[M].東京:くろし
　　お出版.
葛金龍.1999.日中同形漢語副詞「全然」についての比較研究[J].愛媛国文と教育,
　　32(1):22-28.
河村静江.2010.日中同形語の対照研究:動詞と名詞のコロケーションを中心に
　　[D].京都:同志社女子大学.
小林英樹.2004.現代日本語の漢語動名詞の研究[M].東京:ひつじ書房.
五味正信,今村和宏,石黒圭.2006.日中語の品詞のズレ[J].一橋大学留学生セン
　　ター紀要,9(1):3-12.
小森和子,玉岡賀津雄,近藤安月子.2008.中国語を第一言語とする日本語学習者
　　の同形語の認知処理[J].日本語科学,23(2):81-94.
崔聖坤.2005.日本語オノマトペの語形成の考察[D].別府:別府大学.
斎藤倫明.2014.複合字音語基用言類の下位分類:漢語動名詞との関わりで[J].東
　　北大学文学研究科研究年報,63(1):149-177.
佐久間鼎.1936.現代日本語の表現と語法[M].東京:厚生閣.
朱京偉.2011.蘭学資料の四字漢語についての考察:語構成パターンと語基の性
　　質を中心に[J].国立国語研究所論集,2(1):165-184.
朱京偉.2015.四字漢語の語構成パターンの変遷[J].日本語の研究,11(2):
　　50-67.
鈴木重幸.1972.日本語文法・形態論[M].東京:むぎ書房.
石堅,王建康.1983.日中同形語における文法的ズレ[C]//大河内康憲.中文日訳
　　の諸問題:とくに日中同形語について.大阪:日中語対照研究会:56-88.

曾根博隆.1988.日中同形語に関する基礎的考察[J].明治学院論叢,424(5): 61-96.

竹田治美.2005.日中同形類義語について[J].人間文化研究科年報,20(1): 335-342

田辺和子.2012.新聞コーパスにおける二字漢語動名詞の動詞的・名詞的ふるまいについて[J].日本女子大学紀要(文学部),61(1):19-32.

張志剛.2014.現代日本語の二字漢語動詞の自他[M].東京:くろしお出版.

陳力衛.2001.和製漢語の形成とその展開[M].東京:汲古書院.

寺村秀夫.1991.日本語のシンタクスと意味Ⅲ[M].東京:くろしお出版: 237-255.

鄧美華.2003.日本語の自他両用動詞とそれに対応する中国語動詞の表現文型: 日中同形語を中心に[C]//杏林大学国際協力研究科.杏林大学国際協力研究科大学院論文集創刊号.東京:朝陽会:13-29.

中川正之.2002.中国語の形容詞が日本語でサ変動詞になる要因[C]//玉村文郎. 日本語学と言語学.東京:明治書院:12-23.

永澤済.2007.漢語動詞の自他体系の近代から現代への変化[J].日本語の研究, 12(4):17-31.

永澤済.2010.変化パターンからみる近現代漢語の品詞用法[J].東京大学言語学論集,30(1):115-168.

西尾寅弥.1961.動詞連用形の名詞化に関する一考察[J].国語学,43(1):60-81.

西川和男.1991.「現代漢語頻率詞典」からみた「日中同形語」について[J].関西大学文学論集,40(3):49-65.

二宮いづみ.2014.クリティカルインシデントの事例から見る日中異文化比較[J].日本経大論集,43(2):393-408.

日本早稲田大学語学教育研究所.1978.中国語と対応する漢語[M].東京:日本文化庁.

野村雅昭.1988.二字漢語の構造[J].日本語学,7(5):44-55.

野村雅昭.1998a.現代漢語の品詞性[C]//東京大学国語学研究室.東京大学国語学研究室創設百周年記念国語研究論集.東京:汲古書院:128-144.

野村雅昭.1998b.結合専用形態の複合字音語基[J].早稲田大学日本語研究教育センター紀要,11(1):149-162.

野村雅昭.2013.品詞性による字音複合語基の分類[C]//野村雅昭.現代日本漢語

の探究.東京:東京堂出版:134 - 145.

橋本美和子.2006.日・中同形語の食文化史的考察(1)「料理」と"料理"[J].千里山文学論集,76(1):25 - 51.

早川杏子,玉岡賀津雄.2012.中国人・韓国人日本語学習者による聴覚・視覚呈示の言語間同形同義・言語間異形同義の二字漢字語の処理[J].小出記念日本語教育研究会論文集,20(1):17 - 32.

日向敏彦.1985.漢語サ変動詞の構造[J].上智大学国文学論集,18(1):161 - 179.

松下大三郎.1923.動詞の自他被使動の研究[J].国学院雑誌,29(12):27 - 45.

三上章.1953.現代語法序説[M].東京:刀江書院.

宮地裕.1973.現代漢語の語基について[J].語文(大阪大学),31(2):68 - 80.

宮島達夫.1993.日中同形語の文体差[J].阪大日本語研究,5(1):1 - 18.

村木新次郎.1991.日本語動詞の諸相[M].東京:ひつじ書房:203 - 298.

村木新次郎.2002.第三形容詞とその形態論[C]//佐藤喜代治.現代日本語の文法研究.東京:明治書院:211 - 237.

村木新次郎.2004.漢語の品詞性を再考する[J].同志社女子大学日本語日本文学,16(1):1 - 35.

村木新次郎.2009.日本語の形容詞:その機能と範囲[J].国文学:解釈と鑑賞,74(7):6 - 19.

村木新次郎.2012.日本語の品詞体系とその周辺[M].東京:ひつじ書房.

森岡健二.1987.語彙の形成[M].東京:明治書院.

森田良行.1990.自他同形動詞の諸問題[J].国文学研究,102(3):331 - 341.

守屋宏則.1979.資料・日中同形語:その意味用法の差違[J].日本語学校論集,6(1):159 - 167.

文部省.1947.中等文法口語[M].東京:中等学校教科書株式会社.

山田孝雄.1940.國語の中に於ける漢語の研究[M].東京:宝文館出版.

熊可欣,玉岡賀津雄.2014.日中同形二字漢字語の品詞性の対応関係に関する考察[J].ことばの科学,27(1):25 - 51.

熊可欣,玉岡賀津雄,早川杏子.2017.中国人日本語学習者の日中同形同義語の品詞性の習得[J].第二言語としての日本語の習得研究,20(1):63 - 79.

吉田慶子.2017.日中法律用語における同形語の翻訳について:「逮捕」を事例に[J].語学教育研究論叢,34(1):253 - 271.

李愛華.2006.中国人日本語学習者による漢語の意味習得[J].筑波大学地域研究,

26(1):185－203.

劉凡夫.1988.日中同形語「教師」・「教員」の交渉史と語義の比較[J].国語学研究,
　　28(12):49－60.

林玉惠.2001a.日中の対訳辞典からみた日中同形語記述の問題点[J].ことば,
　　22(1):141－151.

林玉惠.2001b.誤用からみた日中同形語の干渉[J].日本語研究センター報告,
　　9(1):39－56.

林玉惠.2002.日中語彙における日中同形語の比較研究[C]//田島毓堂.比較語彙
　　研究の試み8.日進:語彙研究会:11－112.

林玉惠.2005.日中翻訳における文化に関する語彙の訳語選びの問題点[C]//田
　　島毓堂.日本語学最前線.大阪:和泉書院:205－224.

二、词典及语料库

(1) 词典

黄南松,孙德金.2000.HSK 词语用法详解[M].北京:北京语言文化大学出版社.

李行健.2004.现代汉语规范词典[M].北京:外语教学与研究出版社.

吕叔湘.1980.汉语现代八百词[M].北京:商务印书馆.

罗竹凤.1994.汉语大词典[M].上海:汉语大词典出版社.

孟琮,郑怀德,孟庆海,蔡文兰.1999.汉语动词用法词典[M].北京:商务印书馆.

中国社会科学院语言研究所词典编辑室.2005.现代汉语词典[M].五版.北京:商务
　　印书馆.

中国社会科学院语言研究所词典编辑室.2012.现代汉语词典[M].六版.北京:商务
　　印书馆.

金田一京助ほか.1994.新選国語辞典[M].七版.東京:小学館.

小学館国語辞典編集部.2001.日本国語大辞典[M].二版.東京:小学館.

北原保雄.2010.明鏡国語辞典[M].二版.東京:大修館書店.

林巨樹.1993.現代国語例解辞典[M].二版.東京:小学館.

松村明.2006.大辞林[M].三版.東京:三省堂.

山田忠雄,柴田武ほか.2011.新明解国語辞典[M].七版.東京:三省堂.

(2) 数据库

北京爱如生数字化技术研究中心.2014.申报数据库[DB/OL].[2020－06－30].
　　http://www.sbsjk.com/jsp/front/list.jsp.

国家语言文字工作委员会.2011.国家语委现代汉语通用平衡语料库—标注语料库[DB/CD].

国家语言文字工作委员会.2011.古代汉语语料库检索[DB/OL].[2020 - 06 - 01]. http://corpus.zhonghuayuwen.org/ACindex.aspx.

凯希多媒体公司.2010.中日古籍全文资料库[DB/OL].[2020 - 06 - 01]. http://tk.cepiec.com.cn/ancientc/ancientkm? 0.3161787504473801.

国立国語研究所.2012.現代日本語書き言葉均衡コーパス(少納言)[DB/OL]. [2020 - 06 - 30].http://shonagon.ninjal.ac.jp.

国立国語研究所.2012.NINJAL - LWP for BCCWJ(NLB)[DB/OL].[2020 - 06 - 30].http://nlb.ninjal.ac.jp/search/.

国立国語研究所.2015.日本語歴史コーパス[DB/OL].[2020 - 06 - 30].https://chunagon.ninjal.ac.jp/chj/search.